BIBLIOTHÈQUE POPULAIRE, RUE ÉTIENNE-DOLET, 13

RÈGLEMENT

1. La Bibliothèque est ouverte, jusqu'à nouvel avis, les Dimanches, de 9 heures à 11 heures du matin, et les mardis et jeudis, de 7 h. 1/2 à 9 heures du soir.

2. Le prêt des livres est gratuit, il ne pourra être prêté à une même personne plus de trois volumes à la fois, dont deux romans.

Toutefois, le lecteur qui désirera emprunter un nombre plus grand de livres pourra prendre gratuitement jusqu'à six exemplaires, à la condition de verser annuellement *une taxe de un franc*.

3. Tout lecteur est tenu d'acheter pour son usage le catalogue des livres de la Bibliothèque et une carte personnelle.

4. Les livres sont remis aux lecteurs par les Bibliothécaires auxquels ils doivent être rendus.

5. Les Bibliothécaires peuvent toujours refuser un ouvrage qui ne leur paraît pas en rapport avec l'âge du lecteur.

6. Chaque volume emprunté ne peut l'être que pour quinze jours.

7. Tout lecteur, civil ou militaire, qui, sans autorisation, dépasse le délai de quinze jours, est passible d'une amende de 10 centimes par volume et par semaine ou par fraction de semaine.

8. *Un livre perdu, privé de l'une de ses pages, mis hors d'usage ou détérioré, sera remplacé aux frais du lecteur.*

9. Le lecteur qui refuse de payer le montant d'une amende, le prix d'un livre détérioré, ou qui ne s'est pas acquitté dans le délai fixé, cesse d'être admis à la lecture.

10. Tout emprunteur est prévenu, pour la conservation en bon état du livre prêté :

1° D'avoir soin de le préserver par une enveloppe ;

2° De n'y pas faire de plis pour marquer les pages ;

3° De n'écrire aucune annotation sur les marges et de n'en déchirer ni faire disparaître aucun feuillet.

11. Les conditions énoncées ci-dessus annulent celles antérieurement établies.

GRAMMAIRE HISTORIQUE

DU

FRANÇAIS

NOUVELLE
GRAMMAIRE HISTORIQUE

DU

FRANÇAIS

PAR

L. CLÉDAT

PROFESSEUR A LA FACULTÉ DES LETTRES DE LYON
LAURÉAT DE L'ACADÉMIE FRANÇAISE

Troisième édition, revue et corrigée

PARIS

GARNIER FRÈRES, LIBRAIRES-ÉDITEURS

6, RUE DES SAINTS-PÈRES, 6

1905

PRÉFACE

Dans ma *Grammaire élémentaire du vieux français*, j'ai exposé les règles successives de la langue française depuis ses origines jusqu'au xvi° siècle, signalant au besoin les traces laissées dans la langue actuelle par les anciennes tournures disparues, mais négligeant à dessein les particularités grammaticales qui se sont identiquement conservées jusqu'à nos jours. Mon but était en effet de faciliter l'intelligence des anciens textes français en donnant les règles tombées en désuétude, et non d'expliquer la formation des règles que nous appliquons encore.

La présente *Grammaire historique* part au contraire de la langue moderne pour remonter jusqu'aux origines. Je néglige les particularités de l'ancienne langue qui ont disparu sans laisser de traces et que l'on trouvera signalées dans la *Grammaire du vieux français*, mais j'insiste sur l'explication historique de la grammaire moderne.

Ces deux livres sont donc parfaitement indépendants l'un de l'autre. Leur caractère commun est de se borner aux notions élémentaires. J'ai essayé de mettre à la portée de tous et de formuler aussi brièvement qu'il était possible les résultats les plus certains et les plus importants des travaux contemporains sur les questions de philologie française.

L. CLÉDAT.

GRAMMAIRE HISTORIQUE

DU

FRANÇAIS

PREMIÈRE PARTIE

LES SONS ET LES LETTRES

CHAPITRE PREMIER

L'APPAREIL VOCAL

1. — L'homme, qui pense et qui sent, a trouvé dans son organisme différents moyens de faire connaître à ses semblables ses idées et ses sentiments. Le moyen le plus simple est le *geste* : les expressions de la physionomie et les mouvements du corps. Ce moyen eût été à lui seul bien insuffisant. Mais nous avons aussi la faculté de faire vibrer très rapidement l'air qui sort de nos poumons à chaque mouvement de la respiration, et de modifier de différentes manières la forme du canal que cet air doit traverser avant d'arriver à l'extérieur. Nous pouvons ainsi produire une série de sons très variés, les sons de la voix. Le langage consiste à faire par convention, de ces sons et de leurs multiples combinaisons, des signes d'idées. On appelle *appareil vocal* l'ensemble des organes qui permettent à l'homme de produire les sons vocaux.

Une langue est donc un système de signes sonores, émanant de l'appareil vocal, et qui représentent par tradition, pour tout un ensemble d'individus, les mêmes idées. La diversité des langues s'explique par le caractère essentiellement conventionnel de ces systèmes de signes.

2. — Une langue, comme tout autre produit de l'activité naturelle, se modifie, se développe avec le temps. C'est la recherche des lois de ce développement qui constitue l'étude historique d'une langue. Les modifications sont parfois très lentes et parfois très rapides. Elles sont presque insensibles aux époques de grande culture littéraire et dans les pays politiquement très centralisés. Mais, dans les temps de décadence intellectuelle et au milieu des grandes commotions qui secouent les empires et changent la face du monde, les langues arrivent à subir des altérations si profondes qu'elles ne sont plus reconnaissables. Alors le latin change de nom et s'appelle le roman. Et non seulement la langue se modifie profondément, mais elle se brise en quelque sorte, et donne naissance à des idiomes dérivés qui, dès ce moment, vivent d'une vie propre et se diversifient de plus en plus. C'est ainsi que sont nées du latin les langues dites romanes, le français, le provençal, l'italien, l'espagnol, le roumain, toutes au même titre héritières du latin.

3. — Le français est donc une langue dérivée, et nous aurons à étudier les lois de sa dérivation.

Mais on comprend aisément que ces lois dépendent du mécanisme de l'appareil vocal. Si tel son du latin a produit tel autre son du français, ce n'est point l'effet du hasard, c'est la conséquence naturelle des conditions physiologiques de la prononciation. Pour qu'on puisse se rendre compte de ces transformations, il est donc indispensable de rappeler certaines notions élémentaires d'acoustique et de physiologie vocale.

4. — On nomme *son* ce qui frappe notre sens de l'ouïe. Lorsque notre ouïe est affectée, nous disons qu'il s'est produit un son. Il n'y a pas lieu de définir autrement ce mot, qui exprime non une chose, mais un fait, le fait que notre ouïe a été frappée.

Que faut-il pour que ce fait se produise ? L'expérience nous apprend qu'il doit y avoir un mouvement vibratoire très rapide excité dans un corps.

Un son peut être plus ou moins aigu : c'est la *hauteur musicale*, qui dépend du nombre de vibrations exécutées dans un temps donné.

Il peut être plus ou moins fort : c'est *l'intensité*, qui dépend de l'amplitude des vibrations.

Enfin il peut avoir tel ou tel *timbre*. C'est cette qualité du son qui nous intéresse au point de vue de la grammaire historique. Le timbre dépend de la nature et de la forme des objets vibrants.

5. — L'appareil vocal, d'où émanent les vibrations qui produisent à notre oreille les sons vocaux, se compose des parties suivantes :

1° Les poumons, qui lancent l'air.

2° Le larynx, dont les contractions, en resserrant le passage de l'air, le mettent en vibration sonore. Le larynx est une espèce de boîte cartilagineuse, située au-dessus de la trachée-artère et qui communique avec l'arrière-bouche ou pharynx par une ouverture nommée glotte. Dans l'intérieur du larynx se trouvent deux replis membraneux qui ressemblent assez aux bords d'une boutonnière : ce sont les *cordes vocales*. Les vibrations des cordes vocales contribuent à la production du son vocal.

3° Le voile du palais, placé comme un rideau entre la bouche proprement dite et l'arrière-bouche ou pharynx. Le voile du palais peut s'élever et s'abaisser de manière à fermer à l'air qui sort des poumons toute autre issue que l'ouverture buccale, ou à lui ouvrir le passage des fosses nasales.

4° Les différentes parties de la bouche, telles que la langue, le palais, les dents, les lèvres, dont les positions diverses modifient les vibrations de l'air sortant du larynx et le son qui en résulte.

6. — L'appareil vocal a ceci de tout à fait remarquable, comme instrument producteur de sons, qu'il ne permet pas seulement d'émettre un son d'un timbre déterminé et d'en varier la hauteur musicale et l'intensité, mais qu'il permet encore, en changeant la position relative des différentes parties qui composent l'appareil, de produire des sons de timbres très variés : ce sont les différentes voyelles et consonnes.

Supposez un même son, l'*a* ouvert par exemple, prononcé par deux personnes différentes à l'unisson. Les deux personnes disposeront, à cet effet, leurs organes vocaux exactement de la même façon. Il y aura entre les deux sons produits une différence de timbre, mais tout à fait analogue à celle qui permet de distinguer deux instruments semblables. A ce point de vue, l'appareil vocal ne diffère pas d'un instrument ordinaire.

Mais prononcez la série des lettres : vous trouverez entre ces divers sons une très grande différence de timbre, entièrement analogue à celle qui sépare des instruments *dissemblables*. Chaque lettre sort, pour ainsi dire, d'un instrument spécial que nous constituons instantanément en plaçant nos organes vocaux dans des positions relatives déterminées. Cette opération, très compliquée en principe, nous est rendue très facile par l'habitude, à tel point qu'il nous est difficile de nous en rendre compte, et qu'il faut une très grande force d'attention pour discerner les mouvements multiples nécessités par l'usage de la parole.

CHAPITRE SECOND

LES SONS DE LA LANGUE FRANÇAISE

7. — Les sons de timbres variés que peut émettre l'appareil vocal sont très nombreux, et il n'y a pas de langue qui les emploie tous. C'est ainsi, pour ne parler que de langues proches parentes, que l'italien n'emploie pas notre son *u*, que le français n'emploie pas le son figuré par *ch* chez les Allemands, etc., etc.

Nous allons énumérer les sons utilisés par le français actuel, et essayer de les classer.

Mais auparavant il importe de préciser la distinction établie par toutes les langues entre les sons voyelles et les sons consonnes.

I. — Distinction des voyelles et des consonnes, des voyelles et des semi-voyelles

8. — La distinction entre les voyelles et les consonnes est inexactement présentée par la plupart des dictionnaires et des livres spéciaux, même par les mieux faits.

« Une consonne, dit M. Littré, est une lettre qui n'a pas de son par elle-même et ne se prononce qu'en s'appuyant sur une voyelle. » Il est difficile de concevoir une lettre qui n'existe pas par elle-même, et qui cependant s'appuie sur une autre.

. Un livre classique dans les écoles de médecine, le traité de physiologie de Longet, s'exprime ainsi : « Une voyelle pendant son émission peut rester pure ou être modifiée par la contraction des différentes parties qui composent le tuyau résonnant. Ces modifications altèrent la voyelle de différentes manières parfaitement déterminées : à *chacune de ces modifications* on a assigné le nom de *consonne.* »

Le docteur Chervin, directeur de l'institut des bègues de Paris, dans une brochure intéressante[1], s'exprime à peu près de même, quoiqu'en moins de mots : « La consonne est une manière de *transformer* les sons voyelles. »

En réalité, une consonne est un son parfaitement indépendant, ayant une existence propre, un son qui *s'ajoute* à la voyelle, mais qui ne la modifie ni ne l'altère en aucune façon. Il n'y a pas de différence à ce point de vue entre une voyelle et une consonne, et cela est si vrai que certaines voyelles peuvent jouer le rôle de consonnes : *i* est consonne dans *yeux*, *ou* est consonne dans *roi*, prononcé *roua*. On peut même dire, d'une façon plus générale, que, dans toute diphtongue, la voyelle la moins fortement prononcée est une véritable consonne.

Mais, parmi les positions diverses que peut prendre l'appareil vocal pour donner des sons, les unes sont telles que les vibrations des cordes vocales ne concourent pas au son émis ou n'y concourent qu'accessoirement : il en est ainsi pour toutes les consonnes. Dans les autres, ces vibrations sont au contraire essentielles et fondamentales : c'est ce qui arrive pour les voyelles. Quand vous prononcez le son *f*, on n'entend aucune vibration des cordes vocales. Quand vous prononcez le son *v*, il y a une vibra-

---

1. *Voyelles et consonnes*, 50 p. in-8. Paris, J.-B. Baillière, 1879.

tion des cordes, mais qui accompagne le son propre du *v*
et s'en distingue aisément. Au contraire, quand vous prononcez l'*a* ou toute autre voyelle, les vibrations des cordes
vocales, et celles de l'air chassé des poumons, constituent
un son unique d'une sonorité remarquable.

9. — Toute la différence — elle est importante d'ailleurs — entre les sons voyelles et les sons consonnes tient
donc aux vibrations des cordes vocales [1], essentielles pour
les uns, nulles ou accessoires pour les autres. Ces vibrations donnent aux voyelles une sonorité qui leur a fait
attribuer naturellement le principal rôle dans la constitution des mots. C'est sur les voyelles que la voix
s'arrête, tandis que les consonnes se prononcent rapidement. Celles-ci n'en sont pas moins de la plus grande
utilité; car sans elles le nombre des combinaisons de sons,
des mots possibles, serait singulièrement restreint.

Les vibrations des cordes vocales font ranger les voyelles
parmi les *sons proprement dits*; les consonnes sont des
bruits. En physique, on donne le nom de *bruits* aux sons
confus dont on n'arrive pas à déterminer la hauteur musicale.

10. — Dans toute diphtongue, la voix s'appuie principalement sur l'une des voyelles. L'autre subit une légère
modification : elle se prononce comme celles des consonnes
qui mettent en vibration les cordes vocales. En d'autres
termes, la vibration des cordes vocales, sans disparaître,
cesse d'être essentielle et devient accessoire. Les voyelles
ainsi prononcées prennent le nom de *voyelles consonnes*,
semi-voyelles ou *semi-consonnes*.

---

1. Cette différence n'existe plus quand on parle comme à l'oreille,
quand on chuchote. Alors il n'y a plus d'autre distinction essentielle
entre les voyelles et les consonnes que la rapidité de la prononciation.

II. — VOYELLES ET SEMI-VOYELLES FRANÇAISES

11. — Le français compte douze voyelles, que l'on peut répartir en trois groupes, d'après les diverses parties de l'organisme vocal qui servent principalement à les produire :

1° Trois palatales : *a* (et *â*), *é* (avec ses différentes nuances : *é, è, ê*), et *i*.

2° Cinq labiales : *e, eu* (très voisine de la précédente), *o, ou, u*.

3° Quatre nasales : *an, èn* (écrit *in, ein*, etc.), *on, eun* (écrit *un*).

Voyelles palatales.

12. — Si, laissant la langue dans sa position naturelle, nous ouvrons les lèvres, après avoir contracté le larynx de façon à tendre les cordes vocales, et si nous chassons l'air du poumon, nous faisons entendre le son *a*. En modifiant un peu cette disposition, et particulièrement en relevant de plus en plus la base de la langue, on obtient les sons *é* et *è*. Il faut au contraire déprimer la base de la langue pour obtenir le son *â* de *pâte*.

Si nous rapprochons un peu les lèvres, et si nous relevons la langue en appuyant légèrement sa pointe sur les dents inférieures (et toujours en faisant vibrer les cordes vocales), nous obtenons le son *é*.

Si nous appliquons les deux bords de la langue contre le palais, de manière à ne laisser qu'un espace étroit pour le passage de l'air, nous donnons le son *i*.

Voyelles labiales.

13. — Si nous reportons vers les lèvres l'obstacle opposé à la sortie de l'air, suivant que nous rapprocherons simplement les lèvres, ou que nous les arrondirons de plus en plus, en diminuant l'ouverture et en modifiant légèrement la position de la langue, nous obtiendrons les sons *e* (de « *revenir, femme* »), *eu, o, u, ou,* et les diverses nuances de ces sons.

Les deux lettres, qui composent chacun des signes *eu* et *ou,* représentent historiquement d'anciennes diphtongues ou des procédés graphiques artificiels. *Ou* s'est prononcé d'abord comme un *o* suivi d'un *w* anglais. De même *eu* s'est prononcé *èou* dans *cheveux*. Dans *honneur* et autres mots semblables, *eu* est un procédé graphique artificiel qui a toujours représenté le son actuel, et qu'on a emprunté aux mots comme *cheveux*, à une époque où dans ces mots eux-mêmes l'ancienne diphtongue se prononçait déjà comme *eu* actuel.

Voyelles nasales.

14. — Si, au moment de prononcer la voyelle *a*, on baisse le voile du palais, de manière à laisser à une partie de l'air chassé des poumons l'issue des fosses nasales, on obtient le son *an*, ou *a* nasal.

L'*o* nasal (*on*) s'obtient aussi en baissant le voile du palais pendant la prononciation de l'*o*.

Le son marqué en français par *in* est un *è* nasal. L'*i* nasal (des mots provençaux *vint*, *linge*, etc.) n'existe pas en français.

Le son que nous écrivons *un* est en réalité un *eu* nasal. L'*u* nasal n'existe pas en français.

Semi-voyelles ou semi-consonnes.

15. — Les voyelles françaises employées comme semi-voyelles sont :

1° L'*i*, dans les diphtongues *ia* (diable, paya), *ié* (pied), *ieu* (vieux, payeur, frayeur), *ien* (chien, rien), *ian* (ayant), *ion* (aimions).

Ajoutez l'*i* contenu dans les consonnes doubles *l* et *n* mouillées. Toute *l mouillée* équivaut à peu près à *l* + *i semi-voyelle*, toute *n mouillée* à *n* + *i semi-voyelle*.

C'est à tort, d'après Littré, qu'un grand nombre de personnes prononcent l'*l mouillée* comme un *i* semi-voyelle (ou *y*) sans *l*, et disent *ga-yard*. Il est probable que cette prononciation arrivera à prévaloir, mais elle n'est pas encore admise officiellement. D'après la même règle, il ne faut pas non plus prononcer *bercáy* (bercail), *deùy* (deuil), mais faire entendre une *l* avant l'*i* semi-voyelle [1].

2° L'*u* est aussi employé comme semi-voyelle :

Dans la diphtongue *ui* : *cel*UI, *app*UI, *aujourd'h*UI, etc. ;

Dans la diphtongue *uè* : *écu*ELLE (anciennement prononcé *écu-elle*).

3° Enfin l'*ou* semi-voyelle se trouve dans la diphtongue *oui* de l'adverbe *oui* (jadis *ou-i* en deux syllabes), dans *ouèn* (écrit *oin*) des mots tels que *loin*, et dans la diphtongue *oua* (écrite *oi* d'après l'ancienne prononciation) des mots tels que *moi*, *toi*, *roi*, etc.

Fausses diphtongues.

16. — Nous avons déjà fait remarquer que *eu* et *ou* n'étaient plus des diphtongues, mais des sons simples (§ 13). Il en est de même de *au* (autre = ôtre), de *eau* (chapeau = chapô), de *ei* (reine = rène), de *ai* (haine = hêne ; chantai = chanté ; avais = avê).

---

1. Pour produire l'*l* que l'on veut faire suivre immédiatement de l'*y*, on est obligé de modifier un peu le mécanisme de la prononciation, si bien que *l* suivie d'*y* diffère très légèrement de l'*l* ordinaire, indépendamment de la mouillure.

III. — DISTINCTION DES VOYELLES EN LONGUES ET BRÈVES,
OUVERTES ET FERMÉES.

17. — Entre une voyelle longue et la même voyelle brève, il y a une différence de quantité, de durée. Cette différence est souvent accompagnée d'une différence de timbre, et on confond très facilement l'une avec l'autre. Ainsi on dit que l'*a* de *pâte* est long et que l'*a* de *patte* est bref, ce qui est vrai; mais il y a, en outre, entre ces deux *a*, une différence de timbre : le premier a le timbre fermé et le second le timbre ouvert. Dans *pâté* l'*a* est fermé, sans être long comme dans *pâte*. Il ne faut donc pas considérer « long » comme synonyme de « fermé », ni « bref » comme synonyme d' « ouvert ». La quantité et le timbre sont deux faits distincts et non corrélatifs.

18. — Dans la prononciation française, la quantité est généralement peu sensible; elle n'a pas l'importance qu'elle avait en latin, où la versification reposait sur elle. La distinction des timbres est, au contraire, du plus haut intérêt, au moins pour les voyelles *a, é, o* et *eu*. L'*a* de *pâte* et celui de *patte* sont, en somme, deux sons différents, assez voisins seulement pour être représentés par la même lettre. La différence qui les sépare est de même nature que celle qui sépare l'*é* de *habillé* de l'*è* de *billet*, l'*o* de *tôt* de celui de *tort*, l'*eu* de *peu* de celui de *peur*. Aussi a-t-on eu l'idée d'exprimer cette différence par des dénominations communes : l'*â* de *pâte*, l'*é* de *habillé*, l'*ô* de *tôt*, l'*eu* de *peu* sont dits *fermés*; l'*a* de *patte*, l'*è* de *billet*, l'*o* de *tort*, l'*eu* de *peur* sont dits *ouverts*. Telle est la signification donnée aujourd'hui par tous les philologues aux mots « ouvert » et « fermé »[1].

---

1. Ces dénominations ne sont pas tout à fait heureuses, parce qu'elles sont tirées d'une particularité de la prononciation qui peut être con-

Pour l'*é*, on distingue une troisième espèce de timbre : celui de l'*é* très ouvert, comme dans *tête*.

19. — Il importe de se défier de l'accent circonflexe. que l'on considère souvent à tort comme indiquant la quantité ou le timbre. Cet accent a été placé sur des voyelles qui sont le produit d'une contraction (*âge*, anciennement *eage*) ou après lesquelles il y a eu chute d'une *s* (*tête*, anciennement *teste*; *côte*, anciennement *coste*) et en outre dans un certain nombre de mots savants; mais il ne marque pas toujours la longueur de la voyelle ni la prononciation très ouverte de l'*é*, car l'*é* de *têtu* se prononce fermé.

20. — Il arrive aussi quelquefois que l'accent aigu est placé à tort sur des *é* qui se prononcent ouverts, soit que la prononciation se soit modifiée, soit que l'accent aigu dans ces mots remonte à une notation ancienne inexacte. Ainsi on écrit *sécher*, mais on prononce *sècher*.

IV. — CONSONNES FRANÇAISES.

Explosives et continues.

21. — C'est en opposant un obstacle à l'air chassé du poumon, que nous arrivons à produire des vibrations sonores. Mais cet obstacle peut être soit une fermeture complète, que l'on fait brusquement cesser, soit un rétrécissement du passage. Dans le premier cas, on obtient un son explosif; dans le second, un son continu. Toutes les voyelles et une partie des consonnes (*s*, *ch*, *f*, etc.) sont

testée. Il a pu y avoir hésitation sur l'application des termes. Ainsi l'*o* de *tôl* a été qualifié d'*ouvert* par des grammairiens qui considéraient qu'on ouvrait plus la bouche pour la prononciation de cet *o* que pour celle de l'*o* de *tort*. C'est que les uns pensent à l'ouverture des lèvres, **les autres à celle de la cavité buccale.**

continues. Un certain nombre de consonnes sont explosives : le *p*, le *t*, etc.

Les consonnes explosives sont nécessairement très brèves, instantanées. Quand nous essayons de les prononcer sans les faire suivre d'aucune voyelle, nous faisons entendre malgré nous, aussitôt après, un bruit du genre continu qui se distingue très bien du son propre de la consonne. Ce bruit vient de la colonne d'air que nous avions formée derrière l'obstacle pour produire le son explosif de la consonne ; cet air vibre en s'échappant. Quand la consonne est suivie d'une voyelle, on n'entend pas le bruit particulier dont nous parlons, parce que la colonne d'air est précisément employée à produire la voyelle qui suit.

Dans l'émission des sons continus, le rétrécissement du passage de l'air, par conséquent aussi le son qui en résulte, peut être prolongé, *continué*, jusqu'au moment précis où on est obligé de reprendre haleine.

Sourdes et sonores, ou fortes et douces.

22. — Chacune des deux grandes classes de consonnes que nous venons de déterminer se subdivise elle-même en deux catégories, en consonnes *sourdes* et consonnes *sonores*.

Dans la prononciation du *g*, du *d*, du *b*, les cordes vocales vibrent, et produisent un son qui se distingue du son propre de la consonne, mais qui l'accompagne. C'est pour cela que ces consonnes sont dites *sonores*. Il n'en est pas de même du *c*, du *t*, du *p*, et des autres consonnes du même ordre, qui, par opposition, sont dites *sourdes*. Comme le *g* diffère principalement du *c*, le *d* du *t*, le *b* du *p*, le *j* du *ch*, le *v* de l'*f*, le *z* de l's, par cette vibration des cordes vocales, quand la vibration n'a pas lieu (dans le chuchotement) il devient très difficile de distinguer chacune de ces consonnes de sa voisine.

Les *sourdes* sont encore appelées *fortes*, et les *sonores* : *douces* [1].

Palatales, dentales, labiales.

23. — Enfin les consonnes se divisent encore en palatales, dentales et labiales, suivant que ce sont les lèvres, les dents ou le palais qui jouent le principal rôle dans leur prononciation.

Palatales explosives.

24. — Si, relevant la langue près de sa base, on l'applique contre le palais de manière à fermer toute issue à l'air des poumons, il suffit de supprimer brusquement cet obstacle, en chassant de l'air, pour faire entendre le son *k* ou *c* dur. L'autre palatale explosive, la sonore *g* (*g* dur) s'obtient de la même façon, mais en faisant résonner les cordes vocales.

Palatales continues.

25. — Si on applique, non plus la partie postérieure de la langue, mais les deux bords contre le palais, de manière non plus à fermer toute issue à l'air, mais à lui ouvrir un passage étroit entre la langue et le palais, on obtient en chassant l'air, et en faisant vibrer les cordes vocales, l'*i* semi-voyelle du mot *yeux*. Dans la prononciation de l'*i* voyelle, on appuie plus fortement les deux bords de la langue.

1. L'adjectif *doux* a un sens tout particulier lorsqu'on l'applique aux signes *c* et *g*. Il désigne alors le son spécial que ces lettres marquent devant *e* et *i*, c'est-à-dire le son *s* *dure* pour le *c* et le son *j* pour le *g*. Mais le *c* doux n'est pas une consonne *douce* dans le sens général donné à ce mot, c'est une consonne *forte* ou *sourde*.

26. — Si on élève la pointe de la langue vers la mâchoire supérieure, au lieu d'en appliquer les bords contre le palais, on obtient le son *ch*. Le *j* est la consonne sonore qui correspond au *ch*. On remarquera que, pour prononcer ces consonnes, il faut aussi porter un peu les lèvres en avant. Ces deux consonnes sont dites *chuintantes*, d'un mot formé par onomatopée.

27. — Quand on ouvre simplement la bouche, laissant à la langue sa position ordinaire, si on chasse l'air en contractant un peu l'orifice du larynx, on fait entendre un bruit léger : c'est la consonne *h*, qui est dite *consonne aspirée*, bien que ce soit un mouvement de *respiration* qui la produise comme toutes les autres consonnes ou voyelles. L'*h* dite non aspirée n'est qu'une fantaisie d'orthographe, qui s'explique quelquefois par un souvenir étymologique ; en aucun cas ce n'est un son, et il n'y a pas à en tenir compte. D'ailleurs, l'*h* aspirée elle-même ne se prononce pas dans le français actuel ; cette lettre indique simplement aujourd'hui qu'il ne faut pas lier la consonne finale du mot précédent avec la voyelle qui suit. C'est tout ce qui reste de l'ancienne aspiration.

Dentales explosives.

28. — Après avoir fermé toute issue à l'air en appliquant la pointe de la langue contre le palais et les dents supérieures, si on lui ouvre brusquement passage, on produit une des deux explosives *d* ou *t*, suivant qu'on fait ou non vibrer les cordes vocales.

29. — Si, disposant la langue comme nous venons de le dire, et faisant vibrer les cordes vocales, on baisse en outre le voile du palais de façon qu'une partie de l'air puisse s'échapper par les fosses nasales, au lieu du *d* on fait entendre l'*n*.

30. — Si l'on applique la pointe de la langue contre les dents supérieures, mais en laissant, des deux côtés de la langue, libre passage à l'air, et si, en détachant brusquement la langue, on fait vibrer les cordes vocales, on émet le son *l* [1].

Dentales continues.

31. — La langue étant placée comme pour la prononciation du *t* ou du *d*, mais l'extrême pointe rabaissée vers les dents inférieures pour laisser à l'air un passage continu, on produit l'*s* *douce* ou l'*s* *dure*, suivant qu'on fait ou non vibrer les cordes vocales.

32. — La langue étant à peu près dans sa position normale, mais la pointe appuyée contre la mâchoire inférieure, si l'on chasse l'air de façon à faire vibrer non seulement les cordes vocales, mais la langue elle-même, on émet le son *r*.

Labiales explosives.

33. — Quand ce sont les lèvres réunies qui ferment le passage de l'air, au moment où on les sépare, on fait entendre le son du *p*, et celui du *b* s'il y a vibration laryngienne. Si, en même temps, on abaisse le voile du palais, on produit l'*m*.

Labiales continues.

34. — Si les lèvres entr'ouvertes offrent à l'air un passage continu, on fait entendre l'*f*, ou la sonore correspondante *v*.

35. — L'*u* et l *ou* semi-voyelles se prononcent comme

1. L'*l* est ordinairement placée parmi les continues; mais c'est, il me semble, par l'effet d'une confusion entre le bruit de l'air qui s'échappe des deux côtés de la langue et le son propre de la consonne, lequel ne se produit qu'au moment où la langue se détache des dents.

l'*u* et l'*ou* voyelles, en arrondissant les lèvres, avec les différences que nous avons déjà signalées (§ 10).

V. — TABLEAU GÉNÉRAL DES SONS FRANÇAIS ET CONCLUSION DU CHAPITRE

36. — *Sons français.*

		PALATAUX	DENTAUX	LABIAUX
Explosifs — Sourds		*c* dur (k)	*t*	*p*
Explosifs — Sonores		*g* dur	*d*	*b*
	nasaux		*n, n* mouillée	*m*
	liquides		*l, l* mouillée	
		i semi-voyelle	*s* douce (z)	*v*
				u semi-voyelle ou semi-voyel
Continus — Sonores	chuintant	*j* (g doux)		
	liquide		*r*	
Voyelles	orales	Â, A, Ê, Î, Ô, I,		O, OU, U, EU, E
Voyelles	nasales	AN, ÈN		ON, EUN.
			s dure (ç)	*f*
Sourds	chuintant	*ch*		
	aspiré	*h*		

Remarque. — Les consonnes de la première colonne sont souvent appelées des *gutturales*. Quand on emploie le mot « palatales » sans préciser autrement, on entend les consonnes et semi-voyelles palatales, et non les voyelles.

37. — Ce tableau, éclairé par les explications qui précèdent sur le mécanisme de la prononciation, facilitera l'intelligence des mutations de sons dont nous aurons à parler dans le chapitre IV de cette première partie, et ces mutations seront à leur tour une confirmation de notre classement des sons vocaux.

En effet, la parenté des sons compris dans chacune des colonnes verticales est attestée non seulement par l'étude du mécanisme de leur prononciation, mais encore par les nombreuses permutations que l'on constate entre les sons d'une même colonne.

38. — Si nous considérons la colonne des sons palataux[1], nous nous expliquerons que le *c* latin ait produit
un *g* dans **g**ras, dérivé de **c**rassum, dans **g**las, de
classicum, que le *g* soit devenu un *c* dans *lon***c** (aujourd'hui
écrit *long*) de *lon***g**um, dans *san***c** (aujourd'hui écrit
sang) de **san***g**uem. Nous comprendrons que le *c* ait pu
produire un *ch* dans **ch**ambre, de **c**ameram, dans *man***ch**e,
de *mani***c**am, que le *g* ait pu produire un *j* dans **j**oie, de
gaudia, dans **j**aune, de **g**albinum, que le *c* et le *g* se soient
changés en *i* semi-voyelle (*y*) dans *plaie* (prononcé jadis
*pla-***y**e) de *pla***g**am, dans *fait* (prononcé jadis par $a + y$)
de *fa***c**tum, que l'*i* semi-voyelle du latin soit devenu tantôt
j, tantôt *ch*, dans **j**eune de **i**uvenem, dans *sin***g**e de
** simium*, dans le subjonctif *sa***ch**e, de *sapiam*, etc.

Remarquons d'autre part que, si le *c* latin devient tantôt
g, tantôt *ch*, tantôt *i* semi-voyelle, cette variété de transformations s'explique aussi par des raisons qui tiennent au
mécanisme de la prononciation. C'est particulièrement
devant les liquides (*l*, *r*), qui sont des consonnes *sonores*,
que le *c* dur, consonne sourde, se change parfois en la gutturale *sonore*, *g* dur. Dans la transformation du *c* dur en *i*
semi-voyelle, la disposition des organes vocaux subit une
modification qui transporte d'arrière en avant (du gosier
vers le milieu de la langue) le point d'où part le son ; or,
cette modification s'est produite surtout lorsque la lettre
qui suivait le *c* dur se prononçait en avant relativement à
la lettre qui précédait. Dans le groupe de lettres *act*, il y
a pour passer de l'*a* au *t* un mouvement de prononciation
d'arrière en avant, puisque le son du *t* se produit vers les

---

1. La distance qui, dans ce tableau, peut séparer deux sons d'une
même colonne verticale, n'a aucune importance.

dents ; ce mouvement a entraîné une transformation du *c* dans le même sens : *act* latin a donné *ait* français dans *factum*, devenu *fait* (prononcé d'adord *fa-yt*). A l'inverse, dans la terminaison de *lactuca*, le *c* est placé entre une voyelle labiale (*u*) et une voyelle palatale (*a*). Pour passer de l'*u* à l'*a*, il y a un mouvement d'avant en arrière, des lèvres au gosier. Aussi, entre ces deux lettres, le *c* n'a pas produit d'*i* semi-voyelle, il est tombé : français *laitu-e*.

Nous n'entrerons pas dans le même détail à propos des transformations des autres sons ; il nous suffit d'avoir montré par ces exemples quelle est l'importance de l'étude des conditions physiologiques de la prononciation.

Pour achever l'examen de la colonne des sons palataux, nous ajouterons que la parenté des voyelles *a* et *é*, et de l'*i* voyelle ou semi-voyelle, explique la facilité avec laquelle un *i* semi-voyelle s'est ajouté à l'*a* latin dans *laine*, de *lana*, et à l'*é* ou à l'*è* dans *lei* (plus tard *loi*) de *légem*, dans *pied*, de *pèdem*, etc. On ne s'étonnera pas non plus qu'une diphtongue composée de *a* et de *i* ait pu arriver à produire le son simple *é*, l'*é* étant la voyelle intermédiaire entre *a* et *i* ; c'est ainsi que *laine*, prononcé d'abord *la-y-ne*, est arrivé à se prononcer *lène*.

39. — Dans la colonne des sons dentaux, outre les rapports bien connus des deux liquides *l* et *r*, et des deux *s*, il faut remarquer la parenté, moins visible au premier abord, du *d* et de l'*n* [1]. Dans le langage enfantin, ces deux sons permutent facilement : *dodo* et *nono*. Le *d* latin s'est changé en *n* dans **rendre** de **reddere**, sous l'influence, il est vrai, d'une analogie avec **prendre**.

---

1. Voyez ci-dessus (§§ 28 et 29) ce que nous avons dit de la prononciation de ces deux sons.

40. — Entre les lettres placées sur la même ligne hori-
zontale, les permutations sont beaucoup plus rares qu'entre
les lettres de la même colonne. Cependant *t* latin, devant
l, s'est changé en *c* dur : **vetlum* (pour *vetulum*) est devenu
veclum, d'où, pour la mutation du *c* en *i* semi-voyelle, le
mot français *vieil*. Inversement, le *c* dur peut se changer
en *t* : le peuple dit souvent *cintième* au lieu de
cinquième, et le *c* latin (qui se prononçait toujours comme
un *k*) a produit devant les voyelles *e* et *i* le son *tç*, qui s'est
ensuite réduit à *ç* (*s* dure); c'est ainsi que le latin **c**ervum
(prononcez *kervum*) a donné le français **c**erf, où le *c* représente le son de l'*s* dure.

CHAPITRE TROISIÈME

LES LETTRES DE L'ÉCRITURE FRANÇAISE

I. — L'ALPHABET LATIN

41. — S'il nous est possible d'étudier directement les
sons d'une langue contemporaine, nous ne pouvons atteindre ceux d'une langue antérieure à nous qu'à travers le
signe du son, qui est la lettre. De là l'importance de l'étude
de l'alphabet.

42. — L'alphabet latin, d'où dérive le nôtre, était emprunté aux Grecs, et se composait de vingt-trois lettres
dont une seule, le G, de création latine; voici la liste des
autres : A, qui est l'alpha des Grecs, B = bêta,
C = gamma, D = delta, E = epsilon, F = digamma
éolique, H = êta, I = iota, K = cappa, L = lambda,
M = mu, N = nu, O = omicron, P = pi, Q = coppa [1],

1. Cette lettre était tombée en désuétude de très bonne heure chez
les Grecs, mais était restée cependant comme signe numérique de 90.

R = rhô, S = sigma, T = tau, V = upsilon, X = xi, Y = upsilon, Z = zêta.

43. — L'Y et le Z ne furent introduits que très tard dans l'alphabet latin, et ne furent employés que pour des mots calqués du grec, où ils remplaçaient l'upsilon et le zêta. L'upsilon était déjà représenté dans l'alphabet latin par la lettre V.

44. — Quant au G, il est d'invention latine. A l'origine, le K désignait la gutturale explosive sourde (notre *c* dur) et le C représentait la gutturale explosive sonore (notre *g* dur); mais de très bonne heure la lettre K devint presque hors d'usage, et C fut employé indifféremment comme signe des deux gutturales. Un peu plus tard, on voulut de nouveau donner des signes différents à ces deux sons : C fut conservé pour la gutturale sourde, et G fut inventé pour la sonore. On voit d'ailleurs que le G n'est autre chose que le C légèrement modifié.

Les grammairiens latins des premiers siècles de notre ère n'ont jamais pu s'expliquer d'une façon satisfaisante l'utilité de la lettre Q, qui faisait alors triple emploi avec le C et avec le K. On remarquait seulement que le Q remplaçait presque toujours le C devant le V suivi d'une voyelle : QVOD (que nous écrivons *quod*).

45. — Dans les mots calqués du grec, les Romains représentaient la lettre grecque *chi* (prononcez *Ki*) par *ch*, le *phi* par *ph*, le *thêta* par *th*, le *rho* surmonté de l'esprit rude par *rh*.

46. — La lettre V était signe de consonne dans **venit**, *avidum*, etc., signe de voyelle dans **vnvs**, *lvna*, etc., et signe de semi-voyelle dans *hvic*, *avdio*, etc.

47. — La lettre I était signe de consonne dans **iuvenem**, **maior**, etc., signe de voyelle dans **finis**, **limen**, etc., et s'gne de semi-voyelle dans *queis* (pour *quibus*) et quelques mots semblables.

II. — L'ALPHABET FRANÇAIS

48. — L'alphabet des Latins est aussi devenu le nôtre, avec quelques modifications.

Dans l'écriture minuscule du moyen âge, la lettre V a deux formes, dont l'une s'emploie surtout au commencement des mots, l'autre, dans le corps des mots. Sous l'une ou l'autre de ses formes, cette lettre a un triple sens : elle désigne soit notre voyelle *u* (par exemple dans **v**ne, *lune*), soit notre consonne *v* (par exemple dans **v**ient, *auide*), soit notre *u* semi-voyelle (dans *lui*, *nuit*). C'est seulement à la fin du xviie siècle qu'on a décidé de réserver l'une des formes pour le son *v*, et l'autre pour le son *u* (voyelle ou semi-voyelle); on écrivit alors : *vrai*, *une*, *devant*, au lieu de *vrai*, *vne*, *deuant*.

49. — La lettre *i* avait aussi deux formes, *i* et *j*. C'est de la même façon et à la même époque (fin du dix-septième siècle) que l'une des formes fut réservée au son *j*, et l'autre au son *i* (voyelle ou consonne).

50. — Dans les mots gréco-latins passés en roman, l'*y* n'avait pas persisté et était devenu soit *i*, soit *u*. Le signe *y*, resté ainsi sans emploi, fut utilisé pour suppléer l'*i* dans certains cas où il rendait l'écriture d'un mot plus élégante [1] ou la lecture plus commode [2]. On l'emploiera aussi pour représenter deux *i* semi-voyelles consécutifs. Il a conservé ce dernier rôle [3], mais l'*i* a repris sa place

---

1. A la fin des mots par exemple.

2. Par exemple dans *yuer* (aujourd'hui *hiver*), au lieu de *iuer* qu'on aurait pu lire *vier*, car le trait sur l'*i* pouvait n'être pas exactement à sa place, il pouvait avoir été omis ou s'être effacé.

3. L'*y* correspond même à *i* semi-voyelle + *i* tonique dans *pays*, prononcé **pai-is**, dans *paysan*, **abbaye**.

dans les autres cas, sauf quelques exceptions, comme celle de l'adverbe *y*. On emploie aussi l'*y* dans les mots calqués du grec.

51. — L'*x*, dans le plus grand nombre des mots latins passés en roman (dans tous les mots de formation populaire), avait disparu pour faire place à des lettres représentant des sons nouveaux : «laxare» était devenu «lascher» et «laisser». Au milieu du moyen âge, on utilisa ce signe sans emploi en le confondant avec une abréviation de *us* : on écrivit *diex* au lieu de *dieus*, etc. Un peu plus tard, quand on écrivit ces mots sans abréviation, en rétablissant l'*u*, on laissa subsister l'*x*, qui n'eut plus dès lors que la valeur d'une *s*. C'est ainsi que s'expliquent les pluriels en *x*. Cette lettre fut aussi substituée à *s* à la fin des mots qui, en latin, se terminaient par un *x* : *paix, voix*.

La lettre *x* se trouve encore, mais avec toute sa valeur, dans les mots calqués du latin ou du grec. Toutefois, dans ces mots savants, elle peut avoir, outre le son de *ks* avec *s* dure (*fixe, axiome, axe, maxillaire, expédient, xylographe*), celui de *gs* avec *s* douce (*exemple, exorde, Xante*, etc.) ou celui de *s* dure : *Xer**x**ès* [1].

52. — Comme l'*y* et l'*x*, le *z* prit dans l'alphabet français un rôle nouveau. On le trouve dès l'origine remplaçant le groupe de consonnes *ts* à la fin des mots : *portez*, 2e personne du pluriel de l'indicatif présent, équivaut à *portéts* (latin porta*tis*). D'assez bonne heure le *t* cessa de se faire entendre, et le *z* n'eut plus d'autre valeur que celle d'une *s*. Dans les mots calqués du grec, le *z* représente le zêta ; nous lui donnons le son de l'*s* douce : *zèle*.

53. — Nous avons vu (§ 45) que les Latins représentaient le *khi* grec par *ch*. Nous faisons de même, et nous donnons

---

1. C'est par euphonie que le second *x* se prononce ici comme un *c*

alors à ces deux lettres la valeur d'un *K* (*chœur*, Achaïe, etc.) [1]. Mais, dans nos mots d'origine populaire, le *ch* désigne un son simple, inconnu des Latins, que nous appelons chuintant. C'est le *ch* de *cheval*, de *marché*, etc.

54. — Nous représentons aussi le thêta grec par *th*, que nous prononçons comme *t*, et le *phi* grec par *ph*, que nous prononçons comme *f* [2]. Nous avons aussi le *rh*, prononcé *r*, qui correspond à *r* du grec quand cette lettre est surmontée d'un esprit rude.

55. — Dans les mots savants calqués du latin, le *t* suivi d'un *i* et d'une autre voyelle prend le son d'une *s* dure ou d'un *ç*, par un souvenir de la modification qu'avait subie ce *t* dans la prononciation populaire du latin (§ 74) : *nation*, *patient*, se prononcent *nacion*, *pacient*.

56. — Les modifications très nombreuses qu'ont subies les mots français dans leur prononciation, depuis la formation de la langue, n'ont pas toujours été suivies de modifications concordantes dans l'orthographe. Il en résulte que certaines lettres et surtout certains groupes de lettres ont changé de signification : ainsi dans la diphtongue *oi*, aucune des deux lettres n'a conservé sa valeur, on prononce aujourd'hui *oua* (*wa*). Ainsi encore l'ancien signe de diphtongue *au* représente aujourd'hui le son simple *ô* dans *autre*, *chevaux*, etc. (Voyez §§ 13 et 16).

Signes diacritiques.

57. — Un certain nombre de signes accessoires, dits signes *diacritiques*, permettent d'indiquer des nuances de

---

1. Quelquefois cependant, sous l'influence de la prononciation populaire du *ch*, nous donnons au *ch* d'origine grecque le son chuintant chimère, Psyché.

2. Là encore il y a des contradictions dans notre orthographe. Si nous étions logiques, nous devrions écrire *phantaisie*.

prononciation. Ce sont les accents *aigu, grave, circonflexe,* et la *cédille.*

La *cédille* (le mot signifie *petit zéta*) était d'abord un *z* qu'on mettait après le *c* pour marquer qu'il devait être prononcé doux. Puis ce *z* a été placé au-dessous du *c* et a pris la forme que nous lui connaissons.

Les trois accents dont nous nous servons ont été empruntés à l'écriture grecque, et ne sont pas antérieurs au XVIe siècle. On a commencé par accentuer seulement les *é* de la fin des mots, et on employait tantôt l'accent aigu, tantôt l'accent grave, sans chercher à donner à ces signes une valeur différente. Puis on a attribué, comme nous faisons encore, l'accent aigu aux *é* fermés et l'accent grave aux *é* ouverts. Sur l'accent circonflexe, voyez §19.

III. — Orthographes diverses pour un même son

Voici le tableau des principaux signes graphiques qui représentent chacun des sons de la langue française.

58. — *Voyelles.*

a   s'écrit *a, em* (dans *femme, patiemment,* etc.), *en* (dans *couenne, rouennerie*), *i* (dans la diphtongue *oi*); *e* (dans *moelle* [1]).

è et ê s'écrivent *é, è, ai* (*haine, jamais, plaine*), *ei* (*reine, pleine*).

é   s'écrit *é, ai* (j'all*ai*), *e* (t*é*tu).

i   —   *i, y.*

e   —   *e* (venir), *on* (monsieur).

eu   —   *eu, œu* (n*œu*d), *œ* (*œ*il), *ue* (c*ue*illir).

o   —   *o, au* (*au*tre), *eau* (b*eau*, p*eau*).

ou   —   *ou, o* (dans les diphtongues *oi* et *oin*), *aou* (*aoû*t).

u   —   *u, eu* (il *eu*t, il a *eu*).

1. Jadis prononcé « mo-el-le, mou-el-le », puis *mouelle* en deux syllabes. La diphtongue *oué* est ensuite devenue *oua* comme dans *roi,* u'on a d'abord prononcé *roué.*

an s'écrit : *an*, *en* (enf*an*t), *em* (*em*pereur) *am*, (l*am*pe), *aon* (p*aon*).

èn — *in*, *im* (*im*pie), *ein* (pl*ein*), *ain* (m*ain*), *en* (exam*en*, pay*en*, r*ien*).

on — *on*, *om* (*om*bre).

eun — *un*, *eun* (à j*eun*).

Consonnes mouillées.

59. — Dans un certain nombre de mots deux *l* constituent par leur réunion un signe double spécial qui équivaut à l + i semi-voyelle (fi*ll*e, pi*ll*er). D'autres fois, l + i est exprimé par *il* (œ*il*), ou par *ill* (gai*ll*ard, souil*ll*er), ou même par *illi* (bai*lli*age) ou par *lli* (margui*lli*er). Le second *i* de *bailliage* est destiné à rappeler l'*i* final de *bailli*. Le second *i* de *marguillier* précise l'indication de la mouillure, mais pour la même raison il serait logique d'écrire aussi *pillier* au lieu de *piller*. La règle générale est celle-ci : après toute autre lettre que l'*i*, l'*l* mouillée s'exprime par *il* ou *ill*, suivant que cette consonne mouillée termine ou non le mot. Après l'*i*, c'est une *l* simple à la fin des mots, une *l* double dans le corps des mots. Cette notation de l'*l* mouillée après l'*i* est fort gênante pour les étrangers qui apprennent notre langue; car, comment savoir si un mot tel que *péril* se termine par une *l* ordinaire ou une *l* mouillée, si un mot en *ille* se prononce par *l* ordinaire comme *ville* ou par *l* mouillée comme *fille* ?

60. — *Gn* = n + i semi-voyelle. C'est *ign* dans « besoi-*gn*eux. »

61. — Enfin presque toujours l'*y*, après l'*a* et l'*o*, équivaut à deux *i* : le premier se joint à l'*a* ou à l'*o* pour en changer la valeur, le second se prononce. Ainsi *paya* équivaut à *pai-ia* (mais *payen* se prononce *pa-ièn*).

Consonnes non mouillées.

Les consonnes non mouillées qui s'écrivent de plusieurs manières sont :

62. — *Palatales :*

Le *c* dur, qui s'écrit : *c, k, qu, q (cinq), ch (chœur,* etc.), *g* (à la fin des mots, dans les liaisons : *un rang élevé*);

Le *g* dur, qui s'écrit : *g, gu, c* (dans *second, reine-claude*).

Le *j* s'écrit : *j, g (genou, âgé,* etc.), *ge (geai, changeant*).

L'*r* s'écrit : *r, rh (rhume*).

63. — *Dentales :*

Le *t* s'écrit : *t, th (théâtre), d* (à la fin des mots, dans les liaisons : *un pied-à-terre*).

L'*s* douce s'écrit : *s* (l's entre deux voyelles a toujours le son doux, *rose, case*. De même à la fin des mots dans les liaisons : *les hommes, temps ancien), z, x* (à la fin des mots dans les liaisons : *chevaux arabes*).

L'*s* dure s'écrit : *s (silence, salut, austère), ss (assaut, mission), sc (science), c (celui, cirque, lacet), ç (commerçant, ça), t* (dans *ration, portion*).

64. — *Labiales :*

L'*f* s'écrit : *f, ph.*

Toutes les variantes orthographiques que nous n'avons pas expliquées soit en les signalant, soit en parlant du classement des sons français ou de l'alphabet, seront expliquées dans le chapitre suivant.

CHAPITRE QUATRIÈME

ORIGINE DES SONS ET DE L'ORTHOGRAPHE DU FRANÇAIS [1]

I. — ACCENT TONIQUE ET ACCENTS SECONDAIRES. PROCLITIQUES VOYELLES LIBRES ET VOYELLES ENTRAVÉES

Toute cette partie de la grammaire historique est dominée par un grand fait : le phénomène de l'*accent*.

65. —Dans tout mot de toute langue, il y a une syllabe sur laquelle la voix insiste plus que sur les autres, une syllabe que l'on accentue fortement, et que pour cela on appelle *tonique* (du grec τόνος, *accent*). Cette insistance de la voix est ce qu'on nomme l'accent tonique. L'accent tonique porte en français sur la dernière syllabe du mot, à moins que la voyelle de cette syllabe ne soit un *e* muet, auquel cas l'accent tonique se place sur l'avant-dernière syllabe. Ainsi, dans *ornement*, la syllabe tonique est *ment* ; dans *père*, c'est *pè*.

66. — Les autres syllabes sont dites *atones* par opposition à la *tonique*. Mais parmi les atones il faut mettre à part la première du mot, qui reçoit en quelque sorte un *accent secondaire :* la voix y insiste moins que sur la tonique, mais plus que sur les atones ordinaires. Dans le mot *pèlerine*, l'accent tonique est sur *i* et l'accent secondaire sur *è*.

67. — Quand un mot commence par un préfixe, il y a deux accents secondaires, l'un sur le préfixe, l'autre sur

---

la première syllabe qui suit. Ainsi, dans *pardonnerai*, l'accent tonique est sur *ai*, et il y a deux accents secondaires, l'un sur l'*a* du préfixe « par », l'autre sur l'*o* de la syllabe qui suit le préfixe.

68. — Il y a des mots tels que l'article et les prépositions, qui s'appuient dans la prononciation sur le mot qui suit et qui pour cela sont appelés *proclitiques* ou *enclitiques*. Ainsi « la faim » se prononce exactement comme si les deux mots n'en faisaient qu'un, *lafaim* : il y a un accent tonique sur la dernière syllabe, et un accent secondaire sur la première. Les proclitiques n'ont donc qu'un accent secondaire. Dans les proclitiques de plusieurs syllabes, l'accent secondaire se place suivant les règles données pour l'accent tonique : il sera par exemple sur la première syllabe de la préposition *contre*. Toutefois, il peut arriver que cet accent glisse, en quelque sorte, de la première syllabe sur la seconde : c'est ainsi que le peuple dit : *ç'te femme*, au lieu de « cette femme », en mettant l'accent secondaire du mot proclitique « cette » sur la seconde syllabe, et en laissant même tomber la voyelle de la première syllabe, qui, régulièrement, doit porter l'accent.

69. — Un autre fait dont il nous faudra tenir grand compte, c'est l'influence des groupes de consonnes sur la prononciation de la voyelle qui les précède. Une voyelle est dite *entravée* lorsqu'elle est suivie de plusieurs consonnes consécutives, parce que la première des consonnes s'appuie nécessairement dans la prononciation sur la voyelle qui précède et produit ainsi une sorte d'entrave dans l'émission du son de la voyelle. L'*a* est entravé dans « *capt*ure » parce que la première des deux consonnes qui le suivent s'appuie sur lui ; on prononce « cap-ture ». Dans « *cap*ucin », l'*a* est dit *libre* parce qu'il n'est suivi que d'une seule consonne, laquelle s'appuie sur la voyelle qui suit ; on prononce

« ca - pucin ». Il y a une légère différence de prononciation entre une voyelle entravée et la même voyelle libre.

De la définition que nous venons de donner des voyelles entravées, découlent les deux réserves ci-dessous :

1° Il ne doit pas y avoir entrave lorsque les deux consonnes qui suivent une voyelle se lient parfaitement entre elles et peuvent s'appuyer l'une et l'autre sur la voyelle qui suit; c'est ce qui arrive lorsque la seconde des deux consonnes est une liquide [1]. Ainsi, dans le mot latin *patrem*, on prononce non « pat-rem », mais « pa-trem ». Si nous intervertissons les consonnes, il n'en sera pas de même : ainsi le mot latin *partem* ne peut se prononcer « pa-rtem », on prononce nécessairement « par-tem ». En d'autres termes, les groupes de consonnes qui ne forment pas entrave sont ceux qui peuvent commencer un mot : il y a des mots commençant par *tr*, il n'y en a pas qui commencent par *rt*.

2° Lorsqu'une voyelle n'est suivie que d'une consonne, mais que cette consonne termine le mot, la voyelle est libre, quand le mot auquel elle appartient se lie dans la prononciation avec le mot suivant, et que celui-ci commence par une voyelle. Dans le latin « *cor* ejus », l'*o* de *cor* est libre parce que l'*r* finale s'appuie sur l'*e* du mot suivant ; on prononce « co-rejus ». Si le mot *cor* terminait une phrase ou un membre de phrase, l'*r* s'appuierait nécessairement sur l'*o*, qui serait dès lors entravé, même si le mot suivant commençait par une voyelle. Dans les mots terminés par une consonne, la voyelle qui précède la consonne finale est toujours entravée quand le mot suivant commence par une consonne.

---

1. Toutefois, les voyelles latines suivies de *bl*, *pl*, sont traitées tantôt comme des voyelles libres, tantôt comme des voyelles entravées.

II. — PRONONCIATION LATINE

70. — Pour comprendre l'origine des sons français, il est indispensable d'avoir des notions précises sur la prononciation latine. Cette prononciation nous est malheureusement connue d'une manière imparfaite. Mais on peut arriver à des probabilités sérieuses sur un assez grand nombre de points.

Comme les voyelles françaises, les voyelles latines pouvaient être longues ou brèves, et la différence de quantité entre une voyelle longue et la même voyelle brève était accompagnée, sauf pour l'*a* d'une différence de timbre. Ainsi l'*e* long se prononçait comme notre *é* fermé de *santé*, *porter*, *porté*, et l'*e* bref comme notre *è* ouvert de *complet*, *fait*. On comprend donc que l'*e* long et l'*e* bref n'aient pas abouti au même son en passant du latin au français.

L'*i* long se prononçait comme notre *i*; mais l'*i* bref, dans la prononciation populaire[1], s'était assimilé, *quant au timbre*, à l'*e* long, et se prononçait comme notre *é* fermé.

L'*o* long avait le son de notre *o* fermé de *cô*te, **chapeau**, et l'*o* bref celui de notre *o* ouvert de **co**tte, **sort**.

L'*u* bref s'était assimilé à l'*o* long, et l'*u* long se prononçait comme notre voyelle *ou*.

---

1. Il ne faut pas oublier que les langues romanes dérivent non du latin classique, mais du latin populaire; et la différence entre ces deux latins, pour la forme et l'emploi des mots comme pour la prononciation, était bien plus considérable que celle qui peut exister entre le français populaire et le français littéraire, que la diffusion de l'instruction tend à rapprocher de plus en plus. Notez encore que le latin populaire lui-même a dû subir d'importantes modifications entre l'époque dite classique et le moment de la formation des langues romanes, pendant les premiers siècles de notre ère.

Le latin ne paraît pas avoir eu les voyelles nasales; il n'avait pas non plus l'*e* dit muet, ni l'*eu*, ni notre *u* français.

71. — Les voyelles latines entravées (suivies de plusieurs consonnes) avaient les unes le timbre bref, les autres le timbre long, bien qu'elles fussent toutes considérées comme longues au point de vue de la versification. D'autre part, nous avons déjà remarqué que l'entrave modifiait légèrement le son des vovelles : l'*e* bref entravé ne sonnait pas exactement comme l'*e* bref libre, et n'a pas produit le même son français.

72. — Les anciennes diphtongues latines écrites *æ* et *œ* étaient arrivées à se prononcer comme des *e* simples. La diphtongue *au* sonnait comme un *a* français suivi d'un *w* anglais.

73. — L'*i* consonne du latin (que nous écrivons *j*) se prononçait comme l'*y* du mot « yeux », et l'*u* consonne (*v*) comme le *w* anglais ou comme l'*ou* du mot *oui*. Le mot latin que nous écrivons *jam* se prononçait donc *yam; vi* se prononçait *oui; venit = wenit*, etc. Entre deux voyelles, l'*i* consonne se dédoublait : *ejus = eiius*.

74. — Les deux consonnes gutturales *c* et *g* avaient toujours le son dur, même devant *e* ou *i*. *Cicero* se prononçait *kikero*, *gener* se prononçait *guener*. C'est vers le VIIe siècle que, devant *e* ou *i*, *c* a pris le son *tç*, et *g* le son *dj*. Antérieurement le *t* avait pris aussi le son *tç* devant *e* ou *i* suivi d'une autre voyelle.

Les autres consonnes se prononçaient comme les consonnes françaises correspondantes.

75. — Nous avons signalé quelques-unes des modifications que le latin populaire avait subies avant de donner naissance aux langues romanes. Ajoutez la chute complète de l'*m* finale excepté après les monosyllabes (*amicum* devenu *amico*), la syncope de l'*n* devant l'*s* (*mensem* devenu *mese*)[1], le développement de la tendance qui poussait déjà le latin classique à dire *periclum* au lieu de *periculum*[2], la transformation de l'*e* en *i* devant une autre voyelle (*lineum* devenu *linio)* et la consonnification progressive de l'*i* placé devant une autre voyelle (*simio* devenu **simyo**, puis *sinjo*, d'où le français *singe*), enfin la réduction de *x* à une *s* simple dans le préfixe *ex*.

76. — On peut se demander pourquoi la prononciation d'un mot subit des modifications, au lieu de rester identique à elle-même. La raison en est bien simple. Tous les objets de la nature se modifient plus ou moins avec le temps; les pièces de monnaie, à force de passer de main en main, voient leur empreinte s'effacer graduellement. Ces transformations atteignent particulièrement les organismes vivants et tout ce qui en dépend. Il y a, dans le langage, des phénomènes d'usure et de réparation naturelles tout à fait analogues à ceux que nous offre la physiologie. Ce sont les mots qui étaient le plus souvent employés, comme les conjonctions, comme certains adverbes, comme les flexions verbales, qui se sont usés le plus vite[3].

---

1. Cette chute de *n* devant *s* s'est aussi produite dans les mots français : *monsieur* prononcé *mesieur*, *aîné* qui a été *ainsné*, puis *aisné*.

2. Il en résulte que des voyelles qui étaient libres dans le latin classique, l'*a* de *sapidum* par exemple, sont devenues entravées (*sapdum*) et ont été traitées comme telles.

3. Ainsi l'adverbe *ore* (latin *hac-hora*, devenu *aora*, *aura*) s'est abrégé de bonne heure en *or*. L'adjectif possessif pluriel *nostres* s'est abrégé en *nos*. L'adverbe *ent* (latin *inde*) a perdu son *t* final dès le XIe siècle. Le *t* de la flexion *at* du prétérit de la 1re conjugaison (latin *av(i)t*) a disparu anciennement; il est vrai que, par une contradiction dont il y a tant d'autres exemples, il s'est maintenu ou a été rétabli dans les flexions similaires *it* et *ut*. Comme phénomène de réparation, on peut citer « celui » devenu *celui-ci*, « hui » devenu *aujourd'hui*, etc.

Les parties atones d'un mot quelconque sont aussi exposées plus que les autres à s'affaiblir ou à disparaître; c'est ainsi que les voyelles atones des mots latins, quand elles n'étaient pas protégées par un groupe de consonnes, sont généralement tombées. Les voyelles qui se sont le mieux conservées sont celles sur lesquelles la voix appuyait modérément, ni trop, ni trop peu, celles des premières syllabes non toniques des mots. Les voyelles toniques ont subi des modifications importantes, passant d'un son déterminé à un son voisin, dans une sorte d'évolution circulaire dont on commence à connaître les lois particulières et dont on arrivera sûrement à découvrir les lois générales. C'est ainsi que la diphtongue *æ* de *cælum* est devenue *è* en latin populaire : *cèlum*. Cet *è* s'est diphtongué de nouveau, en *ié*, puis *iè*, d'où *ciel*; et, dans un certain nombre de mots, la diphtongue *iè* est redevenue *è* : *degiel* est aujourd'hui *dégel*.

77. — Ces transformations dépendent non seulement de l'*affinité* des sons entre eux, mais aussi des *variétés physiologiques* des peuples et de leurs habitudes antérieures de langage. L'évolution naturelle du latin a été certainement hâtée et modifiée en Gaule par la constitution spéciale des organes vocaux chez les indigènes qui ont appris à parler la langue de leurs conquérants, et par l'habitude qu'ils avaient de prononcer les sons particuliers de leur langue antérieure. Si le français devenait la langue des Anglais et des Allemands, chacun des deux peuples le prononcerait à sa façon, et les divergences s'accentueraient avec le temps. C'est ainsi que le latin a donné naissance aux différentes langues romanes.

78. — Il ne faut pas s'étonner non plus si, dans des conditions identiques, on trouve parfois pour un même son deux modifications différentes. D'abord ces modifica-

tions divergentes ont pu se produire sur deux points différents du territoire. Nous avons en français des formes qu'
sont en contradiction avec les formes ordinaires et qu
proviennent de dialectes voisins : les mots tels que *camp*,
campagne, etc., ont été empruntés aux pays où le *c* latin
devant l'*a* était resté dur[1]. Mais, sur un même point, il a
pu se produire aussi des sons parallèles dérivés d'un même
son latin. L'*a* latin est resté *a* dans *mal* (latin *malum*),
mais est devenu *e* dans *hôtel* (latin *hospitalem*). Si ces
formes se sont produites originairement sur le même
point, ce qu'il est difficile d'assurer, il y aura eu hésitation entre la tendance normale de l'*a* à se changer en *é*,
et l'influence conservatrice de l'*l* : l'une des tendances aura
prévalu dans *hôtel* et quelques mots semblables, et l'autre
dans *mal* et les mots analogues. Au moyen âge, *demeurer*
et *prouver* se conjuguaient comme aujourd'hui *mouvoir*,
tantôt avec *eu*, tantôt avec *ou*. On disait « demourer » et
« il demeure », « prouver » et « il preuve ». Puis la conjugaison s'est uniformisée, mais en sens inverse dans les
deux cas, parce que la tendance était à peu près égale de
part et d'autre. Les divergences qui se produisent ainsi
sont naturellement très restreintes.

III. — ORIGINE DES SONS ET DE L'ORTHOGRAPHE
DANS LES MOTS SAVANTS ET DANS LES MOTS POPULAIRES
DE FORMATION FRANÇAISE

79. — Au point de vue de l'étude de la dérivation des
sons et de l'orthographe, les mots français doivent être

---

1. Ce mélange de formes dialectales est quelquefois tel qu'on hésite
à déterminer celles qui appartiennent au français propre. Ajoutez
que ce qu'on appelle le français propre n'est pas la langue d'une ville
déterminée, mais celle d'un pays assez étendu (l'Ile-de-France), et
doit résulter de la fusion de parlers locaux, qui d'ailleurs ne pouvaier,
pas différer beaucoup l'un de l'autre.

répartis en deux grandes catégories : les mots savants et les mots populaires. Parfois un même mot latin a produit deux formes, l'une savante, l'autre populaire, qui sont restées dans la langue avec des sens différents : ainsi les adjectifs *frêle* et *fragile* dérivent tous deux du latin *fragilem*. Ces doubles formes issues d'un même mot latin s'appellent des « doublets ».

80. — Les mots de formation savante se distinguent principalement des mots d'origine populaire en ce qu'ils conservent mieux l'orthographe, sinon la prononciation, des mots étrangers d'où ils sont tirés. Ainsi, entre *frêle* et *fragile*, c'est la forme savante *fragile* qui rappelle le mieux, pour les yeux, le latin *fragilem*.

81. — Il arrive quelquefois qu'un mot étranger entre dans la langue française sans subir aucune modification d'orthographe : ainsi *ultimatum*, mot tout latin, *adagio*, mot tout italien. Mais en général, lorsqu'ils ont emprunté un mot à une autre langue, les savants lui ont donné une terminaison française, c'est-à-dire conforme aux terminaisons des mots d'origine populaire. Ainsi le peuple avait laissé tomber la désinence *um* ou *em* des mots latins, ou lui avait substitué un *e* muet : les savants ont supprimé aussi cette désinence dans *consulatum*, d'où ils ont tiré *consulat*, et ils lui ont substitué un *e* muet dans *comicum*, d'où ils ont tiré *comique*. C'est du reste au hasard qu'ils ont adopté un de ces systèmes plutôt que l'autre : à côté de *comique*, dérivé de *comicum*, on a *Grec*, sans *e* muet au masculin, dérivé de *Græcum*. La langue populaire, comme nous le verrons, suit au contraire, dans les deux cas, des règles précises.

Les mots savants se rapprochent parfois davantage des mots populaires : ainsi *veritatem*, en formation savante, est devenu **vérité** (et non *veritat*), par analogie avec les mots de formation populaire en *té* qui provenaient de mots latins en *tatem*.

82. — Si les mots savants ressemblent beaucoup, quant à l'orthographe, aux mots latins ou grecs d'où on les a tirés, ils en diffèrent très souvent pour la prononciation, parce qu'ils reproduisent une prononciation factice et vicieuse des langues classiques. On a perdu de bonne heure le sens de l'accent tonique en latin et en grec, et on a placé cet accent, comme en français, sur la dernière ou l'avant-dernière syllabe des mots, sans se douter que, dans les langues classiques, il portait souvent sur la syllabe qui précédait l'avant-dernière. Les Latins prononçaient *mobilem* en appuyant sur la première syllabe, et en faisant à peine entendre l'*i* ; c'est sur cet *i* que les savants ont placé l'accent tonique en créant l'adjectif *mobile*. Le peuple, au contraire, a conservé la place de l'accent latin dans le mot *meuble*, qui est le doublet populaire de *mobile*. C'est seulement dans les mots savants très anciens que l'accent tonique est convenablement placé : *épître* a l'accent sur l'*i* comme le latin *epistola*. Si le mot avait été formé au xvᵉ siècle, il serait *épistole*.

83. — Ce n'est pas uniquement en déplaçant l accent tonique que les savants ont déformé la prononciation des mots latins ; ils ont encore modifié très souvent la valeur des lettres. Ainsi l'*u* latin se prononçait *ou* ; cet *u*, lorsqu'il était long, a produit en formation populaire l'*u* français : *murum* (prononcé *mourom*) a donné *mur*. Sous l'influence de la prononciation française de *mur* et autres mots semblables, les savants ont donné le son français *u* à *tous* les *u* latins. Mais l'*u* latin, *lorsqu'il était bref*, avait gardé, dans les dérivés populaires français, un son voisin du son latin : *subinde* est devenu *souvent*. Cette distinction, conservée dans la langue populaire, n'a pas été

observée par les savants : su*bire* a produit le mot savant
subir, et non *soubir* (la forme tout à fait populaire serait
souvir).

84. — Dans les mots d'origine populaire, les sons latins
se sont modifiés insensiblement et suivant des règles précises; certaines lettres sont tombées, d'autres se sont trans-
formées. Dans les mots qu'ils ont créés, les savants ont au
contraire conservé toutes les lettres latines, sauf à leur
donner parfois une valeur inexacte, comme nous venons
de le remarquer. En formation populaire, le *b* était devenu
v entre deux voyelles, par exemple dans *souvent*, dérivé
de *subinde* : il est resté *b* dans le mot savant *subir*, dérivé
de *subire*.

85. — Bien entendu, une fois introduits dans la langue,
les mots savants ont été soumis aux mêmes mutations que
les mots d'origine populaire : *epistre* est devenu *épître*,
comme *isle* est devenu *île*. Inversement, les mots populaires
ont pu subir une influence savante dans leur orthographe
et même dans leur prononciation. Ce sont les savants qui
ont introduit un *g* dans l'orthographe du mot *doigt*, pour
mieux rappeler le mot latin *digitum* ; ce sont eux qui ont
transformé le verbe *avenir* en *advenir*. On a continué
longtemps à prononcer *advenir* sans faire entendre le *d*,
qui cependant a fini par s'introduire dans la prononciation, sous l'influence de l'orthographe, et aussi sous l'influence des mots savants où le *d* se prononçait (*administrer,
admirer*, etc.) C'est sous une influence savante, celle de
l'orthographe traditionnelle, que l'*f* continue à se faire
entendre à la fin du mot *nef;* cette consonne aurait dû disparaître de la prononciation comme dans le mot *clef,*
moins sujet à l'influence savante à cause de son caractère
essentiellement populaire.

86. — Parmi les mots d'origine populaire, il faut distinguer les mots de formation latine et les mots de formation française.

Les mots de formation latine sont ceux qui étaient tout formés dans le latin populaire, et il faut y comprendre les mots primitifs d'origine celtique ou germanique, qui ont passé par une forme latine avant d'aboutir au français.

87. — Les mots populaires de formation française sont ceux qui ont été créés depuis la constitution de la langue française. Ces mots peuvent d'ailleurs être formés d'éléments entièrement latins. Ainsi dans « encourager » tout est latin : le préfixe *en* vient de *in*, le suffixe *er* vient de *are*, le radical *courage* vient du latin populaire *coraticum*. Mais ces éléments n'étaient pas réunis en latin : le verbe *incoraticare* n'a jamais existé, même dans le latin populaire. Nous n'avons pas à donner des règles spéciales pour la dérivation des sons et de l'orthographe de ces mots. Il suffit de les décomposer ; car, si l'ensemble est de formation française, chacun des éléments est de formation latine, et les racines étrangères qu'on peut y rencontrer ont été traitées comme des racines latines.

88. — Comme on est loin de connaître tous les mots qui faisaient partie du latin populaire avant la constitution des langues romanes, on est souvent embarrassé sur la question de savoir si un mot déterminé est de formation latine ou de formation française. Mais il y a des mots pour lesquels l'hésitation n'est pas possible : ainsi *rapiécer* est sûrement de formation française ; car, dans les mots de formation latine, la diphtongue *ié* ne peut se trouver ailleurs que dans la syllabe tonique.

IV. — Origine des sons et de l'orthographe
dans les mots populaires de formation latine

VOYELLES

89. — Dans les mots d'origine populaire et de formation latine, il faut considérer séparément 1° la voyelle de la première syllabe non tonique du mot, 2° la voyelle tonique, 3° les voyelles atones, qui sont placées entre la première syllabe et la syllabe tonique, ou qui suivent la tonique. — Sont assimilées aux voyelles de la première syllabe les voyelles des préfixes, des proclitiques, et la voyelle de la syllabe qui suit immédiatement le préfixe.

Voyelles des préfixes, des proclitiques et de la première syllabe non tonique des mots.

90. — Dans la première syllabe non tonique d'un mot sans préfixe, dans un préfixe ou un mot proclitique, ou dans la syllabe non tonique qui suit le préfixe,

l'*A* provient généralement d'un *a* latin :

mari	vient de	maritum
avoir	—	habere
chaleur	—	calorem
partir	—	* partire
avenir	—	ad-venire
malade	—	male-habitum
comparoir	—	com-parere
à (prépos. proclit.)		ad

Il provient exceptionnellement d'une voyelle linguale (*e* ou *i*) dans :

par (prépos. proclit., ou préfixe), qui vient de		per
jaloux	—	zelosum
marché	—	mercatum
paresse	—	pigritia

Les mots savants ont naturellement le préfixe *per* sous sa forme latine : *permuter*, etc. Comparez de même la forme savante *zélé* avec la forme populaire *jaloux* (latin *zelosum*).

91. — L'*a* écrit *â* vient d'un *a* entravé par *s* + une autre consonne, et après lequel *s* est ultérieurement tombée :

château (*anciennement* chasteau),	*latin* castellum
châtier (— chastier),	— castigare

92. — L'*E* dit muet (l'*e* labial ou féminin) provient d'un *e* long ou bref ou d'un *i* bref libres.

devoir	vient de	debere
lever	—	levare
mener	—	* minare
demeurer	—	* de-morare
revenir	—	re-venire
de (prépos.)	—	de

L'*e* féminin dérive encore d'*a* précédé de *c* et suivi d'une labiale ou d'une dentale :

chenu	—	* canutum
cheveu	—	capillum

Enfin l'*e* féminin peut être l'affaiblissement d'un ancien *o* dérivant d'*o* long ou bref ou d'*u* bref.

le, proclitique,	vient de	(il)lum
ce (neutre) proclitique	—	eccehoc
secours	—	succursum
semondre	—	submonere
monsieur (mesieur)	—	m(e)um-seniorem.

93. — L'*È* ouvert provient d'un *e* long ou bref ou d'un *i* bref entravés, ou suivis en français d'un *e* muet.

perdait (on prononce *pèrdait*) vient de perdebat
sécher (on écrit à tort *sécher*)   —   siccare
lèverai   —   levare-habeo

Nous allons voir (§ 96) que, lorsque l'entrave commençait par une *s* qui est tombée ultérieurement, l'*è* est devenu un *é* fermé.

94. — L'*è* ouvert écrit *ai* provient d'un *a* suivi d'une palatale (*e* ou *i* en hiatus, *c*, *g*) :

traiter	vient de tractare
raison	— rationem
payer (on prononce **pèyer**)	pacare

95. — L'*è* ouvert écrit *ei* provient d'un *e* long ou bref ou d'un *i* bref, suivis d'une palatale (*e* ou *i* en hiatus, *c*, *g*) jointe à une *l* ou à une *n* :

meilleur vient de meliorem
feignant — fingentem

Si la palatale n'était pas jointe à *l* ou *n*, *ei* serait devenu *oi*. Voyez plus loin, § 102.

96. — L'*É* fermé provient ordinairement d'un ancien *è* ouvert, qui était entravé à l'origine par *s* + une autre consonne, mais après lequel l's est tombée :

méprendre, anciennement *mesprendre* (latin *minus-prendere*);
déplaire, anciennement *desplaire* (latin **displacere*);
étendre, anciennement *estendre* (latin *extendere*).

L'*é* fermé peut encore provenir d'un *e* placé devant les mots latins commençant par *s* + consonne pour faciliter la prononciation.

épée, anciennement *espée* (latin *spatha*)
étoile, anciennement *estoile* (latin *stella*).

L'*é* fermé correspond quelquefois à un ancien *e* féminin qui a subi l'influence d'une analogie quelconque ou celle de la prononciation savante du latin (l'*e* muet n'existant pas en latin) :

férir, anciennement *ferir* (latin *ferire*)
défendre, anciennement *defendre* (latin *defendere*).

97. — L'*Ê* très ouvert se trouve dans un certain nombre de verbes ou de dérivés de ces verbes. Ce sont les verbes qui, comme *prêter* (anciennement *prester*), ont régulièrement un *é* à la tonique (il prête). Dans les formes où l'*e* du radical cesse d'être tonique, il aurait dû devenir *é*. Cependant, sous l'influence des formes où il est tonique, il reste *ê* particulièrement quand la syllabe suivante contient *a*, *an*, *on*, *ais*, *ait*, *aient*, ou *e* muet. Mais il se rapproche singulièrement de l'*é* fermé, bien qu'on l'écrive toujours avec un accent circonflexe, quand la syllabe suivante contient *é*, *er* = *é*, *ai* final, *i* ou *u* (dans *prêter*, *prêté*, *prêtai*, *vêtu*, *vêtit*).

98. — I provient d'*i* long :

hiver vient de hibernum
riant   —   ridentem

Dans *prier*, l'*i* correspond à l'*e* bref + palatale, que l'on trouve dans « precare ». Mais la forme ancienne et régulière était *proier*. « Prier » s'explique par l'influence des formes de ce verbe où l'*e* latin était tonique.

Dans quelques autres mots, tels que *ici*, *issue*, l'*i* provient aussi d'un *e* soumis à l'influence d'une palatale : latin « eccehic, *exutam* ». Ordinairement, dans ces conditions, l'*e* produit la diphtongue *oi*.

Dans *plier*, l'*i* correspond à *i* bref + palatale, qui aurait dû donner encore la diphtongue *oi*. Mais on a aussi la forme **ployer**, et les deux formes se sont maintenues en prenant des acceptions différentes. L'*i* de *plier* est donc la réduction exceptionnelle d'une ancienne diphtongue.

99. — OU provient d'un *o* long ou bref, ou d'un *u* bref, ou d'un ancien *o* français provenant d'*au* latin quand cet *o* s'est trouvé en hiatus.

couleur	vient de	colorem
nouer	—	nodare
douter	—	dubitare
louer	—	locare, *lau*dare

100. — O provient d'*au* latin (quand cet *au* ne rentre pas dans le cas précédent), ou d'un *o* long ou bref ou d'un *u* bref suivis de *n* ou *m*.

oreille	vient de	*au*ricula
donner	—	donare
tonnerre	—	tonitru
mon (proclitique)	—	m(e)um

o peut encore dériver d'un *o* bref entravé ; mais il y a contradiction entre *po*r*ter*, de *portare*, et *pou*r*ceau*, de *porcellum*.

101. — EU ne se trouve à la syllabe initiale non tonique que dans certains dérivés français comme *jeunesse* (dérivé de *jeune*), *heureux* (dérivé de *heur*), et dans des formes verbales qui ont subi une influence analogique. Ainsi on dit *pleurer*, au lieu de l'ancien *plourer*, à cause de *pleure* où *eu* est tonique.

102. — OI provient de *o* long, *u* bref ou *au*, suivis d'une palatale (*e* ou *i* en hiatus, *c*, *g*).

poison	vient de	potionem
oiseux	—	otiosum
oison	—	* *au*cionem

oi peut encore dériver de *e* long ou bref ou d'*i* bref suivis d'une palatale. Voyez toutefois § 95.

> toiture vient de tectura
> loisir   —   licere
> moitié   —   medietatem

103. — UI provient de *u* long suivi d'une palatale.

> luisant   vient de lucentem
> conduisait   —   con-ducebat

Lorsque *ui* de la syllabe initiale correspond à un *o* $+$ palatale, comme dans *appuyer* (= ad-podiare), il s'explique par l'influence des formes où l'*o* latin était tonique (*adpodiat* a donné régulièrement *appuie*). La forme ancienne de l'infinitif *appuyer* était *appoyer*.

104. — Quant à *u*, *au* et *eau*, ces sons et ces formes orthographiques s'expliquent à la syllabe initiale non tonique de la même façon qu'à la tonique. Voyez plus loin.

Voyelles placées entre la syllabe initiale et la tonique, ou après la tonique.

Avant ou après la tonique.

105. — En principe les voyelles atones du latin sont tombées, à l'exception de l'*a*.

Avant ou après la tonique, l'*e* dit muet correspond à un *a* latin [1], ou s'est substitué à une voyelle quelconque quand il se trouvait dans le mot latin un groupe de consonnes difficile à prononcer après la chute des atones :

1. L'*a* atone du latin est exceptionnellement tombé dans les imparfaits et les conditionnels (ais, ait = ebas, ebat), dans le subjonctif *ait* (latin : habeat), et dans quelques autres cas.

c'est alors une voyelle d'appui. Cet *e* s'est maintenu, même quand le groupe de consonnes s'est ultérieurement réduit.

ornamentum	a donné	ornement
fab*a*	—	fève
habe*am*	—	aie
pa*t*rem	—	père (d'abord « pèdre »)
qua*drif*urcum	—	carrefour
ven*dunt*	—	vendent.

Après la tonique, *e* peut correspondre à la voyelle semitonique finale des mots accentués sur l'antépénultième : tiè*de*.

L'*e* dit muet est devenu tout à fait muet quand il se trouve immédiatement après une autre voyelle : *chantée, joie, avaient*, etc.

Avant la tonique.

106. — Les voyelles atones du latin se sont conservées quand elles étaient entravées. Ainsi l'*a*, l'*i* et l'*u* des terminaisons du subjonctif en *assions, issions, ussions*, se rattachent aux voyelles latines des flexions — *assemus*, — *issemus*, — *ussemus* (pour *uissemus*). Ainsi encore les participes présents des verbes inchoatifs, en « issant », correspondent au latin   *iscentem*. Ajoutez les mots tels que »jouvenceau », de *juvencellum*.

107. — Les adjectifs tels que *langoureux, douloureux*, ont été formés d'après les vieux substantifs *langour* et *doulour*. Dans ces substantifs, l'*ou* tonique, suivant la règle, est devenu ultérieurement *eu*, tandis que *ou* a persisté dans les dérivés parce qu'il n'y est pas tonique. C'est ainsi qu'on a *langu**eur*** et *lang**ou**reux, doul**eur*** et *dou**loureux***. Cependant quelques adjectifs ont suivi complètement le substantif auquel ils se rattachaient : *chal**ou**reux* est devenu *chal**eu**reux*. Inversement, *am**our*** a conservé son *ou*, contrairement à la règle, sous l'influence de *am**ou**reux* et des autres dérivés, *amourette, enamourer*.

108. — L'*i* atone, que l'on trouve au futur des verbes inchoatifs et de quelques autres verbes en *ir*, s'explique par l'influence des formes où le même *i*, tonique ou atone, est régulièrement conservé, comme à l'infinitif, et comme dans toute la conjugaison des verbes inchoatifs.

L'*i* voyelle atone peut dériver d'un *i* semi-voyelle de l'ancien français : « des-trier » en deux syllabes, *ier* formant diphtongue, est devenu « des-tri-er » en trois syllabes. L'*i* de la diphtongue *ié* s'est ainsi isolé de l'*é*, pour former une syllabe à part, toutes les fois qu'il est précédé d'une *r* ou d'une *l* précédée elle-même d'une autre consonne : *étrier, ouvrier, tablier*, etc.

L'*i* atone peut correspondre à un *i* latin suivi d'une *l* ou d'une *n*, mouillées par un *i* en hiatus.

rossi*gn*ol   vient de * lusci*ni*olum
pa*vill*on   —   papi*li*onem
cham*pign*on   —   *campi*ni*onem

Les formes anciennes de ces mots sont : *rosseignol, paveillon, champeignon.*

L'*i* atone provient encore d'une ancienne diphtongue dans *charrier* et les mots analogues. Cette diphtongue est apparente dans une autre forme du même mot, *charroyer*, jadis *charreier*. La diphtongue *ei* dérivait d'une voyelle d'appui soumise à l'influence d'une palatale : latin *carr(i)-care*. Il y a eu hésitation entre la réduction à *i* et le changement normal de *ei* en *oi*. Dans une troisième forme du même mot, *charger*, il n'y a pas de voyelle d'appui.

109. — L'*è* atone maintenu par l'entrave a pu s'affaiblir en *e* muet, quand l'entrave a cessé d'exister par suite de la chute d'une consonne :

Ex. : appeler, du latin « app*e*llare ».

110. — On peut aussi rencontrer, entre la première

syllabe et la tonique, les diphtongues *ui*, *oi*, et la fausse diphtongue *ai*.

« *Ui* » provient d'un *u* long entravé suivi d'une palatale : « aiguiser » vient de *acutiare*. Dans ce mot, l'entrave est produite par l'*i* en hiatus, qui s'est consonnifié en *y*, et qui, joint au *t*, forme en latin populaire un groupe de deux consonnes. Ce même *y* s'est uni à l'*u* dans la diphtongue *ui*.

Dans « damoiselle, demoiselle » d'abord, « dameiselle », l'ancienne diphtongue *ei* provient d'un *e* d'appui suivi d'une palatale : latin *domin(i)cellam*[1]. Puis la diphtongue *ei* s'est changée comme toujours en *oi*.

Dans « connoissant » et autres formes analogues de l'ancien verbe « connoître », la diphtongue *oi* provenait d'un *o* atone entravé suivi de la palatale *c*, latin *cognoscentem*. Puis la diphtongue *oi* s'est changée en *ai* dans ce verbe, comme dans un certain nombre d'autres mots, et notamment dans les flexions de tous les imparfaits.

Voyelles toniques.

A

111. — L'*a* tonique provient d'un *a* latin tonique entravé :

part	—	*partem*
cheval	—	*caballum*
maussade	—	*male-sap(i)dum*

L'*a* peut encore provenir d'un *a* libre suivi d'une *l* :

mal,	latin	*malum*
loyal	—	*legalem*.

1. La parenthèse indique ici la lettre dont la voyelle d'appui a pris la place.

Il dérive exceptionnellement d'un *o* dans «dame», de *dominam*.

Il dérive exceptionnellement d'un *e*, et s'écrit encore *e*, dans «femme», de *feminam*. L'*e* de «femme» a commencé par se nasaliser sous l'influence de l'*m*. Or l'*e* français passe généralement à l'*a* en se nasalisant (*en* = *an*). On a donc prononcé *fen-me*, c'est-à-dire *fan-me*. Puis la voyelle s'est dénasalisée, et on a eu *fame*. Mais l'orthographe est restée indifférente à cette série de transformations dans la prononciation, et on continue à écrire : *femme*[1].

112. — L'*â* s'explique par une contraction ou par la chute d'une *s*[2].

> *âge* a été d'abord *eage*, latin *œtaticum*
> *âne* — *asne*, latin *asinum*.

Dans ces deux mots, l'*a* était entravé par suite de la chute ancienne des voyelles atones.

113. — Les dictionnaires de rimes distinguent avec soin les rimes en *asse* long (prononcé *âsse*) et celles en *asse* bref. Or, si l'on considère, dans les deux catégories, les mots qui sont d'origine populaire, au moins quant à la terminaison, on remarquera en général que dans les mots en *asse* bref, les deux *s* ne sont que l'équivalent graphique d'un *c* que nous offre toujours l'ancienne orthographe, et qui dérive de *ci* ou *ti* latin (*embrasse*, jadis *embrace*, latin *imbrachiat*; *chasse*, jadis *chace*, latin *captiat*; *fasse* du verbe *faire*, anciennement *face*, latin *faciat*).

---

1. Le même phénomène s'est produit avant l'accent : *patiemment*, prononcé *paciament*; *rouennerie*, prononcé *rouanerie*.

2. L's devant une autre consonne était tombée de la prononciation à l'époque de Joinville.

É

114. — L'*é* provient d'un *a* libre.

santé	latin	sanitatem
clef	—	clavem
infinitifs en « er »	—	are
participes en « é »	—	atum
2e pers. plur. en « ez »	—	atis.

115. — La diphtongue AI a le son de l'*é* fermé à la première personne de l'indicatif présent du verbe *avoir*, à la même personne du futur de tous les verbes, et à la même personne du prétérit des verbes en *er*.

Le son *é* provient alors d'un *a*, suivi d'une palatale (*e* en hiatus) ou d'un *i* long final.

ai	latin	habeo
chant*ai*	—	cant*avi*.

Ainsi, dans les verbes, l'ancienne diphtongue *ai* a le son de l'*é* fermé lorsqu'elle termine le mot. Il n'en est pas de même dans les noms et adjectifs, où elle a partout le son de l'*è* ouvert, sauf dans quelques mots tels que « mai ». On a voulu, dans les verbes, distinguer le futur du conditionnel, le prétérit de l'imparfait.

È

116. — Lorsque l'*é*, dérivé d'un *a* libre, est suivi d'une consonne prononcée, il a aujourd'hui le son de l'*è* ouvert[1].

p*è*re	latin	patrem
chef	—	*capum
tel	—	talem
am*er*	—	amarum.

1. Au xvie siècle, tous les *é* provenant d'*a* libre se prononçaient encore fermés.

L'*è* peut encore provenir d'un *e* long ou bref ou d'un *i* bref entravés :

<pre>
met   latin mi*tt*it
vert   —   *vir(i)*dem
terre   —   te*rr*a
nouvelle   —   nove*ll*a
sept   —   se*pt*em
</pre>

Quand la consonne qui vient après cet *è* est une *r* finale ou suivie seulement d'un *e* muet, le son se rapproche d'un *é*, et Littré le note souvent ainsi (*amére*, *térre*, *fèr*).

117. — L'*è* écrit AI provient d'un *a* libre suivi d'une nasale (*n*, *m*), ou d'un *a* libre ou entravé suivi d'une palatale (*e* ou *i* en hiatus, *c*, *g*), ou encore, dans quelques mots (comme *raide*, jadis *roide*), d'une ancienne diphtongue française *oi*.

<pre>
laine   latin lana
fait   —   factum
plaide   —   *placitat
air   —   aer
paire   —   paria
</pre>

Dans quelques mots, *ai* provient d'un *é* de l'orthographe primitive, et correspond à un *a* tonique libre ordinaire :

<pre>
clair (anciennement *cler*), latin clarum
pair (—   *per*) — parem
aile (—   *éle*) — ala.
</pre>

Quand, après *ai*, on a *r* ou *re*, comme dans « air » et « paire », Littré note la prononciation par *é*.

118. — L'*è* écrit EI provient d'un *e* long ou d'un *i* bref libres, suivis de *n*.

<pre>
pleine, latin ple*n*a
</pre>

« **ei** » peut encore provenir d'un *e* long ou d'un *i* bref libres ou entravés, suivis d'une *l* ou d'une *n* unies à une palatale.

> *feigne,*   de « feindre », latin *fingam*
> merveille   —   mira*b*i*l*ia
> sole*i*l   —   *sol*ic*(*u*)*l*um.

Ê

119. — L'*é* provient d'un *e* long ou bref ou d'un *i* bref entravés, quand la première consonne de l'entrave était une *s* qui est tombée ultérieurement.

> crête,   anciennement *creste*, de **crista**
> tête   —   *teste*, de *testa*
> carême   —   *caresme*, de quadrages(*i*)**ma**
> être   —   *estre*, de ess(e)re

Ê peut encore provenir d'un ancien *ai*, suivi de *s* $+$ une autre consonne.

> grêle,   anciennement *graisle*, de *gracilem*

Voyez ci-dessus, § 117, pour l'explication de l'ancien *ai*.

120. — Les dictionnaires de rimes distinguent les rimes en *esse* long (prononcé *ésse*) et en *esse* bref (prononcé *èsse*). Si l'on considère, dans les deux catégories, les mots qui sont d'origine populaire, au moins quant à la terminaison, on remarquera que les mots en *esse* long remontent à des formes latines où *e* est suivi de deux *s* (*presse* = « pressat », et les composés de ce verbe; *cesse* = « cessat »), tandis que, dans les mots en *esse* bref, les deux *s* ne sont que l'équivalent graphique d'un ancien *c* français dérivé de *ci* ou *ti* latin (*dresse*, jadis *drèce*, latin **directiat; paresse*, jadis *parèce*, latin *pigritia*, et les autres substantifs en *esse*, jadis en *èce*, suffixe latin *itia*).

121. — L'*é* écrit *ai* ou *ai* a la même source que l'*é* écrit *ai* (voyez ci-dessus. § 117). Cette pseudo-diphtongue a particulièrement le son très ouvert lorsqu'elle est suivie d'une *s* douce, ou de deux *s* (dont une ne se prononce plus), ou d'une *s* (ou *x*) finale qu'on a cessé de prononcer, ou lorsqu'elle était suivie d'une *s* qu'on a cessé de prononcer et d'écrire devant une autre consonne. Dans ce dernier cas, *ai* prend l'accent circonflexe.

plaise (d'abord *plase*) dérive de placeat
paix — pacem
pal*ais* — pala*tium*
lai·se — la*x*at
pl*ait*, anciennement pl*aist*, de pl*acet*.

Ai peut encore résulter d'une contraction, comme dans *gaïne*, anciennement *gaïne*, latin *vagina*.

I

122. — L'*i* provient d'un *i* long latin :

fil   latin filum
rive — ripa
tige — tibia
ville — villa

Il provient aussi d'un *e* bref libre ou entravé, *suivi* d'une palatale (*e* ou *i* en hiatus, *c*, *g*), ou bien d'un *e* long ou d'un *i* bref libres, *précédés* d'une palatale, ou encore d'un *a* entre deux palatales.

prie, latin precat
lit — lectum
cire — cera
gît — jacet

Il provient d'un *i* bref suivi d'une palatale dans *plie* (latin pl*i*cat). Ce mot avait régulièrement produit la forme *pleie*. Puis il y a eu hésitation entre la réduction de la diphtongue *ei* à *i* et son changement normal en *oi*. De là les deux formes *plie* et *ploie*, qui constituent aujourd'hui deux verbes distincts. Même observation pour la terminaison *ie*, correspondant au suffixe latin *icat*, qui se retrouve aussi sous la forme *oie*. Comparez *charrie* et *charroie*.

O

123. — L'*o* provient : 1° d'un *o* long ou bref ou d'un *u* bref suivis de *n* ou *m* ; 2° d'un *o* bref entravé ; 3° de la diphtongue latine *au*.

couronne,	latin	corona
bonne	—	bona
sommes	—	sumus
fort	—	fortem
port	—	portum
or	—	aurum

124. — L'*o* a le son *ô* lorsqu'il est suivi d'une *s* douce, ou d'une consonne finale qu'on a cessé de prononcer, ou lorsqu'elle était suivie d'une *s* qu'on a cessé de prononcer et d'écrire devant une autre consonne. Dans ce dernier cas, l'*o* prend l'accent circonflexe.

chose	latin	causa
gros	—	grossum
hôte, jadis *hoste*	—	hos(pi)tem
aumône, jadis *aumosne*,	—	elemos(y)na

125. — On constate pour les mots en *osse* la même distinction que nous avons signalée pour les mots en *asse* et en *esse* (§§ 113 et 120). Les mots en *osse* bref s'écrivaient jadis par un *c* (*bosse*, anciennement *boce* ; *crosse*, anciennement *croce*), tandis que ceux en *osse* long se sont toujours écrits par deux *s* : *fosse, grosse, adosse*.

126. — L'*ô* écrit **au** provient de l'union d'un *a* latin entravé avec une *l*, quand cette *l* se trouvait, en ancien français, suivie d'une autre consonne :

chevaux,	anciennement	« *chevals* »,	latin	caballos
autre	—	« *altre* »,	—	alterum
travaux	—	« *travalz* »	—	* tripalios

Quelquefois, *au* français correspond à *au* latin et à un *o* de l'ancienne orthographe française, auquel cas il se prononce souvent comme un *o* ordinaire (et non *ô*), par exemple dans le nom propre *Paul*, anciennement *Pol*, latin *Paulum*.

127. — L'*o* écrit **eau** provient de l'union d'un ancien *e* bref entravé avec une *l*, quand cette *l*, en vieux français, était finale ou se trouvait suivie d'une autre consonne.

nouveau,	anciennement	« *nouvel* »,	latin	novellum
agneau	—	« *agnel* »	—	agnellum

128. — Signalons quelques prononciations provinciales et défectueuses de l'*o* : à Lyon, on entend souvent prononcer l'*o* de *sot* comme celui de *sotte* (*sŏ* au lieu de *sô*), et on prononce de même toutes les finales en *ot*[1] ; mais, en revanche, on prononce par *ô* les finales en *ole* (*fiôle, carriôle*, etc.) Les Méridionaux donnent le son de l'*o* ouvert à l'*o* suivi d'une *s* douce, et à l'*au* non final ; ils disent *ôtre* pour *autre* = *ôtre*, *sôce* pour *sauce, chôse, rôse*, etc.

---

1. C'est sans doute pour réagir contre cette prononciation qu'on a pris l'habitude à Lyon de mettre **un** accent circonflexe sur l'*o* de *pot* : PÔT.

U

129. — L'*u* provient d'un *u* long, ou encore d'un *u* bref immédiatement suivi d'un *i*.

lune	latin	luna
nulle	—	nulla
fut	—	fuit
voulusse	—	voluissem

L'*u* peut aussi provenir de l'union d'un *e* ou d'un *i* bref toniques avec un *u* posttonique.

dut	latin	debuit
reçut	—	recipuit

130. — Dans un certain nombre de mots, l'ancienne langue avait avant l'*u* tonique un *e* qui est, depuis, tombé de la prononciation. Cet *e* a été maintenu dans l'orthographe de « eu », participe passé du verbe *avoir*, de « eus », prétérit du même verbe. Dans d'autres mots, l'*u* a été surmonté d'un accent circonflexe : *mûr*, anciennement *meür ; sûr*, anciennement *seür*. Enfin il arrive souvent que rien n'indique dans l'orthographe actuelle la chute de l'ancien *e*, par exemple dans *reçu*, anciennement « *receü* », *blessure*, anciennement « *blesseüre* ».

131. — L'*û* peut aussi correspondre à un ancien *u* suivi d'une *s* qui est tombée :

fût,	subst., anciennement « *fust* »,	latin	fustem
fût, forme verbale,	—	« *fust* »	—	fuisset
voulût	—	—	« *voulust* »	—	voluisset.

OU

132. — L'*ou* provient d'un *o* long ou d'un *u* bref entravés, ou d'un *o* bref entravé suivi d'*l* ou d'*o* français issu d'*au* et suivi d'une voyelle.

cour,	latin	* *cor(em*
doute,	—	*dub(i)(at*
cou, d'abord *col*	—	*collum*
loue	— *lode* —	*laudat*.

L'*ou* peut encore résulter de l'union d'un *u* posttonique avec un *a* ou un *au*.

clou,	latin	*clavum*
trou	—	*traugum*.

EU

133. — Le son *eu* provient d'un *o* long ou bref ou d'un *u* bref libres. Les orthographes anormales de ce son (*œ*, *œu*, *ue*) s'expliquent tantôt par un souvenir de l'ancienne graphie (l'*o* bref avait produit d'abord la diphtongue *ue* ou *œ*), tantôt par le désir de mieux rappeler le mot latin, tantôt par la nécessité d'empêcher une fausse lecture du *c* devant la graphie *eu* (par exemple dans *cueille*).

doul*eu*r	latin	dolorem
gu*eu*le	—	gula
c*œu*r	—	cor
n*œu*d	—	nodum
f*eu*ille	—	folia

Le son *eu* peut encore dériver de *e* long ou *i* bref entravés, suivis d'une *l*, quand cette *l* était devenue finale, ou

quand elle était suivie d'une autre consonne dans l'ancienne
forme française.

> cheveu, anciennement « chevel », latin capillum
> eux   —   « els »   — illos

Exceptionnellement, *eu* correspond à un ancien *u* précédé d'un *e* : « bonheur », anciennement *bonheür* (doublet
populaire de *bon augure*).

134. — Quelle que soit l'origine du son *eu*, il a généralement le timbre fermé (la valeur *eú*) quand il est suivi
d'une *s* douce, ou quand il termine le mot ou qu'il est suivi
d'une consonne non prononcée ; il a le timbre ouvert (celui
de *eu* dans *douleur*) quand il est suivi d'une consonne
prononcée autre que l'*s* douce.

Littré semble dire qu'il y a une différence de timbre
entre *eu* final et *eux* : « *aveu*, au pluriel *aveú* ». Mais l'*eu*
de « aveu » ne se prononce pas comme celui de « douleur ».
En réalité, entre le singulier et le pluriel des mots en *eu*,
il y a tout au plus une différence de *quantité*. Le timbre
est le même.

<h2 style="text-align:center">IÉ</h2>

135. — La diphtongue *ié* provient d'un *é* bref libre,
ou d'un *a* libre précédé d'une palatale (*e* ou *i* en hiatus,
c, g).

> pied   latin pedem
> hier   —   heri
> payer (prononcé *péié*)   —   pacare
> moitié   —   —   medietatem [1]

---

1. Remarquez qu'une seule palatale peut produire un double effet,
sur la voyelle qui précède et sur celle qui suit : l'*i* en hiatus de *medie-*
tatem a changé l'*e* de la syllabe initiale en *ei* puis *oi*, et la tonique en
ié.

Elle provient encore de l'*a* libre dans le suffixe *ier* = latin *arium* : « chevalier », de *caballarium*.

Dans cette diphtongue, l'*e* a le son fermé (*ié*) quand il termine le mot ou qu'il est suivi d'une consonne non prononcée. Il prend le son ouvert (*iè*) quand il est suivi d'une consonne prononcée.

Il importe de remarquer que, dans un bon nombre de mots, l'ancienne diphtongue *ié* s'est réduite à *é*, particulièrement après les chuintantes (*ch, j*) : *chef* a été *chief*, *dégel* a été *dégiel*, etc.

Exceptionnellement, *ie* peut dériver d'un *e* bref entravé : *tiers* (de *tertium*), *cahier* (de *quaternio*).

IA

136. — La diphtongue *ia* est rare; elle se produit quand un *a* latin qui doit persister est précédé d'une palatale :

> loyal (prononcé *loi-ial*), latin le*g*alem

IEÛ

137. — La diphtongue *ieu* provient d'un *e* bref libre, suivi immédiatement d'un *u* ou de *l* + une autre consonne.

> *Dieu*   latin D*eu*m
> *mieux*, jadis m*iels*,   —   me*l*(iu)s

OI

138. — La diphtongue *oi* provient d'un *e* long ou d'un *i* bref libres, ou des mêmes voyelles entravées, mais suivies d'une palatale, ou encore d'un *o* long ou d'un *u* bref suivis d'une palatale [1].

---

1. Quand la palatale est accompagnée d'une *l*, on a **ou** : gen**ou** (d'abord *genouil*), **latin** « *gen*uc*(u)*l*um »; bouille, latin « b*ull*iat ».

croit   latin credit
foi   —   fidəm
toit   —   tectum
voix   —   vocem
noix   —   nucem
angoisse —   angustia

UI

139. — La diphtongue *ui* provient d'un *o* bref ou d'un *u* long suivis d'une palatale [1].

nuise, latin noceat
nuit   —   noctem
cuir   —   corium
luisent —   lucent

Elle correspond exceptionnellement à *u* bref suivi d'une palatale dans *cuivre*, de *cupreum*.

Résumé des transformations des voyelles toniques.

140. — En résumé, et sous réserve de quelques exceptions :

l'*a* tonique latin libre	a donné	*é* ou *è*
—	entravé —	*a*
—	influencé par une palatale qui suit	*ai*
—	libre et influencé par une palatale qui précède	*ié*
—	libre et suivi d'une nasale	*ai*
—	suivi de *l* + une autre consonne	*au*
L'*e* long et l'*i* bref libres ont donné		*oi*
—	entravés et influencés par une palatale qui suit	*oi*
—	quand la consonne voisine est *l* ou *n*	*ei*
—	entravés sans palatale	*è*

1. Quand la palatale qui suit l'*o* bref est accompagnée d'une *l*, on a *eu* : *feuillé*, latin « folia ». Cependant *olea* fait *huile*.

L'*e* long et l'*i* bref libres et influencés par une palatale
qui précède | *i*
— | libres et suivis d'une nasale | *ei* ou *oi*
— | suivis de *l* + une autre consonne, ou
de *l* finale | *eu*

L'*e* bref | libre a donné | *ié*
— | entravé | *è*
— | influencé par une palatale qui suit | *i*
— | suivi de *l* + une autre consonne, ou de
l finale | *eau*

L'*i* long donne | *i*
L'*o* long et l'*u* bref libres donnent | *eu*
— | entravés | *ou*
— | suivis d'une nasale | *o*
— | suivis d'une palatale | *oi*
— | suivis d'une palatale et d'une *l* | *ou*

L'*o* bref | libre donne | *eu*
— | entravé | *o*
— | suivi d'une nasale | *o*
— | suivi d'une palatale | *ui*
— quand la consonne voisine est *l* | *eu*
— | suivi de *l* + une autre consonne, ou de
l finale | *ou*

L'*u* long | donne | *u*
L'*au* | donne | *o*
— | suivi en français d'une voyelle | *ou*

Voyelles nasales.

141. — Toutes les fois qu'une *n* ou une *m* s'est trouvée
à la fin d'un mot, ou avant une autre consonne, elle a
nasalisé la voyelle précédente.

Souvent la nasalisation est accompagnée d'une transformation du timbre fondamental de la voyelle. C'est
ainsi que *è* a passé au son *a* en se nasalisant : *en*
s'est confondu avec *an*, *gent* (jadis *gè-n't*) se prononce
comme *Jean*, *rend* comme *rang*, *tente* comme *tante*, etc. L'*è*

n'a conservé sa valeur en se nasalisant que lorsqu'il s'écrivait *ai* ou *ei* (*plein*, *main*), ou lorsqu'il était précédé d'un *i* semi-voyelle (*rien*, *mien*, *chien*, *moyen*, *payen*).

L'*i*, en se nasalisant, a passé au son *è*, et s'est confondu avec *en* de *chien* ou *ain* de *main* : *fin* se prononce comme *feint* ou *faim*. Le véritable *i* nasal n'existe pas en français.

De même, *u*, en se nasalisant, a passé au son *eu*. « Un » se prononce : *eun*.

Le second élément de la diphtongue *oi*, qui sonne *a* aujourd'hui (*roi = rwa*), mais qui s'est d'abord changé en, *é* (on a prononcé *rwé*), s'est nasalisé en *èn* (*= ein*) : *loin* se prononce *lwèn*.

Les diphtongues nasales s'expliquent ainsi par la nasalisation du second élément des diphtongues non nasales qui ont précédé. Quant à la diphtongue *ion* des imparfaits et des subjonctifs (*chantions*), elle s'explique, à l'imparfait, par une ancienne prononciation *i-on* en deux syllabes, et au subjonctif par une ancienne diphtongue *ien* (dérivée de **iam**us latin), dans laquelle on a substitué *on* à *en* par analogie avec la terminaison habituelle des premières personnes du pluriel.

L'équivalence de *en* et de *an* a fait que l'on a parfois substitué une orthographe à l'autre. C'est ainsi que la préposition *sens* (latin *sine*) est devenue *sans*, que *senglot* (latin *singluttum* pour *singultum*) est devenu *sanglot;* *sengle* (latin *cingulum*) : *sangle; senglier* (latin *singularem*) : *sanglier.*

Le son *an* peut aussi résulter de la fusion d'un *a* avec un *o* nasal : *pa-on* est devenu *pan*, que l'on continue à écrire avec un *o.*

CONSONNES

142. — REMARQUE GÉNÉRALE. — Lorsque nous parlerons de consonnes *initiales*, nous entendrons non seulement celles qui commencent le mot, mais **encore** celles qui uivent immédiatement un préfixe.

H

143. — L'*h* muette du français est généralement un souvenir de l'orthographe latine : *homme*, du latin *homi-nem; hier*, du latin *heri*, etc. Dans quelques mots, comme *huile* (de *olea*), *huis* (de *ostium*), *huître* (de *ostrea*), elle a été ajoutée après coup[1]. Elle peut résulter d'une fausse étymologie comme dans *bonheur*, qu'on a rattaché à tort au mot *heure*. Enfin, on l'a parfois introduite entre deux voyelles pour marquer que ces voyelles doivent se prononcer isolément : *cahier*, pour *caïer*.

144. — L'*h* aspirée est d'origine germanique. On la trouve cependant dans *haut*, qui est d'origine latine (*altum*), mais qui a probablement subi une influence germanique. Sur *h* aspirée, voyez § 27.

Les liquides **l** *et* **r**.

145. — *L* et *r* proviennent de *l* et *r* latines, quelle que soit la place de ces consonnes :

lune	latin	luna	miel	latin	mel
table	—	tabula	fleur	—	florem
parler	—	parabolare	toile	—	tela
rendre	—	reddere	partem	—	part

1. On peut remarquer que, dans ces mots, elle se trouve devant la diphtongue *ui*. Au temps où l'*u* et le *v* s'écrivaient de même, elle a pu servir à indiquer que la première lettre du groupe *ui* (qu'on aurait pu lire *vi*) était une voyelle et non une consonne.

146. — Il faut remarquer que *r* finale est devenue tout à fait muette après *e*[1] : 1° dans les infinitifs de la première conjugaison ; 2° dans les suffixes *er* et *ier*, qui dérivent des suffixes latins *arium* ou *erium* : « métier », de *ministerium* ; « berger », de **berbecarium* ; « chevalier », de *caballarium*, etc. Comparez les finales de *amer* (latin *amarum*), *enfer* (latin *infernum*), *fier* (latin *ferum*), où *r* est prononcée.

Dans le même suffixe *ier* ou *er*, l'*r* est encore muette devant l's de flexion (dans les pluriels), ou devant l's adverbiale (*volontiers*). Comparez *tiers*, *requiers*, *envers*, *travers*, où *r* se prononce.

147. — L'*l* redoublée, que l'on trouve dans certains mots latins, s'est toujours réduite à *l* simple en français. Toutefois, l'orthographe actuelle offre souvent des *l* redoublées pour mieux rappeler l'étymologie[2] et quelquefois pour indiquer la prononciation de la voyelle qui précède (en général, toute consonne double indique que l'*e* qui précède doit se prononcer ouvert).

elle (prononcé *èle*),	latin	i*ll*a
se*ll*e (prononcé *sèle*)	—	se*ll*a
vi*ll*e	—	vi*ll*a

148. — Devant une voyelle, *l* redoublée, précédée d'un *i*, marque l'*l* mouillée. Ce son dérive de l'*l* la-

----

1. Elle était aussi devenue muette, au xvᵉ siècle, dans les noms en *eur* et les infinitifs en *ir*. C'est au xviiᵉ siècle que, sous l'influence de l'orthographe, elle a reparu dans la prononciation de ces mots. Voy. Darmesteter, *Création des mots nouveaux*, p. 101.

2. Dans *telle*, *quelle*, dans *tutelle* (mot savant), l'*l* redoublée correspond à une *l* simple du latin. Il y a contradiction entre l'orthographe de *tutelle* et celle de *clientèle*. — Les deux *l* se prononcent dans plusieurs mots savants : *alléguer*, *nullité*.

tine accompagnée d'une palatale (*e* ou *i* en hiatus, *c, g*).

merve*ill*e,   latin   mirabi*li*a
m*eill*eur   —   me*li*orem
fi*ll*e   —   fi*li*a
ore*ill*e   —   auric(u)*l*a

Lorsque l'*l* mouillée doit terminer le mot, *l* n'est pas redoublée.

gouverna*il*, latin gub*e*rnac(u)*l*um
sole*il*   —   soli*c*(u)*l*um
peri*l*   —   peric(u)*l*um

Sur *péril* et *fille*, voyez § 59.

149. —L'*r* redoublée du français (on la prononce généralement simple) correspond à *r* redoublée du latin [1], ou quelquefois à une *r* simple précédée d'une dentale.

te*rr*e   latin   *l*e*rr*a
la*rr*on   —   la*tr*onem
ve*rr*e   —   vi*tr*um

150. — Dans quelques cas, *l* provient de *r*, et *r* de *l*.

*r*ossignol de *l*usciniolum   pè*l*erin de pe*r*egrinum
*or*me   de u*l*mum   aute*l*   de a*ll*are

Enfin *l* dérive de *n* dans *orphelin*, de *orphaninum*.

Les nasales **n** *et* **m**.

151. —Les nasales, dans les cas où elles marquent simplement aujourd'hui la nasalisation de la voyelle précédente, dérivent toujours d'une nasale latine placée devant

---

1. Il y a d'ailleurs des mots où *r* était redoublée en latin et ne l'est pas en français, par exemple *courir*, de **currire*. — C'est sous l'influence de l'orthographe et de la prononciation latines que l'*r* se prononce double dans quelques mots comme *erreur*.

une autre consonne, ou d'une nasale finale [1] ou devenue finale. Cette nasale s'écrit généralement *n*, qu'elle provienne d'une *n* ou d'une *m* latine.

mo*n* et mie*n*,	latin	meu*m*	
rie*n*		re*m*	
gra*in*		gra*n*um	
ta*n*te		tua-a*m*(i)ta	

Par un souvenir de l'orthographe latine, on écrit co*m*te (comitem), *faim* (fa*m*em), etc., au lieu de « co*n*te, fai*n* ». En outre, on a conservé la graphie *m* devant les consonnes *b* et *p :* co*m*pagnon, me*m*bre, etc.

152. — Les nasales ont une valeur propre lorsqu'elles sont initiales, lorsqu'elles sont placées *après* une autre consonne, ou lorsque, simples ou redoublées, elles se trouvent entre deux voyelles. Elles dérivent des nasales latines correspondantes.

*n*aître,	latin	* *n*ascere	une,	latin	u*n*a
cor*n*u	—	cor*n*utum	bon*n*e	—	bo*n*a
*m*ouvoir	—	*m*overe	po*mm*e	—	po*m*a
pau*m*e	—	pal*m*a	ai*m*er	—	a*m*are
gra*mm*aire	—	gra*mm*atica			

L'*m*, simple ou redoublée, peut dériver de *mn* du latin :

homme, latin hom(i)nem   dame, latin dom(i)nam

153. — Exceptionnellement, *n* initiale peut dériver d'une *m* latine :

*n*appe, latin *m*appa   *n*èfle, latin *m*espilum.

154. — Souvent les nasales entre deux voyelles sont redoublées dans l'orthographe actuelle, qu'elles le fussent

---

1. A la fin des monosyllabes ou mots assimilés, comme *rem, meum.* Ailleurs, l'*m* finale des mots latins était tombée. Voyez § 75.

ou non en latin, particulièrement après l'*o* et l'*e*, plus rarement après *a* : an*née*, gra*mm*aire, couro*nne*, tie*nne*, e*nn*emi, po*mme*, do*nn*er, etc. Cette graphie remonte à une époque où ces nasales, tout en conservant leur valeur propre, avaient nasalisé la voyelle précédente (cf. § 111, à la fin) : on a prononcé « couro*n-ne* » [1]. Il en reste trace dans la prononciation de *ennui*.

155. — L'*n* mouillée, écrite *gn*, provient d'une *n* latine accompagnée d'une palatale (*e* ou *i* devant une voyelle, *c*, *g*).

a*gn*eau	latin	a*gn*ellum (prononcé *ag-nellum*)
plai*gn*e	—	plan*g*am
monta*gn*e	—	* monta*n*eam
compa*gn*on	—	* compa*n*ionem
oi*gn*on	—	u*n*ionem.

Des mots où l'*n* mouillée provient de *gn* latin, la graphie « gn » a passé à tous les mots qui ont une *n* mouillée, quelle que soit son origine. Jadis l'*n* mouillée était représentée par *ign*; il en reste trace dans les mots tels que *oignon*, qu'on prononce *ognon*. En général, dans les mots qui ont *oign*, la prononciation hésite entre *o* et *oi*. Après l'*a*, l'*i* a été supprimé devant *gn* toutes les fois que la prociation est *agn* et non *aign*. On ne voit pas bien, d'ailleurs, la raison de cette double prononciation.

Les sifflantes s, c *doux,* z *et* x.

156. — Dans les mots d'origine populaire, on ne trouve d'*x* qu'à la fin des mots, et nous avons vu que cet *x* équi-

---

1. Dans la plupart des mots savants écrits par deux nasales, on fait entendre les deux consonnes : *innover*, *immérité*, *immense*. Mais on ne prononce qu'une *n* dans *innocent* (voy. Littré), probablement parce que ce mot est d'usage plus populaire que les autres, et que la tendance populaire est de réduire les consonnes redoublées.

vaut à *s* (§ 51). Tout ce que nous dirons de *s* finale s'appliquera donc à *x*.

157. — Le *z* provient de *s*, ou de *c* devant *e*, *i*, quand
ces consonnes sont précédées de *t* ou de *d* :

chantez	latin	cantat(i)s
quinze	—	quind(e)cim

Dans le corps des mots, *z* a le son de l'*s* douce[1]. Comme
lettre finale, il a la même valeur que *x* ou *s*. Voyez ce que
nous dirons de *s* finale. A la fin des mots, *z* a été d'ailleurs
remplacé plus d'une fois par une *s* : *chantés*, participe
passé pluriel, anciennement *chantez*, comme à la deuxième
personne du pluriel, latin « cantat(o)s ». Inversement, on
a quelquefois, sans aucune raison, substitué *z* à *s*, par
exemple dans *nez*, anciennement *nés*, de *nasum*.

158. — L'*s* française peut avoir la valeur d'une *s* dure
ou celle d'une *s* douce (*z*).

Elle dérive de l'*s* latine et elle a la première valeur au
commencement des mots, ou dans le corps des mots entre
une consonne et une voyelle, ou encore dans les cas excep-
tionnels où elle s'est conservée dans la prononciation devant
une consonne :

semer,	latin	seminare
se, soi	—	se
personne	—	persona
morsure	—	morsura
rester	—	restare

L'*s* dure peut encore dériver de *c* placé entre une consonne et un *e* ou un *i*, ou de *ti* placé entre une consonne
et une voyelle :

naissant,	latin	nascentem
huissier	—	ostiarium

---

1. Il a aussi cette valeur dans les mots savants, où il peut être initial : *zèle*, *zéro*, *zodiaque*, etc.

Dans ces mots, la première *s*, qui se fond d'ailleurs avec la seconde dans la prononciation, dérive de l'*s* latine qui précède *c* et *ti*.

L'*s* a le son doux entre deux voyelles. Elle dérive alors soit de l'*s* latine entre deux voyelles (*ose*, de *ausat*, etc.), soit de *c* placé entre une voyelle et un *e* ou un *i*, ou de *ti* placé entre deux voyelles :

plaisir	latin	placere
loisir	—	*lic*ere
voisin	—	vicinum
raison	—	ra*ti*onem
poison	—	po*ti*onem

On remarquera que, dans tous ces mots, *c* et *ti* ont produit non seulement une *s* douce, mais encore un *i* semi-voyelle qui s'est ajouté à la voyelle précédente, et que, dans plusieurs mots, ces lettres ont encore produit un troisième effet en influant sur la voyelle suivante : l'*i* tonique de « loi*si*r, plai*si*r » provient de l'*e* long latin influencé par le *c*.

159. — L'*s* finale ne se prononce plus généralement, si ce n'est dans les liaisons, où elle est maintenue par l'influence factice de l'orthographe ou quelquefois par l'eupho-nie[1], et où elle a le son de *s* douce. Elle provient soit de *s* latine, simple ou redoublée, finale ou suivie d'une flexion qui doit tomber, soit de *c* devant *e*, soit de *ti* devant une voyelle quelconque :

dos	latin dorsum
pas	— passum

---

1. Quand l'*s* finale est précédée d'une consonne prononcée (comme dans *clercs torts, cerfs*, où le *c*, le *t* et l'*f* de la fin rappellent simplement l'orthographe du singulier, mais où l'*r* qui précède se prononce), la raison d'euphonie n'existe plus, et l'*s* est muette. Voyez ces différents mots dans le Dictionnaire de Littré. Cependant, même dans ce cas, l'influence de l'orthograpue fait souvent prononcer l'*s*.

> angoisseux (= *angoisseu*s) latin angustiosum
> chevaux (= *chevau*s) — caballos
> paix (= *pai*s) — pacem
> faux (= *fau*s) \{ — falsum (adj.)
> — falcem (subst.)
> palai*s* — pala*t*ium
> tiers — ter*t*ium

L'*s* finale se prononce, et elle a le son de *s* dure, dans un certain nombre de mots savants, mais aussi dans quelques mots populaires monosyllabiques tels que *tous, lis, vis, fils*[1]. L'*x* a la même valeur dans *dix* et *six*, quand ces mots terminent un membre de phrase; elle a le son de *s* douce dans les liaisons. L'*s* finale sonne également dans *os*, particulièrement au singulier. **Au pluriel**, ce mot a été assimilé aux autres pluriels, où l'*s* ne se fait entendre que dans les liaisons.

160. — L'*s* redoublée ne se rencontre qu'entre deux voyelles. Elle provient soit de *s* redoublée du latin, soit de *s* suivie de *c* + *e* ou *i*, soit de *s* suivie de *ti* + voyelle. Elle peut encore correspondre à une *s* simple du latin, après une consonne.

> passer latin passare
> finissant — finiscentem
> fausse — falsa

L'*s* redoublée se prononce d'ailleurs comme une *s* simple dure, c'est-à-dire comme un *c* doux (*ç*). C'est ce qui explique qu'on ait pu, dans certains mots, substituer la graphie *ss* à un ancien *c* doux. « Fasse », du verbe *faire*, s'est d'abord écrit « face », « paresse » s'est écrit « parèce », etc.

---

1. Littré blâme fortement cette prononciation de *fils*, mais elle n'est pas plus extraordinaire que celle de *lis* et de *vis*. — On devrait écrire *fis*, comme *vis*. C'est un des cas très rares ou l'*l* doit tomber complètement : entre *i* et *s*. La graphie *fils* est destinée à rappeler l'orthographe latine.

161. — Le *c* doux provient d'un *c* latin initial devant *e* ou *i*, ou d'un *c* placé entre une consonne et un *e* ou un *i* [1].

cent	latin	centum
cercle	—	circulum
(re)çoit	—	(re)cipit
merci	—	mercedem
puce	—	pul(i)cem

Il peut encore provenir de *ce* ou *ci* + voyelle, ou de *t* après une consonne, et devant un *e* ou *i* en hiatus.

place	latin	* plat*t*ea
menace		mi*n*acia
noce		nup*t*ia
soupçon	—	susp(i)cionem
suffixe ance	—	— an*t*ia

Exceptionnellement *c* doux provient de *qu* : « cinq », de *quinque*; « cinquante », de *quinquaginta*. La répétition de *qu* en tête de deux syllabes consécutives avait amené dans le latin populaire le changement du premier *qu* en un *c*.

Les chuintantes **ch, j** *ou* **g** *doux.*

162. — La chuintante *ch* provient d'un *c* latin initial devant *a*, ou d'un *c* placé entre une consonne et un *a*, particulièrement après une consonne sourde :

chambre	latin	camera
chant	—	cantum
chevaucher	—	cavalcare
mâche	—	mast(i)cat

---

1. Le *c* latin *entre deux voyelles* n'a produit un *c* doux que dans les mots d'origine savante. Comparez *ricin* (de *ricinum*), mot savant, et *voisin* (de *vicinum*), mot populaire. Il y a, en outre, un déplacement d'accent dans *ricin*, les deux *i* de *ricinum* étant brefs. Comparez encore *féroce* (de *ferocem*) et *voix* (de *vocem*).

ch peut encore provenir de *e* ou *i* en hiatus après la consonne sourde *p* :

> proche, latin propium
> sache   —   sapiam

Exceptionnellement *ch* dérive d'un *c* latin devant *i* dans **ch**ercher, de **c**ircare. Mais la forme ancienne était *cercher*.

163. — La chuintante *j* ou *g* doux provient de *i* latin initial :

> jeune   latin   juvenem
> jurer   —   jurare
> ʲoindre   —   jungere

Elle provient de *g* latin placé devant *a*, *e* ou *i*, lorsqu'il est initial ou placé après une consonne

> joie   latin   gaudia
> gent   —   gentem
> argent   —   argentum
> nager   —   nav(i)gare

Elle provient de *e* ou *i* en hiatus après une consonne sonore :

> singe   latin   simium
> orge   —   ordeum
> jour   —   diurnum
> goujon   —   gobionem
> sergent   —   servientem
> vendange   —   vindemia

---

1. Quand le *g* doux provient d'un *g* latin entre deux voyelles, le mot est savant. Comparez *régime* (de *regimen*), et *reine*, contraction de *reïne* (de *regina*). L'origine savante de *regime* se reconnaît encore au déplacement de l'accent, car, l'*i* de *regimen* étant bref, l'accent tonique devrait être sur la syllabe initiale.

Elle provient, après certaines consonnes (Cf. § 162), de *c* latin devant *a* :

charger	latin	car*r*(i)care
juger	—	ju*d*(i)care
manger	—	man*d*(u)care

Elle se trouve encore dans le suffixe *age*, venant du suffixe latin *aticum*, et enfin elle correspond à un *z* initial dans *jaloux*, de *zelosum*.

164. — Pour éviter la confusion avec *g* dur, on écrit le *g* doux par *j* ou *ge* lorsqu'il est placé devant *a*, *o*, *u*. La graphie *ge* dérive des formes anciennes telles que *geu*, participe passé de *gésir*, qui se prononçait jadis *geü*, et ou *ge* était devenu le signe d'un simple *g* doux.

Les gutturales **c** *et* **g** *durs, et* **qu**.

165. —Le *qu* provient du *qu* latin initial ou placé entre une consonne et une voyelle (à la fin du mot, il s'écrit sans *u*) :

quant	latin	quantum
quoi	—	*qu*id
cin*qu*ante	—	quin*qu*aginta
cin*q*	—	quin*qu*e

Il peut correspondre aussi à un *c* latin, lorsque ce *c* est resté régulièrement dur et que la voyelle qui suit est devenue *eu* :

queue	latin	* coda (pour *cauda*)
queux	—	coquus

Si on avait écrit *ceue* et *ceux*, la prononciation du *c* dur n'aurait pas été indiquée, le *c* ayant pris la valeur d'un *c* doux devant *e*.

166. — Le *c* dur provient d'un *c* initial devant *o* ou *u*

ou une consonne (*l* ou *r*), ou d'un *c* placé entre une consonne
et un *o* ou un *u* ou une liquide (*l*, *r*) [1].

corps	latin	corpus
coude	—	cubitum
couronne	—	corona
clair	—	clarum
faucon	—	fal*c*onem
oncle	—	avun*c*(u)*l*um
ancre	—	an*c*(o)ra
sec	—	siccum
sac	—	saccum

Dans les deux derniers exemples que nous venons de
citer, le *c* est final et se prononce. Mais il faut remarquer
qu'il est précédé immédiatement d'une voyelle. Dans *clerc*
(latin *cler(i)cum*), où il est précédé d'une *r*, il est muet. Il
est vrai qu'on le fait sonner dans *arc*, et souvent dans
porc, mais ces mots ne sont plus d'usage vraiment populaire, et leur prononciation a subi l'influence de l'orthographe, où on a conservé le *c* de l'ancienne prononciation et de l'orthographe latine. Lorsque le *c* final est
précédé d'une voyelle nasale, il est également muet
(*tronc*, *jonc*); cependant on le prononce en liaison dans
franc.

Le *c* dur, ayant la même valeur que le *qu*, a été quelquefois substitué à *qu*, par exemple dans *car* (latin *quare*),
comme (latin *quomodo*), *crier* (latin *quiritare*), etc.

167. — Le *g* dur provient d'un *g* initial devant *o* ou *u*

---

1. Quant au *c* latin initial devant toute autre voyelle que *o* ou *u*, ou
placé entre deux voyelles, ou entre une voyelle et une liquide, il n'a
produit un *c* dur que dans les mots d'origine savante. Comparez : *cause*
et *chose*, qui se rattachent l'un et l'autre au latin *causa*; *impliquer*
et *employer*, dérivés tous deux de *implicare*; *gouvernail* (de *gubernac-
(u)lum*) et *miracle* (de *mirac(u)lum*), etc.

ou une **consonne** (*l* ou *r*), ou d'un *g* placé entre une consonne et un *o* ou un *u* ou une liquide (*l*, *r*)**.**

goût	latin	gustum
gouverner	—	gubernare
grand	—	grandem
arguer	—	argutare
sanglier	—	sing(u)larem

Le *g* dur provient encore d'un *g* initial influencé par le
w germanique qu'on trouvait dans des mots analogues.

gaine	latin	vagina (*prononcé* wagina)
gâter	—	vastare

Dans ce cas, le *g* a d'abord été écrit *gu*, et il a conservé
cette orthographe quand la voyelle suivante était un *e* ou
un *i* (*guivre*, de *vipera*; *gué*, de *vadum*). De là vient l'usage
d'écrire le *g* dur par *gu* toutes les fois que la voyelle suivante est un *e* ou un *i*, par exemple dans *gueule* (de
gula).

Exceptionnellement le *g* dur peut venir d'un *c* devant **o**
ou *u*, ou devant *l* ou *r* :

gonfler	latin	conflare
gras	—	crassum
grille	—	craticula
église	—	ecclesia
aigu	—	acutum
maigre	—	macrum

C'est ainsi que le *c* initial de *Claude* est devenu un *g*
dans la prononciation de « reine-Claude », et que le *c* du
mot savant « second » est arrivé aussi à se prononcer comme
un *g*.

168. — Le *g* devenu final ne se prononce pas, si ce
n'est en liaison, où il a le son d'un *c*. On prononce : « suer
sank et eau ». C'est qu'en effet, d'une façon générale, les

consonnes sonores deviennent sourdes à la fin des mots. On a écrit, et on devrait écrire encore : *sanc*, *lonc*, etc. C'est pour mieux rappeler les mots latins (*sanguis*, *longus*) qu'on a substitué un *g* au *c* final de ces mots.

169. — Le *g* final des mots tels que *poing*, *coing*, est la trace d'une ancienne mouillure de l'*n* produite par une palatale : latin *pugnum*, *cotoneum*. Nous avons vu, à propos de l'*n*, que l'*n* mouillée se notait par *gn*. A la fin des mots, on l'écrivait *ng*. Puis la mouillure a disparu dans la nasalisation de la voyelle précédente, mais on a conservé l'ancienne orthographe.

170. — Le *c* et le *g* redoublés ne se trouvent que dans les mots savants, ou dans les mots populaires dont l'orthographe a été rapprochée de l'orthographe latine. Il y a d'ailleurs des contradictions arbitraires dans l'usage : ainsi on écrit *aggraver* par deux *g*, et *agresseur* par un seul. En tout cas, on ne prononce qu'une gutturale, excepté lorsque la voyelle suivante est un *e* ou un *i*; alors la première sonne dure et la seconde douce : *accès*, *suggérer*. Cette particularité ne peut se rencontrer que dans les mots savants.

171. — Toutes les fois qu'on trouve un *c* ou un *g* devant une consonne autre que *l* ou *r*, on peut affirmer qu'on est en présence d'un mot savant ou d'une orthographe artificielle. Le *g* a été introduit dans l'orthographe du mot *doigt* pour mieux rappeler le mot latin *digitum*. Le *g* et le *c* des pluriels tels que *joncs*, *rangs*, sont uniquement destinés à rappeler la forme du singulier. Mais dans quelques mots, où la gutturale se prononçait au singulier, l'influence du singulier a été telle qu'on a fini par la prononcer au pluriel, par exemple dans *sacs*. L'ancienne langue prononçait : « sas ».

Les dentales **t** *et* **d**.

172. — Le *t* provient d'un *t* latin initial, ou placé entre une consonne et une voyelle [1], ou entre une consonne quelconque et une *r*, ou final et précédé d'une consonne :

tourner	latin	*tornare*
tronc	—	*truncum*
par*t*ir	—	* par*t*ire
me*tt*ai*t* (2)	—	mi*tt*ebat
pà*tre* (jadis *pastre*)	—	past(o)r
en*t*rer	—	in*t*rare
fê*te* (jadis *feste*)	—	festa
dou*t*er	—	dub(i)*t*are
charre*tt*e (3)	—	* carri*tt*a
fai*t*	—	factum
sep*t*	—	sep*t*em
chan*t*an*t*	—	can*t*antem
mule*t*	—	* muli*tt*um
vien*t*	—	ven(i)*t*

173. — Lorsque le *t* est devenu final, il ne se prononce plus, si ce n'est quelquefois en liaison, surtout quand le mot qu'il termine est intimement lié avec le mot qui suit, par exemple dans : « vient-il ? » Le *t* final de *sept* et de *huit* se prononce encore quand ces noms de nombre sont employés isolément. Quant à la prononciation de *vingt-deux*, *vingt-trois*, etc., en faisant sonner le *t*, elle s'explique par l'*e* muet qui sépare les deux noms de nombre dans la prononciation, et avec lequel le *t* se lie. Cet *e* est le reste de la conjonction *et* : *vingt-et-deux*, et par affaiblissement *vingt-e-*

1. Pourvu que cette voyelle ne soit pas un *e* ou un *i* en hiatus, car alors, comme nous l'avons vu (§ 161), le *t* produit un *c* doux.

2-3. Les deux *t* du latin se sont régulièrement réduits à un seul dans la prononciation, mais on les a rétablis dans l'orthographe, où ils dispensent de mettre un accent grave sur l'*e* qui précède.

deux [1]. Dans *vingt-et-un*, c'est sous l'influence de l'hiatus que *et* ne s'est pas affaibli en *e*.

174. — Le *t* peut être une consonne euphonique introduite entre la voyelle finale d'un verbe et le pronom *il*, par analogie avec les verbes dont la même personne se termine régulièrement par un *t*. On a dit « aime-t-il » par analogie avec « vient-il ». Car il ne faut pas croire que ce *t* soit un reste du *t* final du latin *amat*. Le *t* de *amat* et des formes semblables, n'étant pas soutenu par une autre consonne, était tombé dès le xi⁰ siècle, et dans les formules interrogatives on a prononcé longtemps « aime-il » en élidant l'*e* devant l'*i*.

Le *t* peut être encore une consonne euphonique introduite entre une *s* et une *r*, quand ces consonnes sont devenues voisines par suite de la chute des lettres qui les séparaient en latin.

ancê*t*re, jadis *ancestre*, latin	antecess(o)*r*
ê*t*re — *estre* —	* ess(e)*re*
paî*t*re — *paistre* —	* pas(ce)*re*

175. — L'usage s'est établi de redoubler le *t* dans l'orthographe entre deux voyelles, quand la voyelle qui précède n'est pas un *e* muet. Mais il y a des contradictions non justifiées : comparez *jette* et *achète*, *flotter* et *cahoter*, *rate* et *chatte*. La cinquième édition du dictionnaire de l'Académie écrivait *patte* avec un seul *t*.

176. — Le *d* provient de *d* latin initial, ou placé entre une consonne et une voyelle, ou entre une consonne quelconque et une *r*

denier	latin	denarium
droit	—	d(i)rectum
per*d*re	—	perd(e)re

1. Comparez la prononciation *dix-e-neuf*, pour **dix-et-neuf.**

    vendant   latin   vendentem
    maussade   —   male-sap(i)dum
    grand   —   grandem

177. — Quand le *d* est devenu final, comme dans *grand*, il s'est changé en *t* dans la prononciation et dans l'ancienne orthographe, en vertu de ce principe que toute consonne sonore, en devenant finale, se change en la consonne sourde correspondante. Ce *t* final, qu'on écrit aujourd'hui *d* pour mieux rappeler l'orthographe latine, ne s'entend plus d'ailleurs qu'en liaison : « gran-t-homme ».

178. — Dans les mots tels que *nid, pied, nœud*, le *d* a été ajouté à l'ancienne orthographe qui était *ni, pié, nœu*, depuis le XIIe siècle, car le *d* latin isolé entre deux voyelles est tombé à cette époque (ni*d*um, pe*d*em, no*d*um). Aussi ce *d* est de pur ornement et ne se lie pas. C'est par euphonie qu'on prononce : « pié-t-à-terre. »

179. — Le *d* peut encore provenir d'un *t* latin placé entre un *b* et une voyelle :

    malade   latin   male-hab(i)tum
    soudain   —   * sub(i)tanum
    coude   —   cub(i)tum

180. — Le *d* peut être une consonne euphonique introduite entre *n* ou *l* et *r*, ou entre *s* douce et *r*, quand ces consonnes sont devenues voisines par suite de la chute des lettres qui les séparaient en latin :

    moudre, jadis *moldre*, latin mol(e)re
    poudre,   —   *poldre*,   —   pul(ve)rem
    plaindre   —   plan(ge)re
    moindre   —   min(o)r
    coudre, jadis *cousdre*   —   cons(ue)re

181. — Le *d* redoublé est d'origine savante. Les deux consonnes se prononcent dans *addition*.

182. -- Toutes les fois que le *d* ou le *t* se trouve placé devant une autre consonne que *r*, il a été ajouté pour rappeler l'étymologie (quelquefois une étymologie fausse), ou, dans les pluriels, pour rappeler la forme du singulier. On écrit « poids » à cause de *pondus*, bien que ce mot vienne en réalité de *pensum* ; on écrit « gran*d*s, enfan*t*s, etc. » à cause des singuliers « grand, enfant, etc. » Mais on écrit *tous* et non *touts*, malgré *tout*.

Les labiales **p, b, f, v.**

183. — Le *p* provient d'un *p* initial ou placé entre une autre consonne et une voyelle ou une *r* [1].

pâtre	latin	*p*astor
porter	—	*p*ortare
âpre	—	as*p*(e)rum
appeler	—	a*pp*ellare (2)
serpent	—	ser*p*entem
chape	—	* ca*pp*a
cep	—	ci*pp*um

Le *p* peut encore provenir d'un *p* devant *l*, même lorsqu'il n'est pas précédé d'une autre consonne :

couple	latin	co*p*(u)la
peuple	—	po*p*(u)lum

Le *p* de *temps* et de *corps* est uniquement destiné à rappeler l'orthographe latine : *tempus, corpus*.

---

1. Le *p*, lorsqu'il correspond à un *p* latin isolé entre deux voyelles, est d'origine savante. Comparez *chevet* (de * c*a*pillum) et *chapitre* (de *capitulum*). Ce dernier mot, étant un mot savant très ancien, offre quelques caractères populaires, par exemple le changement du *c* initial en *ch*.

2. Les deux *p* du latin se sont régulièrement réduits à un seul. On les a rétablis dans l'orthographe française pour mieux rappeler la forme latine. Mais il y a des contradictions dans l'usage : comparez *appartenir* et *apercevoir*.

184. — Le *b* provient d'un *b* initial, ou placé entre une autre consonne et une voyelle ou une *r*.

*b*ouche	latin	*b*ucca
ar*b*re	—	ar*b*(o)rem
a*bb*é	—	a*bb*atem (1)

Le *b* peut encore provenir d'un *b* devant *l*, même lorsqu'il n'est pas précédé d'une autre consonne :

Les adjectifs en « a*b*le », latin	a*b*(i)*l*em	
fai*b*le	—	fle*b*(i)*l*em
meu*b*le	—	mo*b*(i)*l*em

Le *b* peut être une consonne euphonique introduite entre *m* et *l* ou *r*.

com*b*ler	latin	cu*m*(u)*l*are
nom*b*re	—	nu*m*(e)*r*um
cham*b*re	—	ca*m*(e)*r*a

185. — L'*f*, que l'orthographe redouble généralement dans le corps des mots après une voyelle, provient de *f* latine, simple ou redoublée, quelle que soit sa place.

*f*aire	latin	*f*acere
*f*ront	—	*f*rontem
*f*lamme	—	*f*lamma
sou*ff*rir	—	*su*ff*(e)rire
gon*f*ler	—	con*f*lare
sou*ff*le	–	su*ff*lat

L'*f* finale provient d'une labiale quelconque devenue finale, et particulièrement du *v*.

che*f*,	latin	*ca*p*um
cer*f*	—	cer*v*um
ner*f*	—	ner*v*um
vi*f*	—	vi*v*um

1. Les deux *b* du latin se sont régulièrement réduits à un seul; on les a rétablis dans l'orthographe française pour mieux rappeler la forme latine.

neuf,	latin	{ novem { novum
clef	—	clavem
œuf	—	ovum
bœuf	—	bovem
chétif	—	captivum

186. — L'*f* finale, après *r* ou après *i*, ne s'est maintenue ou rétablie dans la prononciation que sous l'influence de l'orthographe. Par exemple dans les pays où *chétif* est encore un mot vraiment populaire, on prononce *chéti*. Il en est de même après l'*é* : comparez *clef*, qui est resté essentiellement populaire, à *chef* et à *nef*. Après *eu*, le maintien de l'*f* finale paraît être plus général. Toutefois le mot qui doit avoir le moins subi l'influence de l'orthographe est le nom de nombre *neuf*; or, la consonne finale de ce mot ne se fait sentir que devant les voyelles [1], ou lorsque « neuf » est employé isolément. Comparez ce que nous avons dit de *six* et de *dix* à propos de *s* finale, et de *sept* et de *huit* à propos de *t* final. Comparez aussi *cinq*.

187. — Au pluriel des noms en *f*, l'*f* est destinée simplement à rappeler la forme du singulier. Aussi ne se fait-elle pas entendre dans *œufs* et *bœufs*. Mais l'orthographe et l'influence du singulier l'ont emporté dans le pluriel de l'adjectif *neuf*, où l'*f* se prononce, ainsi que dans le pluriel des mots en *if* et de *chef, nef*.

188. — Le *v* provient d'un *v* initial, d'un *b*, d'un *p* ou d'un *v* placés entre deux voyelles ou entre une voyelle et une *r*, ou d'un *v* placé entre une consonne et une voyelle.

---

1. Elle a même devant les voyelles le son *v*, ou plutôt devant les voyelles le *v* du latin *novem* a persisté, comme il persiste dans le corps des mots entre deux voyelles. C'est un effet de la liaison intime qui existe entre les noms de nombre et les noms qui les suivent.

venir, latin venire
fève   —   fa*b*a
lèvre   —   la*b*ra.
chevet   —   *capittum
chèvre   —   ca*p*ra
vivant   —   viventem
servir   —   servire

Le *v* est purement euphonique dans *pouvoir*, anciennement *pouoir*, du latin *potere.*

Mutations rares.

189. — Il nous reste à signaler quelques mutations très
rares, par exemple l'*r* venant d'une *n*, et le *b* d'un *p*, dans
« timbre », du latin *tympanum*, le *b* venant encore d'un *p*
dans « double », du latin *duplum*, et « abeille » du latin
apicula. Ce dernier mot est d'ailleurs une forme dialectale.
Ajoutez *c* dur venant de *t* dans « craindre », de *tremere,*
et, inversement, le *t* correspondant à un *c* dans le vieux
mot « chartre[1] », de *carcerem*, et le *d* correspondant à un
g dans « sourdre », de *surgere*, l'*f* initiale issue d'un *v* dans
« fois », de *vicem*, l'*n* issue d'un *d* dans « rendre », de *reddere* (Cf. § 39), etc.

Consonnes disparues.

190. — Un certain nombre de consonnes latines ont
disparu, les unes en exerçant une influence sur les lettres
qui les avoisinaient, les autres sans laisser de traces.

Parmi les premières, il faut citer les gutturales (*c*, *g*), qui
généralement, lorsqu'elles disparaissent, mouillent la consonne qui les accompagne quand cette consonne est une *l* ou

---

1. Ce mot est encore usité dans la locution : « tenir en *chartre*
privée. »

une *n*, et transforment la voyelle de la syllabe précédente et celle de la syllabe suivante en diphtongues contenant un *i*. Voyez ci-dessus l'origine des diphtongues *ié*, *oi*, *ei*, *ui*, et de *l* et *n* mouillées.

Il peut arriver aussi que les gutturales tombent sans laisser de traces, notamment lorsqu'elles sont isolées entre une voyelle labiale (*o*, *u*) et un *a :* c'est ainsi que *louer* vient de *locare*, et *laitue* de *lactuca*. Quand deux gutturales identiques se suivent, la première tombe : *sac* de *saccum*.

191. — Ont disparu complètement :

1º Les dentales (*t*, *d*) isolées entre deux voyelles[1] ou entre une voyelle et une consonne[2] : les suffixes *ée*, *ie*, *ue*, du féminin des participes passés, viennent des suffixes latins *ata, ita, uta*. « Père, mère, frère » viennent de *patrem, matrem, fratrem*. « Gué » vient de *vadum*[3].

2º Les labiales *p*, *b*, *v*, devant toute autre consonne que *l* ou *r* : « sait » vient de *sap(i)t* ; « maussade », de *male-sap(i)dum ;* « cité », de *civ(i)tatem* ; « douter », de *dub(i)tare*. Il faut remarquer que ces labiales, tout en tombant ont au moins produit cet effet de maintenir la consonne qui suivait, et quelquefois d'appeler une voyelle d'appui qui s'est conservée. Si, par exemple, le latin avait dit *dutare*, au lieu de *dub(i)tare*, le *t* se serait trouvé isolé entre deux voyelles et serait tombé ; la forme française eût été *douer*, au lieu

---

1. Toutefois nous avons vu que *t*, devant *e* ou *i* en hiatus, avait produit le même résultat que *c* devant *e*. Voyez § 158, 159 et 161.

2. Toutefois quand cette consonne est une *r*, comme nous l'avons remarqué à propos de l'*r* redoublée, la dentale est quelquefois représentée par une *r* ajoutée à celle que contenait déjà le mot.

3. *T*, *d*, *dr* ou *tr*, quand ils correspondent à *t*, *d*, *dr* ou *tr* latins isolés entre deux voyelles, sont d'origine savante. Comparez *cèdre* (de *cedrum*) et *pierre* (de *petram*), *confidence* (de *confidentia*) et *confiance* (de **confidantia*), etc.

de *douter*. Si le latin avait dit *male-sadum*, au lieu de *male-sap(i)dum*, l'*a* tonique n'aurait plus été entravé et se serait changé en *é*, le *d* isolé entre deux voyelles serait tombé, et il n'y aurait pas eu d'*e* muet final ; la forme française eût été *maussé*, au lieu de *maussade*.

3° Le *b* dans les flexions de l'imparfait et du conditionnel (- *ait* correspond à -*ebat*), et devant *e* ou *i* en hiatus (*ait*, du verbe *avoir*, correspond à *habeat*), et le *v* isolé entre deux voyelles dans un certain nombre de mots tels que *paon* (de *pavonem*), *viande* (de *vivenda*).

192. — Il y a aussi des consonnes qui ont disparu plus ou moins complètement depuis la formation du français ; ce sont, comme nous l'avons vu, les consonnes finales. C'est que les mots se lient intimement entre eux dans la phrase. Supposons un mot quelconque suivi d'un autre mot commençant par une consonne. La consonne finale du premier aura une tendance à tomber devant la consonne initiale du second, comme, dans le corps des mots, quand deux consonnes se suivent, la première tombe généralement devant la seconde. Supposez le même mot placé devant un autre mot commençant par une voyelle, sa consonne finale se trouvant devant une voyelle aura une tendance à suivre les lois phonétiques qui gouvernent dans le corps des mots les consonnes qui précèdent immédiatement une voyelle, c'est-à-dire, par exemple, à se maintenir si c'est un *t* (jadis précédé d'une consonne), à se changer en *s* douce si c'est une *s*. De là l'existence des liaisons et la prononciation de l'*s* en liaison.

Un mot se trouve donc entre deux tendances opposées, suivant que le mot devant lequel il est placé commence par une consonne ou par une voyelle. La première tendance l'emporte sensiblement sur la seconde, et c'est ce qui fait que les liaisons disparaissent graduellement. Elles se maintiennent surtout dans les locutions toutes faites, parce que les mots y sont particulièrement unis (par exemple « suer sang et eau »), et, pour la même raison, entre les pronoms et les verbes (*vous avez*). Elles sont d'ailleurs protégées par plusieurs influences importantes: 1° l'orthographe, qui acquiert d'autant plus de puissance que l'instruction se répand davantage, et qui retarde les modifications naturelles des sons par le maintien des signes qui les représentent; 2° l'analogie, qui s'inspire des cas dont nous venons de parler, où la liaison a conservé son ancienne force; enfin 3° l'euphonie, qui résiste à l'hiatus.

Ces diverses influences arrivent même à rétablir des liaisons qui étaient tombées, et à en introduire de nouvelles. Exemple : « entre quatre-z-yeux ». D'autre part, il y a une tendance à faire entendre les consonnes finales, même devant une consonne, après les monosyllabes tels que *vis, lis, œuf, bœuf*. Les hésitations si fréquentes et les bizarreries de l'usage s'expliquent par la lutte constante des influences contradictoires qui agissent sur les liaisons.

Parmi tous les mots de la langue, les noms de nombre sont ceux qui s'emploient le plus fréquemment isolés ou à la fin d'un membre de phrase; dans cette situation, ils ne sont plus liés au mot qui suit, et il n'y avait pas de raison pour que les consonnes finales disparussent, ni s'adoucissent. De là vient la triple prononciation de *dix* et de *six*: *di* et *si* devant les consonnes, *diz* et *siz* devant les voyelles, *diss* et *siss*[1] quand ces mots sont isolés. Les consonnes finales de *cinq*, *sept*, *huit*, sont traitées de même, sauf qu'elles n'ont pas à s'adoucir devant les voyelles. Pour *neuf* on a conservé le *v* latin de *novem* devant les voyelles. « Deux » et « trois » font exception, n'ayant pas con-

---

1. J'exprime par deux *s* l'*s* dure prononcée.

servé leur consonne finale quand on les prononce isolément.

Les hésitations de l'usage favorisent singulièrement les subtilités des grammairiens, qui y trouvent l'occasion d'inventer et de proclamer des règles ingénieusement compliquées. En ce qui touche la prononciation des lettres finales, on est allé jusqu'à décider que « le *t* final de *sot* doit se prononcer quand un père, réprimandant son fils, lui dit: Vous êtes un *sot.* » Tout commentaire serait superflu.

DEUXIÈME PARTIE

LES MOTS[1]

193. — En considérant les mots aú point de vue de la dérivation des sons et de l'orthographe, nous les avons divisés en mots savants et mots populaires, et parmi ces derniers nous avons distingué les mots de formation latine et ceux de formation française.

Quand on étudie la constitution du vocabulaire, c'est la seconde distinction qui importe le plus. Les mots savants ou populaires se sont introduits dans la langue française, soit par voie d'emprunt au latin et aux autres langues, soit par voie de formation française. Les uns ont été empruntés tels quels à différentes langues, les autres ont été formés à l'aide d'éléments pris dans les premiers et diversement combinés. Nous examinerons donc successivement les mots *empruntés* et les mots *créés*.

La langue s'enrichit non seulement par l'adjonction de mots nouveaux, empruntés ou créés, mais encore par la multiplication des acceptions de chaque mot. Nous aurons donc à étudier aussi le développement du sens des mots.

---

1. Dans toute cette partie, nous tirerons grand profit du livre de M. Darmesteter sur *La création actuelle de mots nouveaux dans la langue française*. Pour l'histoire générale de la langue, consultez l'excellent chapitre par lequel débute la *Grammaire historique* de M. Brunot.

CHAPITRE PREMIER

LES MOTS EMPRUNTÉS

I. — Origines diverses des mots empruntés

194. — Il faut mettre à part : 1° les mots d'origine latine qui constituent le fond même de la langue; 2° les mots primitifs d'origine germanique ou celtique, qui ont fait partie de la langue dès l'époque de sa formation.

195. — Le latin s'étant substitué de bonne heure en Gaule à la langue parlée par les Gaulois, les mots celtiques sont en très petit nombre; ils se rapportent en général à la terre et aux animaux, à la nourriture, au vêtement. Nous citerons : *lieue, chemin, grève, arpent, bruyère, branche, claie, alouette, pinson, brouet, cervoise, braies.*

196. — Les mots germaniques se rapportent surtout à la guerre, à la féodalité, au vêtement, particulièrement au vêtement militaire; nous citerons : *guerre, garder, garnir, gonfalon, fauteuil, orgueil, fief, gain, gant, haubert*, etc. Les substantifs « baron, bachelier, vassal », que l'on pourrait croire d'origine germanique à cause de leur rôle important dans la langue féodale, viennent cependant du celtique.

197. — Les Français ont emprunté des mots aux différents peuples avec lesquels ils se sont trouvés en relation, aux Orientaux, aux Italiens, aux Espagnols, aux Allemands, aux Anglais, aux peuples slaves, aux peuples indigènes de l'Amérique et des colonies.

198. — Dans le supplément du Dictionnaire de Littré,

on trouvera un dictionnaire spécial des mots d'origine orientale (arabe, hébreu, persan, turc, malais), qui se recommande du nom de M. Marcel Devic, professeur à la Faculté des lettres de Montpellier. Citons dans cette catégorie : *alcali*, *alcôve*, *algèbre*, *amiral*, *baldaquin*, *safran*, *satin*, *sultan*, qui sont arabes, *bazar*, *châle*, *échec*, *sérail*, *tambour*, qui sont persans, *bey*, *divan*, *kiosque*, qui sont turcs.

199. — A l'Italie nous devons des mots comme *piano*, *violoncelle*, *bémol*, *carnaval*, *escapade*, *banqueroute*, *alerte*, *aquarelle*, *fioriture*, *conclave ;* à l'Espagne : *hâbler*, *jasmin*, *mantille*, *platine*, etc. ; à l'Allemagne : *kirsch*, *bitter*, *bock*[1], *vasistas*, *boulevard ;* à l'Angleterre une foule de mots pour désigner des inventions modernes ou des modes anglaises : *rail*, *tender*, *tramway*, *turf*, *sport*, *fashionable*, *confort*, *bifteack*. Le polonais nous a donné des noms de danses, *polka*, *mazurka*, *schottisch* ; le russe, les mots *ukase*, *rouble*, *steppe*, et quelques autres. *Acajou*, *tapioca*, *quinquina* sont des mots américains.

200. — Enfin les littérateurs et les savants ont introduit dans le français un grand nombre de mots tirés du grec et du latin classiques. Les mots grecs abondent dans la langue scientifique : *hématite*, *aphonie*, *anthère*, *aponévrose*, *épigastre*, *catachrèse*, *périoste*, *hypoténuse*, etc., etc.

---

1. *Bock*, dit M. Darmesteter, vient de l'allemand *bockbier*, bière de bouc, nom donné à une espèce de bière de qualité supérieure, à cause de la marque de fabrique prise par l'industriel qui la confectionne. Cette marque consiste en un tonneau à droite et à gauche duquel se tiennent deux *boucs* dressés sur les pattes de derrière. L'expression *bockbier*, qu'on lit ou lisait sur les brasseries, les boutiques de marchands de vin, a été importée chez nous par quelque commis-voyageur, qui l'expliqua à sa manière par *verre*, *mesure de bière*. Et voilà comme un *bouc* a été changé en une sorte de chope.

II. — DOUBLETS

201. — Il peut arriver qu'un même mot primitif soit représenté dans la langue par deux ou même trois formes différentes, qui constituent des mots distincts dont on ne reconnaît plus l'origine commune. Ces doubles formes d'un même mot primitif s'appellent des *doublets*.

Les doublets se produisent de diverses manières :

1° On a pu différencier par l'orthographe des acceptions divergentes d'un seul et même mot. Ainsi le vieux verbe *conter*, qui dérive du latin *computare*, avait le double sens de « faire un compte » et de « faire un récit ». On l'a écrit *compter* dans la première acception, où l'on retrouvait le sens latin, avec un *p* pour mieux rappeler l'étymologie, et on a conservé l'orthographe ancienne pour le sens de « faire un récit », sans s'apercevoir que c'était simplement une acception dérivée du sens primitif, et qu'il n'y avait là qu'un seul verbe. On a fait subir le même dédoublement au substantif verbal *conte*, qui est resté *conte* dans un sens, et qui est devenu *compte* dans l'autre. *Compter* et *compte* sont donc des doublets de *conter* et de *conte*. De même *exaucer* est le doublet orthographique d'*exhausser*, latin *exaltiare*. Les deux *s* d'*exhausser* sont l'équivalent graphique du *c* d'*exaucer*; l'*h* a été ajoutée pour rappeler la parenté de ce verbe et de l'adjectif *haut*. Mais, qu'on écrive le mot *exaucer* ou *exhausser*, il n'y a là qu'un seul verbe primitif, qui signifie proprement « élever », et, par extension, « relever, écouter les prières de... »

2° On sait que les substantifs de l'ancienne langue avaient deux cas : un cas sujet et un cas régime. En règle générale, l'un des deux a disparu ; mais il peut arriver que les deux formes se soient maintenues en prenant des valeurs différentes, et qu'elles aient abouti à constituer deux mots distincts. Ainsi le pronom indéfini *on* est l'ancien cas sujet de *homme*; l'un et l'autre dérivent du même substantif latin, ce sont des doublets. De même *sire* est l'ancien cas sujet et le doublet de *seigneur*.

3° Nous verrons plus loin que certains verbes sont à radical variable. Ainsi le radical de *tenir* est tantôt *tien* et tantôt *ten*. De même, le radical de *trouver* était à l'origine tantôt *treuv* et tantôt *trouv*, et celui de *pleurer* tantôt *pleur* et tantôt *plour*. La conjugaison de la plupart de ces verbes s'est simplifiée, parce que l'un des radicaux a fini par l'emporter sur l'autre; pour *trouver*, c'est le radical en *ou* qui s'est substitué partout à l'autre; pour *pleurer*, c'est au contraire le radical en *eu* qui a persisté. Il y a eu un moment où ces verbes se conjuguaient indifféremment avec l'un ou l'autre des radicaux primitifs; supposez que les deux modes de conjugaison se soient maintenus, et que des sens plus ou moins différents aient été attribués à chacun d'eux : *treuver* et *trouver* formeraient aujourd'hui deux verbes distincts, deux doublets. C'est ce qui est arrivé non pas pour *trouver*, mais pour *plier* et *charrier*, dont la conjugaison s'est dédoublée en *plier* et *ployer*, *charrier* et *charroyer*. Ajoutez les composés *déplier* et *déployer*, *replier* et *reployer*.

4° Un même mot latin, en passant dans les différentes langues romanes, y a pris différentes formes; et ces formes diffèrent non seulement de langue à langue, mais de dialecte à dialecte. Or, il peut arriver que le français, tout en conservant pour un mot la forme qui lui est propre, ait adopté aussi la forme du même mot dans une langue voisine, en lui donnant un sens particulier. Les deux formes constitueront dès lors deux mots distincts ayant une origine commune, c'est-à-dire deux doublets. C'est ainsi que *camp* (forme picarde) est le doublet de *champ*, latin *campum*. De même *cavalcade* (forme italienne) est le doublet de *chevauchée*, l'italien *cavalcata* étant exactement formé des mêmes éléments que le français *chevauchée*.

5° La classe la plus nombreuse de doublets est celle dont nous avons déjà eu l'occasion de parler à propos de la dérivation des sons : les doublets constitués par la forme savante et la forme populaire d'un même mot latin. Ainsi, au mot populaire *comble* correspond le mot savant *cumul*; à *frêle*, *fragile*; à *meuble*, *mobile*; à *mâcher*, *mastiquer*; à *raide*, *rigide*; à *douer*, *doter*, etc.

6° Enfin, il nous est arrivé de reprendre, sans les reconnaître, à une langue étrangère, des mots que celle-ci nous avait elle-même empruntés. Ainsi nous avons pris aux Anglais *tunnel*, qui est notre vieux mot *tonnel*, dont la forme féminine a un sens voisin du sens anglais; *budget* est notre vieux substantif *bougette*, qui avait le sens de « petite bourse »; *bill* est dérivé de *bulle*; *reporter*, de *rapporteur*; *ticket*, d'*étiquette*, etc.

CHAPITRE SECOND

LES MOTS CRÉÉS

I. — SUBSTANTIFS VERBAUX

202. — De tout temps on a formé des substantifs avec le radical des verbes. Quand les verbes ont un double radical (*tien* et *ten* pour *tenir*), c'est généralement le radical tonique qui sert à former le substantif. Comme exemples de substantifs verbaux, nous citerons *gare* (de *garer*), *pousse* (de *pousser*), *réclame* (de *réclamer*), *déni* (de *dénier*), *soutien* (de *soutenir*), *maintien* (de *maintenir*), *relief* (de *relever*, dont l'ancien radical tonique était *reliev*), *trouble* (de *troubler*), etc.

203. — On a créé des adjectifs par le même procédé.

Exemples : *quitte* (de *quitter*), *trouble*[1] (de *troubler*), l'adjectif populaire *trempe*[1] (de *tremper*), etc.

On a remarqué justement que cette formation était essentiellement populaire. Dans la langue littéraire, on forme plutôt des substantifs et des adjectifs avec les verbes en ajoutant un suffixe au radical.

II. — Dérivés par préfixes et suffixes

Dans notre *Grammaire du vieux français*, nous avons donné des listes de préfixes et de suffixes. Nous insisterons particulièrement ici sur ceux qui servent encore ou qui ont servi récemment à créer des mots nouveaux.

Préfixe combiné avec un suffixe.

204. — Avec les substantifs et les adjectifs comme radicaux, on peut former des verbes ayant le sens de « donner la qualité exprimée par l'adjectif » ou de « rapprocher de l'objet désigné ou de l'idée exprimée par le substantif ». C'est le préfixe *a*, combiné avec l'un des deux suffixes verbaux (*er* ou *ir*, ou quelquefois avec le suffixe composé *oyer*), qui possède cette signification. Exemples : *affoler* (formé sur *fol*), *affriander* (sur *friand*), *apaiser* (sur *paix*), *aligner* (sur *ligne*), *aborder*[2] (sur *bord*), *apitoyer*

---

1. De *troubler* et de *tremper*, on a tiré aussi des substantifs dont la forme est identique à celle des adjectifs.

2. *Border* et *aborder* ont été formés isolément sur *bord*. Il ne faut pas croire que, en effet, *aborder* ait été formé sur *border* par l'adjonction du préfixe *a*, comme cela s'est produit pour d'autres verbes. Cf. § 507.

(sur *pitié*), *amortir* (sur le participe passé *mort*), *appauvrir* (sur *pauvre*), *amaigrir* (sur *maigre*), *attiédir* (sur *tiède*), *attérir*[1] (sur *terre*), etc.

Le préfixe *en*, combiné avec le suffixe *ir* et un **adjectif**, a la même signification : *enlaidir* (formé sur *laid*), *engourdir* (sur *gourd*), *enchérir* (sur *cher*).

205. — Combiné avec le suffixe *er* et avec un substantif comme radical, le préfixe *en* donne au verbe ainsi formé la signification de « mettre dans l'objet désigné par le substantif », au propre ou au figuré, ou de « mettre cet objet dans.... » Exemples : *enamourer* (formé sur *amour*), *ensabler* (qui signifie tantôt *mettre du sable dans*, tantôt *mettre dans le sable*), *ensoleillé* (participe passé formé sur *soleil*), *ensemencer* (sur *semence*). Chateaubriand avait créé le verbe *entomber*, sur *tombe* : « les riches abbayes, qui *entombaient* ses aïeux ». Plus rarement on trouve dans ce cas le suffixe *ir* : *enorgueillir*. Il y a d'ailleurs un rapport de sens très apparent entre ces verbes et ceux qui sont signalés dans le paragraphe précédent.

206. — Il faut remarquer que, dans les différents cas que nous venons d'examiner, on trouve quelquefois les préfixes composés *ra* (=*re-a*) et *ren* (=*re-en*), au lieu de *a* et de *en*, sans qu'il y ait une idée de réitération. Exemples : *rapiècer* (qui signifie « mettre, *même pour la première fois*, des pièces à... »), *rembrunir*, etc. C'est que le préfixe *re*, dans l'ancienne langue, n'impliquait pas toujours réitération. Il avait différentes valeurs, qui se sont conservées dans un certain nombre de mots. Souvent même il était à peu près explétif, et il l'est resté dans les verbes tels que *remettre* au sens de *donner* (*remettre un pli à*

---

1. Le redoublement des consonnes dans *affoler, appauvrir, attiédir*, etc., est un souvenir de l'orthographe savante des mots de formation latine et des mots savants d'origine latine.

quelqu'un), *remercier*, et dans l'usage populaire, où l'on confond si fréquemment *rentrer* et *entrer*, *remplir* et *emplir*, etc.

207. — Avec un substantif ou un adjectif comme radical, le préfixe *dé* ou *des* sert aussi à former des verbes en se combinant avec les suffixes *er* ou *ir*. Exemples : *dégourdir* (formé sur *gourd*), *dépecer* et *dépiécer* (formés sur *pièce*), *déhancher* (formé sur *hanche*), *déborder* au sens de « dépasser les bords[1] » (formé sur *bord*).

208. — Combiné avec le suffixe *er*, et avec un substantif comme radical, le préfixe *é* (latin *ex*) indique l'action d'enlever l'objet désigné par le radical, ou d'enlever quelqu'un ou quelque chose à cet objet : *ébourgeonner*, *effacer*, *effiler*, *écrémer*, *épointer*. Le préfixe a la forme savante *ex* dans *expatrier*. Avec le même préfixe *é*, le suffixe étant *er* ou *ir*, le radical peut être un adjectif. Ex : *écourter*, *élargir*, *éborgner*, *égayer*, qui signifient : « *rendre plus* court, *rendre plus* large, *rendre* borgne, *rendre* gai. » Dans ce cas, le préfixe exprime encore une idée générale d'extraction, ou simplement de traction : tirer pour rendre court, pour rendre large, etc. — Avec le préfixe savant *trans* et le suffixe *er*, on a fait *transborder*, *transvaser*.

209. — En dehors des verbes, les formations de mots par préfixe et suffixe combinés se rencontrent surtout dans les mots savants.

Préfixes.

210. — Les préfixes *a*, *en*, *é*, *dé*, *trans*, peuvent se préposer simplement à un verbe déjà existant, pour former un nouveau verbe. Dans ce cas, *a*, *en* et *é* ajoutent au

---

1. Au sens de « enlever la bordure », *déborder* a été formé sur *border*, et non sur *bord*.

verbe primitif une idée vague, l'un de tendance, l'autre d'introduction, le troisième d'extraction, *dé* implique l'idée d'enlèvement, de suppression, d'éloignement [1], *trans* celle de passage à travers. Exemples : *arranger, adonner, entacher, embrouiller, enclore, s'élancer, défaire, détourner, dédorer, désorganiser, transpercer.*

211. — Parmi les autres préfixes qui peuvent être préposés à un verbe, les plus fréquents sont *re* (*ré* aujourd'hui devant un voyelle), *entre, sou, sur, més* ou *mé*, dont les significations sont bien connues : *reclasser, réadmettre, reformer* [2], *entrevoir, entretenir, soulever, soupeser, surchauffer, surélever, surcomposer, mésestimer.*

212. — Les véritables préfixes sont ceux qui ne s'emploient pas isolément (comme *re, é, dé, trans, més*), ou ceux qui, s'employant isolément (les prépositions *à, en*), ont perdu comme préfixes une partie de leur valeur, ou ont pris (comme *sur*) une signification dérivée mais différente de leur signification propre. Quand la préposition ou l'adverbe qui se prépose à un autre mot conserve son sens propre, le nouveau mot doit être considéré non comme un dérivé, mais comme un composé. D'ailleurs, dans ce cas, on sépare ordinairement les deux mots composants par un trait : *sous-diviser, contre-balancer.* Il n'y a pas de différence en effet, au point de vue de la formation, entre *contre-balancer* et *porte-manteau.* Mais il peut arriver qu'avec le temps, la valeur de la préposition composante devienne de moins en moins sensible, et dès lors cette préposition se rapproche de plus en plus d'un préfixe proprement dit.

---

1. Quand le verbe simple contient déjà une idée de privation, de suppression, il peut arriver que le préfixe *dé* renforce simplement cette idée : comparez *cesser* et le néologisme *décesser.*

2. *Reformer* est savant : de là la prononciation *ré.* D'autres fois *ré* s'explique par *re* + *é.* *Réveiller* est pour *re-éveiller.*

Elle fait **entièrement** corps avec le mot auquel elle est jointe dans *soupeser, contredire, entrevoir, entretenir.*

213.—Les préfixes ne servent pas seulement à former des verbes; ils s'ajoutent quelquefois aux noms et aux adjectifs. Exemples : *déveine* (formé sur *veine*), *déshonnête* (sur *honnête*), *déshonneur* (sur *honneur*), *mésaventure* (sur *aventure*), *soucoupe* (sur *coupe*), *désordre, désaccord, malaise, malaisé*[1], *bienveillant* (= *bien veuillant*), *recoin*. Il y a aussi de nombreux dérivés formés sur des noms ou des adjectifs avec des préfixes d'origine savante : *circumnavigation, coassocié, ex-professeur, extraordinaire, extra-fin, injuste, indomptable, inusable*[2], *impudeur, illimité* (pour *in-limité*), *international, préhistorique, antipape, archiprêtre*, etc.

Suffixes.

SUFFIXES DE VERBES

214. — Nous avons vu comment un certain nombre de verbes se sont formés par l'adjonction simultanée d'un préfixe et de l'un des suffixes *er* ou *ir* à un nom ou à un adjectif. Quand on ne prépose pas de préfixe, le seul suffixe qui serve aujourd'hui à former des verbes nouveaux est *er*[3]. Parmi les verbes les plus récemment créés, on peut citer *activer* (sur *actif*), *crayonner* (sur *crayon*), *télégraphier, subventionner, téléphoner*[4]. Mais à côté du suffixe

---

1. Le préfixe *mal*, dans les mots de formation ancienne, a pris la forme *mau*, conformément aux lois phonétiques, devant une consonne: *maudire.*

2. *Indomptable* et *inusable* ont été formés sur *dompter* et *user*, avec le préfixe savant *in* et le suffixe populaire *able.*

3. Jadis on a formé ainsi quelques verbes en *ir*. Le plus récent est peut-être *blondir*. Mais jamais, depuis que le français s'est dégagé du latin, on n'a formé de verbes en *re* ni en *oir*, si ce n'est par l'adjonction de préfixes à des verbes déjà existants.

4. Quelquefois on ne forme ainsi qu'un participe passé employé adjectivement : *accidenté, vanillé.*

simple *er*, il y a les suffixes complexes tels que *oyer*, *ailler*, *asser*, *oter*, *iser*, que l'on trouve dans les verbes *larmoyer*, *côtoyer*, *intrigailler*, *toussailler*, *finasser*, *toussoter*, *vivoter*, *centraliser*, *localiser*, *fertiliser*, *utiliser*, *organiser*, etc. Le suffixe *oyer* dérive du latin *icare*. Les suffixes *ailler*, *asser* et *oter* se rattachent aux suffixes nominaux *ail* ou *aille* (latin *aculum* ou *aculam*), *as* (latin *aceum*), et *ot* (latin *ottum*). *Ail* et *as* avaient pris une valeur péjorative dans quelques mots comme *bétail*, *canaille*, *platras*, et *ot* a toujours eu une valeur diminutive. De là la signification des suffixes verbaux *ailler*, *asser* et *oter*. Quant à *iser*, il est d'origine savante (grec *izeïn*).

SUFFIXE ADVERBIAL

215. — Le suffixe *ment* (du latin *mente*), joint à la forme féminine des adjectifs, a servi à former une grande quantité d'adverbes.

SUFFIXES DE NOMS ET D'ADJECTIFS

216. — Les suffixes qui servent à former des noms et des adjectifs, avec d'autres noms ou adjectifs ou des verbes, sont très nombreux.

Étant donné un verbe, on peut avoir à exprimer : 1° l'action même ou l'état indiqué par ce verbe (*imitation* = action d'imiter); 2° le résultat de l'action ou de l'état (*blessure*); 3° le moyen physique ou moral de l'action (*grattoir*); 4° l'agent habituel de l'action (*imitateur*); 5° l'union possible, sous forme adjective, de cette action ou de cet état à une personne ou à une chose (*imitable*).

Étant donné un adjectif, on peut avoir à nommer la qualité incluse dans cet adjectif, ou à communiquer à l'adjectif une signification diminutive.

Étant donné un substantif, on peut vouloir désigner le

même objet avec une idée accessoire de petitesse ou de grandeur, ou une personne ou un objet ayant un rapport direct avec l'objet marqué par ce substantif, ou, sous forme adjective, un qualité relative à cet objet.

De là une série de mots nouveaux formés avec le radical de ce verbe, de cet adjectif, de ce substantif, à l'aide de suffixes exprimant ces différentes idées. Et ces suffixes peuvent s'ajouter les uns aux autres. Ainsi, avec le mot latin *cor*, qui a donné le mot français *cœur*, l'ancienne langue avait formé, à l'aide du suffixe *age*, le substantif dérivé *corage*, devenu *courage*. Sur *courage*, on a formé : 1° l'adjectif *courageux* avec le suffixe *eux*; 2° le verbe *encourager* par la combinaison du préfixe *en* et du suffixe *er*. Enfin, sur *encourager*, avec le suffixe *ment*, on a formé le substantif *encouragement*.

<pre>
             cœur
             cour - age
             cour - ag - eux
       en · cour - ag - er
       en - cour - ag - ement.
</pre>

Il arrive souvent aussi que deux suffixes s'agglutinent et forment un nouveau suffixe : *erie*, comme nous le verrons, résulte de la fusion de *ier* et de *ie*.

Noms et adjectifs formés sur le verbe.

Action et résultat de l'action.

217. — Nous avons déjà vu que, pour *nommer* l'action marquée par le verbe, on peut faire un substantif verbal, en supprimant la flexion du verbe. Nous devons nous occuper ici des moyens d'exprimer la même idée à l'aide de suffixes.

Il y a un rapport si intime entre l'idée d'une action et

celle du résultat de cette action, c'est-à-dire entre la cause et l'effet, que les suffixes, qui marquent spécialement l'idée d'action, expriment aussi dans bien des cas le fait résultant, et inversement. La signification principale du suffixe a même pu se transporter d'une idée à l'autre. Ainsi le suffixe *age* (latin *aticum*) marque primitivement un fait (d'abord une chose), et non une action. Dans *message*, formé sur le participe passé primitif du verbe *mettre* (qui avait le sens d'*envoyer*), *age* fait en quelque sorte double emploi avec la flexion du participe passé[1]. « Message » désigne tout d'abord un homme envoyé, ou, avec la valeur neutre, une chose envoyée. C'est avec la valeur neutre, et souvent avec une idée accessoire de collectivité, que le suffixe *age* s'est maintenu, et a été ajouté soit à des verbes, soit à des substantifs : *feuillage, ombrage, laitage, lainage*. Puis, insensiblement, lorsqu'il s'ajoutait au radical d'un verbe, ce suffixe est arrivé à marquer l'action même du verbe, aussi bien que l'effet de cette action, et souvent l'action seule. De là le sens de *drainage, tissage, canotage*, etc. La signification collective s'est conservée dans quelques dérivés de verbes; « étalage », par exemple, a, entre autres sens, celui de « ensemble de marchandises étalées. » On peut citer encore *entourage*. L'idée de collectivité se rattache d'ailleurs, dans quelques mots, aux autres suffixes exprimant l'action du verbe : *administr***ation**, *gouvern***ement**, *assist***ance** ont, entre autres sens, celui de « réunion de gens qui administrent, qui gouvernent, qui assistent. »

218. — Les principaux suffixes qui marquent particulièrement l'action du verbe, mais qui expriment souvent

---

1. Cette signification adjective s'est conservée à la forme savante du même suffixe, *atique*, dans *erratique, lunatique*, etc.

aussi le fait résultant, sont, à côté de *age* : *ation*, *ance*, *ement*.

Le suffixe *ation* (latin *ationem*) est savant ; il s'est substitué au suffixe populaire *aison*, de même origine, que l'on retrouve dans *comparaison*, *combinaison*, *démangeaison*. Les dérivés en *ation* sont très nombreux : *constatation*, *navigation*. *consultation*, *fondation*, etc. Très souvent ce suffixe s'ajoute à des verbes en *iser* : *généralisation*, *centralisation*.

Le suffixe *ance* (latin *antia*) se trouve dans *naissance*, *renaissance*, *croyance*, *délivrance*, *connaissance*, *reconnaissance*, *ignorance*, *obéissance*, *vengeance*, *souffrance*, etc.

Le suffixe *ement* (latin *amentum*) se trouve dans *empêchement*, *gémissement*, *renouvellement*, *ornement*, *gonflement*, *fondement*, etc.

Si l'on compare *canotage* et *navigation*, *fondements* et *fondations*, *allégeance* et *allégement*, on se rendra compte que les quatre suffixes que nous venons d'examiner ont au fond la même valeur ; ce qui n'empêche pas chacun des mots qu'ils servent à former, de prendre des nuances de sens très diverses. On peut ajouter que le suffixe *ance* s'unit particulièrement à des verbes exprimant une idée morale.

219. — Le suffixe *erie* se compose de deux suffixes latins agglutinés, *arium* et *iam*. Le premier, employé seul, a produit et produit encore des substantifs en *ier*. (Voyez § 240). Le second, employé seul, a produit des substantifs en *ie* tels que *jalousie*, *courtoisie*, etc., mais il est devenu stérile, remplacé qu'il est par *erie*. Nous reparlerons du suffixe *erie* à propos des mots formés sur le substantif. Lorsqu'il se joint à un radical de verbe, il exprime le résultat de l'action de ce verbe, et souvent aussi l'action même : *plaisanterie*, *moquerie*, *bouderie*, *rêverie*, *sauterie*, *gâterie*. Remarquez qu'il se joint surtout à des verbes exprimant une idée morale. Cette distinction n'est d'ailleurs pas absolue, car on a *tuerie, sauterie*[1].

220. — Le suffixe *ure* (latin *atura*[2], vieux français *eüre*) a la même valeur que le suffixe *erie*, sauf qu'il se joint plutôt à des verbes exprimant une action physique: *blessure, coupure, enflure, levure, engelure* (formé sur l'ancien verbe *engeler*), *flétrissure*, etc.

En comparant « enflure » et « gonflement », et les sens successifs de ces deux mots, on se rendra compte de la distinction primitive et de la confusion ultérieure (par extension en sens inverse) des suffixes *ement* et *ure* (Cf. § 217).

221. — En parlant plus loin des changements de sens des mots, nous constaterons que le participe passé féminin a produit des substantifs où l'idée participiale disparaît complètement, et qui peuvent exprimer le résultat de l'action du verbe, comme les dérivés en *ure* et en *erie*[3]. Or, la flexion du participe passé féminin de la première conjugaison (latin *ata*, fr. *ée*) se trouve aussi dans la langue sous la forme *ade*, empruntée aux langues romanes où la flexion *ata* est restée *ata* (italien) ou est devenue *ada*

1. Après un verbe exprimant une fabrication ou une action qui peut produire des objets de vente, le suffixe *erie* sert à désigner le métier correspondant et le lieu où il s'exerce, et souvent, avec une idée collective, les objets fabriqués : *tannerie, menuiserie* (de l'ancien verbe *menuiser*), *fonderie, pâtisserie* (de l'ancien verbe *pâtisser*). Ce dernier mot, en particulier, signifie à la fois : métier de pâtissier, magasin de pâtissier, et gâteau quelconque. Comparez la valeur ordinaire du même suffixe après un substantif (§ 236).

2. Le suffixe savant *ature* se trouve dans *ligature, arcature*, etc., et se joint aussi bien à des noms qu'à des verbes. — Dans les mots tirés directement du latin, *ure* peut correspondre à *ura* (au lieu de *atura*) : ainsi *ceinture*, venant de *cinctura*.

3. *Pensée* est au verbe *penser* ce que *rêverie* est au verbe *rêver*. Comparez encore *tranchée* (relativement à *trancher*) et *coupure* (relativement à *couper*).

(provençal). Ce suffixe *ade*, ajouté au radical d'un verbe[1], exprime, comme la flexion française *ée*, le résultat de l'action : *bousculade, reculade, promenade*[2].

Moyen, lieu et agent de l'action.

222. — Pour obtenir, à l'aide d'un verbe, un substantif exprimant le moyen de l'action, ou le lieu où se fait l'action, souvent les deux à la fois, on a ajouté au radical du verbe la flexion *oir* (latin *atorium*) : *abreuvoir, comptoir, dressoir, éteignoir, aiguisoir, parloir*, etc. Avec la forme féminine *oire*, on obtient des substantifs féminins de même valeur : *balançoire, bouilloire, baignoire*. Souvent, dans les mots savants, la flexion *oire* (latin *orium*) donne des substantifs masculins : *réfectoire, laboratoire, répertoire*[3].

223. — Pour nommer l'agent de l'action marquée par le verbe, on emploie le suffixe *eur* (latin *atorem*)[4], ou son équivalent savant : *ateur*. Exemples : *afficheur, chercheur, couvreur, bénisseur, accordeur, imitateur, organisateur*, etc.

Quelquefois on emploie avec le même sens le suffixe *ier* qui se joint plus habituellement à des noms (voyez § 240) : *menuisier* (de l'ancien verbe *menuiser*), *pâtissier* (de *pâtisser*), *placier* (de *placer*), *courrier* (de *courre* ancienne forme de *courir*). Ces deux derniers mots ont aussi une

---

1. Il peut aussi se joindre à un substantif : *cotonnade, bourgade*.

2. Pour l'équivalence des suffixes, comparez *bousculade* et *éclaboussure, promenade* et *allure* (au sens ancien de *marche*, dépouillé de l'idée accessoire d'habitude).

3. *oire* se trouve aussi dans les adjectifs savants tels que *méritoire, oratoire*, etc. C'est la valeur primitive du suffixe latin *orium*. Il s'est développé, par voie populaire, dans le sens substantif, de la même façon que le suffixe *aticum* = *age* (Voyez § 217).

4. Qu'il ne faut pas confondre avec un autre *eur*, dérivé simplement de *orem*, et dont nous parlerons à propos des mots formés sur les adjectifs.

forme en *eur* (*placeur*, *coureur*) dont on profite pour exprimer des variétés du sens primitif.

Avec une idée péjorative, les suffixes *eur* et *ier* sont quelquefois remplacés par le suffixe *ard* [1] : *cumulard, babillard, capitulard, braillard, pillard.*

Ces différents suffixes (*eur, ier, ard*), employés avec une valeur neutre ou sous leur forme féminine, peuvent donner des noms de « choses agissantes » ou de « moyens d'action ». Exemples : *classeur, batteuse, balancier, barrière, muselière, buvard.*

224.—Pour exprimer le moyen ou l'agent d'une action avec une idée diminutive, on substitue aux suffixes spéciaux que nous venons d'énumérer les suffixes diminutifs que nous étudierons plus loin. Exemples : *tranchet, couperet, allumette, bouillotte* (comparez avec *bouilloire*), *parlotte* (comparez avec *parloir*), *gâteau, sauterelle.*

Adjectifs en able.

225. — Le suffixe *able* [2] sert à former des adjectifs indiquant qu'un objet ou une personne peut être l'*objet* ou le *sujet* de l'action marquée par le verbe, suivant que ce verbe est *transitif* ou *intransitif* : « *aimable, explicable, — périssable, valable.* » Même lorsque le verbe est transitif, si, en formant l'adjectif, on a pensé à la valeur *absolue* de ce verbe, l'adjectif en *able* peut indiquer le *sujet* de

---

1. Ce suffixe *ard* ou *art* se trouve d'abord dans des noms propres d'origine germanique, tels que *Bernard*. La langue populaire l'a emprunté à ces noms propres, et lui a donné une valeur généralement péjorative. On le joint d'ailleurs, non seulement aux verbes, mais encore soit à des substantifs, pour en former des noms de personnes (*montagnard, campagnard, communard, veinard*) ou des noms de choses (*cuissart, billard, poignard*), soit à des adjectifs, pour en former d'autres adjectifs (*richard, vieillard*).

2. Exceptionnellement le suffixe *able* a été joint à des radicaux de substantifs : *charitable, équitable, véritable.*

l'action marquée par le verbe : *secourable* (= *qui peut secourir*, et non pas, ou plus rarement du moins : *qui peut être secouru*). Expliquez de même *comptable* devenu substantif.

Noms et adjectifs formés sur l'adjectif.

226. Pour nommer la qualité incluse dans un adjectif, les principaux suffixes employés sont : *esse* ou *ise*, *eur*, *té* ou *ité*.

Esse [1] et *ise* dérivent l'un et l'autre du latin *itia* et ont la même valeur. On les joint surtout à des adjectifs exprimant une qualité morale : *mollesse, jeunesse, faiblesse, sagesse, tendresse, franchise, gaillardise, friandise, sottise*.

Eur, dérivé du latin *orem*[2], sert particulièrement à former des noms de qualités physiques : *rougeur, blancheur, maigreur, aigreur*, etc.

Té (latin *tatem*), qu'on ajoute à la forme *féminine* des adjectifs à cause du genre de ce suffixe[3], donne des noms de qualités, surtout de qualités morales : *chasteté, lâcheté, rareté, vileté, pureté, saleté*. A côté de *té*, il faut placer le suffixe savant *ité*, de *spécialité, conformité, crédulité, connexité*, etc.

---

1. Il y a un autre *esse*, d'origine grecque, qui sert à former des féminins de noms d'hommes et d'animaux.

2. Nous avons vu plus haut qu'il y a un autre suffixe *eur* (du latin *atorem*) qui donne des noms d'*agents*. D'autre part, il faut se rappeler que le suffixe latin *orem* formait des noms d'action ou d'état, et qu'il reste trace de cette signification dans les mots tels que *douleur, ardeur, fureur*, venus directement du latin.

3. Dans les mots dérivés directement du latin, le suffixe *té* est joint au *radical* de l'adjectif : *bonté, santé* (et non *bonneté, saineté*); *pauvreté* a un *e* devant *té*, à cause du groupe de consonnes qui termine le radical et qui amène un *e* muet à la fin de l'adjectif *pauvre*, même au masculin.

Ces mêmes suffixes expriment souvent, par extension, un acte, ou un objet en général, possédant la qualité nommée : *une sottise, une faiblesse, une rareté, une rougeur* (teinte rouge).

Ajoutez, comme nommant la qualité, le suffixe savant *itude* (latin *itudo*), que l'on trouve dans *exactitude, ingratitude, promptitude*.

227. — Le suffixe savant *at* (latin *atum*) [1] mérite une place à part. Il s'ajoute à des adjectifs ou à des noms de personnes exprimant un état ou une fonction, pour nommer cette fonction ou cet état : *honorariat, externat, consulat, volontariat*. Par extension, on passe de la fonction au lieu où on l'exerce. De là l'un des sens des mots *commissariat, consulat*. Il faut remarquer que *at* s'ajoute souvent à des adjectifs ou à des substantifs qualificatifs en *aire* (voyez § 241), et que le suffixe *aire* devient *ari* devant *at* : *commissariat, volontariat*. Le suffixe populaire qui correspond au suffixe savant *at*, est *é*. Comparez *épiscopat*, mot entièrement savant, à *évêché*, mot populaire de même composition.

228. — Les suffixes que l'on ajoute aux adjectifs pour former des diminutifs sont surtout *et* (latin * *ittum*) et *ot* (latin * *ottum*) : *jeunet, pauvret, muet* (devant lequel le simple *mu* a disparu), *seulet, pâlot, vieillot*.

229. — Le suffixe *âtre* (latin *astrum*) s'ajoute aux adjectifs désignant des couleurs pour indiquer une nuance douteuse : *roussâtre, verdâtre, grisâtre*.

230. — Le suffixe *aud*, que l'on trouve d'abord dans

---

1. Il y a un autre suffixe savant *at*, qui dérive, non du suffixe substantif *atum* (de *consulatum*, par exemple), mais du suffixe participial de même forme qui marque la flexion du participe passé de la 1re conjugaison. Les mots formés avec ce suffixe sont, à l'origine du moins, des adjectifs. Telle est la valeur du suffixe dans les mots savants ou d'origine dialectale *rosat, avocat*.

les noms propres d'origine germanique, communique aux adjectifs auxquels on le joint une signification péjorative : *rougeaud, finaud.*

Noms et adjectifs formés sur le substantif.

Diminutifs et déterminatifs.

231. — Les suffixes diminutifs et déterminatifs sont ceux qui ajoutent simplement à l'idée exprimée par le radical une signification diminutive, augmentative ou péjorative.

232. — Les suffixes *et* et *ot*, que nous venons de voir (§ 228), s'ajoutent non seulement aux adjectifs pour former des adjectifs nouveaux, mais encore aux substantifs, pour former des substantifs diminutifs : *bourriquet, collet, corset (de corps), îlot, ballot.* Le suffixe *eau* (anciennement *el,* latin *ellum*) a la même valeur : *pruneau, souriceau.* Les suffixes *et* et *eau,* ce dernier sous sa forme ancienne *el* quand il précède *et,* peuvent s'ajouter l'un à l'autre et constituer ainsi les suffixes composés *eteau (louveteau)* et *elet (corselet, agnelet* [1]*).* On peut aussi placer devant les suffixes diminutifs la syllabe *er,* reste du suffixe *eur* dépouillé de sa valeur propre [2]. De là *dameret, poétereau.* Enfin, au lieu de *eau, ot, et,* on peut trouver les formes féminines des mêmes suffixes, *elle, otte, ette : ruelle, tourelle, hachette, menotte (petite main), risette.* Les diminutifs abstraits préfèrent le suffixe *ette : devinette, formulette* [3].

---

1. *Elet* forme aussi des adjectifs : *grandelet, rondelet.* En règle générale, tout suffixe diminutif peut former aussi bien un adjectif qu'un nom.

2. Voyez la page 110, note 2.

3. Ces différents suffixes peuvent s'ajouter à des radicaux de verbes. Voy. § 224.

233. — Les suffixes *in* [1] ou *ine* (latin *inum*, *inam*) et *ille* (latin *iculam*) peuvent avoir aussi une valeur diminutive : *fortin*, *ignorantin*, *bécassine*, *mantille*, *flottille*. « Ille » apporte souvent au mot qu'il forme une idée accessoire de collectivité : *charmille*.

234. — Le suffixe *on* (latin *onem*) a une signification vague qui a pu lui faire attribuer tantôt une valeur augmentative (*médaillon*, employé comme terme artistique au sens de «grande médaille»), tantôt une valeur diminutive (le même *médaillon*, au sens de « petite médaille»). C'est la valeur diminutive qui prévaut en français : *veston*, *ponton*, *échelon*, *glaçon* [2]. «On » est précédé des suffixes de même valeur *et* et *ille* dans *canneton*, *feuilleton*, *cotillon*, *carpillon*, de la syllabe *er* (reste du suffixe *eur*) dans *moucheron*, du suffixe d'origine italienne *iche* (correspondant à *isse* français) dans *cornichon*, proprement dit *petite corne*.

235. — Le suffixe latin *cium* ou *ceum*, qui s'ajoutait aux voyelles *a, i, o, u* (*acium*, *icium*, *ocium*, *ucium*) doit être, d'après les lois de la phonétique, représenté dans les mots français par une *s* (de là les suffixes *as* et *is*, de *aceum*, *iceum*, ou, sous la forme féminine, *asse* et *isse*). Mais, dans d'autres dialectes ou langues d'origine romane, particulièrement en italien, le *c* latin, devant *e, i*, avait produit un *ch*. De là les suffixes *ache*, *iche*, *oche*, *uche*, qui ont été empruntés à ces langues par le français. Les suffixes cor-

---

1. Nous retrouverons *in* comme suffixe d'*adjectifs* dérivés de noms.

2. Dans *forgeron*, dérivé de *forgeur*, *on* ne modifie pas la valeur du mot primitif. C'est à des mots tels que celui-là qu'on a emprunté le suffixe *er* (reste de *eur*), en le dépouillant de sa valeur propre pour le préposer, dans d'autres mots, au suffixe *on*, et aussi, comme nous l'avons vu, à d'autres suffixes diminutifs. — Le suffixe *on* s'ajoute quelquefois à des radicaux de verbes, avec des significations diverses : *bouchon*, *brouillon*, *bouillon*.

respondants du latin avaient une valeur adjective[1]; mais il arrive souvent qu'un suffixe d'adjectif prend une valeur substantive, parce qu'on l'emploie avec une idée de neutre ou en sous-entendant un mot féminin tel que *chose* devant la forme féminine. C'est ce qui s'est produit pour les différents suffixes se rattachant au latin *cium* ou *ceum*. Leur signification est à l'origine très vague, et pourrait se traduire par « espèce de... ». Un *coutelas* (dérivé de l'ancienne forme *coutel*) est une espèce particulière de *couteau*, un *châssis* est une espèce de *châsse* ou de *caisse* (sans fond), une *sacoche* est une espèce de *sac*, etc. Puis ces suffixes ont pris généralement une signification péjorative, déjà sensible dans *coutelas*, et qui s'accentue dans les mots tels que *savantasse* (jadis *savantas*, qui valait mieux, employé par Molière et par Mme de Sévigné). Le sens péjoratif est souvent accompagné d'une idée plus ou moins formelle de collectivité, comme dans *plâtras*, *paperasse*. L'idée collective prévaut dans les mots en *is* : un *lattis* est une réunion de lattes[2].

Noms de choses abstraits ou concrets.

Les suffixes *as*, *is*, etc., par les valeurs dérivées que nous avons signalées en dernier lieu, se rattachent aux suffixes

---

1. Le suffixe *asse* a été ajouté avec cette valeur à certains adjectifs, auxquels il donne une signification péjorative : *bonasse*, *fadasse*. Le suffixe *is* a eu aussi la valeur adjective, particulièrement lorsqu'il dérivait de *aticium* (ancienne forme française : *eïs*), après un radical de verbe. Ainsi s'expliquent les locutions « pont-levis, vent-coulis ».

2. Les suffixes *as* et *is* s'ajoutent aussi à des radicaux de verbes pour exprimer le résultat de l'action marquée par le verbe : *embarras* (du vieux verbe *embarrer*), *gâchis*, *hachis*. Dans ce cas, le suffixe *is* dérive du latin *aticium* et a été jadis *eïs*. Dans *lavasse*, le suffixe *asse* exprime une chose qui produit l'action du verbe, avec une idée péjorative. — De ces différents suffixes il faut rapprocher le suffixe *aille* (latin *alia*), qui a aussi une valeur péjorative et collective : *rocaille* (de *roc*), *ferraille* (de *fer*).

qui permettent de former, sur un substantif déterminé, des noms de choses d'une autre nature, abstraits ou concrets.

236.—Comme nous l'avons expliqué plus haut, le suffixe *erie* vient des deux suffixes agglutinés *ier* et *ie*. Joint à un nom de personne ou d'animal, il exprime la qualité principale (généralement défavorable) de cette personne ou de cet animal, ou un acte conforme à cette qualité[1] : *ânerie, gredinerie, ladrerie, singerie, tartuferie.* Il peut encore exprimer un ensemble d'objets de la nature indiquée par le substantif servant de radical, ou un lieu où se trouvent réunis des objets de cette espèce : *argenterie, infirmerie, gendarmerie.* Cette valeur se rattache au sens du suffixe *erie* après un substantif désignant un objet de fabrication ou de vente : *laiterie, chemiserie, draperie*[2], *chaudronnerie, poterie.* Ces mots expriment aussi l'idée abstraite de «métier». Ils sont corrélatifs à d'autres, formés sur les mêmes substantifs avec le suffixe *ier*, et qui désignent les personnes fabriquant ou vendant les mêmes objets : *chemisier, laitier, drapier, chaudronnier, potier.* Le suffixe *erie* commence précisément par ce suffixe *ier* qui terminait des mots auxquels a été ajouté l'ancien suffixe *ie*[3],

---

1. Il a la même valeur après un adjectif: *galanterie, coquetterie, poltronnerie.* Remarquez que ce sens est très voisin du sens ordinaire du même suffixe après un radical de verbe (§ 219).

2. *Draperie*, au sens de «étoffe ample et non tendue», se rattache au verbe *draper.*

3. Cet ancien suffixe exprimait : 1° la qualité des personnes désignées substantivement ou adjectivement par le radical, et l'acte (ou en généralisant, le métier) résultant de cette qualité ; 2° l'ensemble de ces personnes. Voyez par exemple les divers sens du mot *chevalerie* : 1° vaillance des chevaliers, et acte de vaillance, 2° corps de chevaliers. Le suffixe *erie* a hérité de ces divers sens et les a développés. Par un sentiment vague de sa composition primitive, on ne l'ajoute pas au suffixe *ier*, qui est déjà contenu dans *erie*, mais on commence à l'ajouter à des suffixes qui ont la même valeur que *ier*, par exemple *iste.* On ne dirait pas *chemisièrerie*, mais on dit *ébénisterie.*

d'où *erie* pour *ier-ie ;* et c'est à des mots de ce genre qu'on a emprunté *erie* pour former d'autres mots, en dépouillant la première syllabe de sa valeur propre.

237. — Le suffixes avant *isme*, du grec *ismos*, est avec le suffixe *iste* (*communisme, communiste*) dans un rapport de sens qui rappelle celui de *erie* et de *ier*. Il exprime le plus souvent un système, quelquefois une qualité morale, et il se joint aussi bien aux adjectifs qu'aux substantifs; mais les adjectifs prennent dans cette formation une valeur de neutre, *fatalisme* = système des partisans *du fatal : de la fatalité.* Ex. de mots en *isme : athéisme, bouddhisme, calvinisme, fatalisme, idéalisme, patriotisme, purisme.*

238. — Pour exprimer le contenu d'un objet, on ajoute au nom de cet objet le suffixe *ée*, qui n'est autre chose que la flexion du participe passé féminin de la première conjugaison. « Une charretée », c'est proprement « une *chose* mise dans une charrette », et par extension « le contenu de la charrette ». Autres exemples : *bouchée, gorgée, poignée, aiguillée, fournée* (mot qui remonte au temps où le mot *four* se terminait par une *n*), *cuillerée,* etc. Dans les formes *pellerée* et *pelletée*, à côté de *pellée*, on trouve intercalées, entre le radical et le suffixe, les syllabes *er* et *et* dont nous avons parlé à propos des diminutifs (§ 232).

239. — Pour exprimer le contenant de l'objet ou des objets désignés par le radical[1], on a le suffixe *ier* (ou *ière*) dont nous parlerons plus longuement (§ 240) à propos des adjectifs et noms de personnes. Exemples : *encrier, huilier, moutardier, compotier, saladier, légumier, sablier, plumier, bûcher* (après *ch* le suffixe perd son *i*), *pigeonnier, bonbonnière, salière, théière, aumonière, truffière,*

---

1. Nous avons vu (§ 236) que le suffixe *erie* avait quelquefois cette valeur.

pépinière. Le suffixe *aire*, étant la forme savante de *ier*, peut avoir le même sens : *dictionnaire* (recueil de dictions, de mots), *formulaire*.

Adjectifs et noms de personnes.

Les principaux suffixes qui s'ajoutent au nom pour former des adjectifs ou des noms de personnes sont, dans l'ordre alphabétique, *aire*, *ais* ou *ois*, *al*, *el*, *esque*, *eux*, *ien*, *ier*, *in*, *iste*, *ique*.

240. — Le plus important de tous ces suffixes est *ier* (*er* après *ch* ou *g* doux), qui vient du latin *arium*. Ce suffixe a produit une quantité considérable de dérivés[1]. Il sert notamment à désigner une personne fabriquant et vendant l'objet indiqué par le radical (*chemisier*, *costumier*, *chocolatier*, *drapier*, *horloger*, *armurier*), ou le vendant seulement, quand ce n'est pas un objet de fabrication (*laitier*, *fruitier*), ou s'en occupant par métier (*aumônier*[2], *boursier*[3], *caissier*, *financier*, *banquier*, *trésorier*, *barbier*, *jardinier*, et les noms de gardiens d'animaux : *chamelier*, *porcher*, *vacher*, *ânier*), ou un militaire pourvu du moyen de combattre indiqué par le radical (*chevalier*, *archer*, *lancier*, *cuirassier*, *fusilier*, *canonnier*).

Parmi toutes ces significations, et celles que nous avons

1. Employé avec une valeur neutre, ou sous sa forme féminine *ière*, ce suffixe peut former soit des noms de choses agissantes ou de moyens d'action (Voy. § 223, à la fin), soit des noms de contenants (Voy. § 239).

2. Le sens primitif de *aumônier* est : « celui qui est chargé des aumônes ». Mais, bien que le suffixe *ier* implique le plus souvent une idée de métier ou de fonction, le mot *aumônier* a eu un sens plus large et a signifié : « celui qui aime à faire des aumônes ».

3. Dans le sens de « celui qui s'occupe d'affaires de bourse ». Mais la signification du suffixe *ier* est assez élastique pour que *boursier* ait aussi le sens de : « celui qui a une bourse concédée par l'administration ».

déjà signalées et que nous rappelons en note, l'usage seul peut indiquer quelle est celle qui a été donnée au suffixe *ier* dans un mot déterminé. Ainsi *cuirassier* aurait pu signifier « fabricant de cuirasses », et *armurier* pourrait avoir le sens de « soldat revêtu d'une armure ». *Cafetière* signifie à la fois « débitante de café » et « vase servant à contenir le café ». Les mots *laitier* et *fruitier* ne désignent pas seulement des marchands de lait ou de fruits. *Fruitier* désigne aussi un endroit où on conserve des fruits, et les deux mots peuvent être des adjectifs ayant le sens de : « qui produit du lait, qui produit des fruits ». De là les expressions « vache laitière, arbres fruitiers ». C'est à ce sens que se rattache la valeur du suffixe *ier* dans les noms d'arbres : *cerisier, pommier, poirier, prunier, oranger, pécher*. Le suffixe *ier* signifie donc tour à tour : « qui produit, qui vend, qui s'occupe de, qui est pourvu de, qui contient. » Il a encore une signification plus élastique dans les adjectifs tels que *coutumier, mensonger, usager*, etc.

241. — Le suffixe *aire*, forme savante du suffixe *ier*, latin *arium*[1], a hérité des sens les plus généraux de *ier*. Il sert à désigner les personnes qui s'occupent ou qui sont pourvues des choses désignées par le radical (*missionnaire, commissionnaire, dignitaire*), ou qui les font (*concussionnaire*[2]), et il forme, comme *ier*, des adjectifs dont le rapport avec l'objet désigné par le radical est plus ou moins précisé par l'usage : *alimentaire, égalitaire, volontaire*[3].

242. — Un autre suffixe savant, *iste* (grec *istés*), fait,

---

1. *Aire* se rattache aussi quelquefois au latin *arem*, qui avait à peu près le même sens que *arium*.

2. *Concussionnaire* est à *concussion* ce que *banqueroutier* est à *banqueroute*.

3. Nous avons vu que, comme *ier*, « aire » formait aussi des noms de contenants (§ 239).

dans bien des cas, double emploi avec *ier*. Sur *fleur, machine, nouvelle, ébène*, on a fait les noms de personnes *fleuriste, machiniste, nouvelliste, ébéniste*. On aurait pu dire aussi bien : *fleurier, machinier, nouvellier, ébénier*. Ce dernier mot aurait eu l'inconvénient de se confondre avec le nom de l'arbre; mais on a dit *nouvellier*. *Récidiviste* est à *récidive* ce que *banqueroutier* est à *banqueroute, concussionnaire* à *concussion*.

On a particulièrement formé avec *iste* des noms d'artistes et d'instrumentistes : *pianiste, violoniste, harpiste*, etc.

Il semble que, dans la conception populaire, le suffixe *iste* soit plus noble que *ier*. Mais il ne faudrait pas exagérer cette distinction, comme on l'a fait en opposant *journalier* à *journaliste*. La grande différence de ces deux mots tient au radical et non au suffixe : dans «journalier», le radical a le sens de « travail quelconque fait à la journée » ; *journaliste* est formé sur le substantif *journal*, dans le sens de « recueil journalier de nouvelles ».

Le suffixe *iste* a une valeur qui lui est propre, lorsqu'il sert à former des noms de partisans de systèmes : *bonapartiste, darwiniste*. Ce suffixe a des rapports étroits avec le suffixe *isme*, dont nous avons parlé plus haut. Très souvent on crée en même temps un mot en *isme* et un autre en *iste* : *impérialisme* et *impérialiste*.

243. — Le suffixe *ien*, qui vient du latin *anum* précédé d'une palatale, sert aussi à former des noms de partisans de systèmes : *luthérien, wagnérien*. Il a d'ailleurs les principaux sens de *iste, aire* et *ier*. Exemples : *collégien* (comparez avec *pensionnaire*), *galérien* (comparez avec *prisonnier*), *gardien, racinien*, etc.

244. — Tous les suffixes que nous venons d'examiner forment aussi bien des noms de personnes que des adjectifs[1]. Les suffixes qui forment particulièrement des adjectifs sont : *eux, al* ou *el, ique,* et plus rarement *in.* Leur valeur est à peu près la même que la valeur adjective des suffixes précédents, et bien souvent c'est le hasard qui a fait adopter l'un de ces suffixes plutôt que l'un quelconque des autres. Les adjectifs en *eux, al,* etc., peuvent d'ailleurs être employés substantivement et produire ainsi des noms de personnes : *un galeux, un original, un classique.* Si cet emploi extensif devenait fréquent, les suffixes *eux, al* et *ique* arriveraient à former directement des noms de personnes, sans passer par la signification adjective. C'est ainsi que s'est développé le sens des suffixes *ier, aire* et *ien,* dont la valeur primitive est une valeur adjective.

Al vient de *alem,* qui a aussi produit *el.* La langue a hésité entre ces deux formes. De là : *cantonal, central, colonial, dotal, postal, musical, théâtral, original,* et *constitutionnel, naturel, additionnel, originel*[2].

Eux vient du latin *osum.* Adjectifs dérivés : *herbeux, hasardeux, avantageux, courageux, joyeux, cérémonieux, scandaleux, périlleux, poussiéreux, honteux,* etc.

Ique, d'origine savante (latin *icum,* grec *icon*), est aussi très fécond. Mots dérivés : *chimérique, classique, colérique, despotique, énergique,* etc.

In (latin *inum*)[3] a formé quelques adjectifs tels que *argentin, enfantin.*

245. — Il faut ajouter *esque,* qui vient du latin *iscum* par l'intermédiaire de l'italien. Ce suffixe nous a donné

---

1. « Iste » forme spécialement des noms.
2. Les deux formes existant pour l'adjectif tiré d'*origine,* chacune d'elles a pris, comme il était naturel, une nuance de sens particulière. — Le suffixe *al,* employé avec une valeur neutre, peut aussi donner des noms de choses : *confessionnal, cérémonial, journal.*
3. Sur une autre signification de *in,* voyez paragraphe 233.

entre autres les mots *dantesque, pédantesque, romanesque, chevaleresque*[1].

246. — Enfin il faut mettre à part le suffixe *ais,* dérivé du latin *ensem*, qui a d'abord été *ois*, et qui est resté tel dans un certain nombre de mots. Il sert à former des noms de peuples[2] : *Hollandais, Suédois, Tonkinois.* Il a donné aussi des adjectifs ordinaires : *cour- tois*, de *cour* (anciennement *court*).

OBSERVATIONS GÉNÉRALES SUR LES SUFFIXES

247. — Lorsque le mot qui forme le radical se termine par une voyelle (orale ou nasale), on intercale souvent un *t* entre cette voyelle et les suffixes, par une raison d'euphonie, et par analogie avec les mots nombreux où le radical se termine par un *t* (*porteur, portier,* etc). C'est ainsi que sur *clou* on a fait *clou-t-ier;* sur *fer-blanc* (dont le *c* final ne se prononçait plus) : *ferblan-t-ier*[3]; sur *caillou* : *caillou-t-er*, etc.

248. — Parce qu'un mot se termine par une des syl- labes que nous avons signalées comme suffixes, il ne s'ensuit pas que, dans ce mot déterminé, cette syllabe soit réellement un suffixe. Ainsi *débris* n'est pas formé sur un radical *débr*. C'est le substantif verbal du vieux verbe *débriser*. Dans ce mot, *is* fait partie du radical, ce n'est

---

1. Il peut aussi former des noms féminins de choses : *arabesque, soldatesque.*

2. Il n'est d'ailleurs pas le seul à former des noms de peuples : comparez *berrichon, bugiste, parisien,* etc.

3. Sur *blanc* on a fait *blanchir*, et non *blan-t-ir,* parce que la con- sonne finale du radical se prononçait comme un *ch* dans la forme féminine *blanche*. — Il peut arriver aussi que la voyelle finale du radical, quand c'est une voyelle nasale, dégage une *n* qui sert à la liaison : sur *plafond* (prononcé *plafon*) on a fait *plafonner*. Sur *rein* on a fait « éreiner », qui a été refait en « érein-t-er ».

pas un suffixe. « Vivace » n'est pas formé sur l'adjectif français *vif* avec le suffixe *ace*. Le mot vient directement, par formation savante, du latin *vivacem*, qui, il est vrai, contient le suffixe latin *acem*; mais ce suffixe, au moins sous sa forme savante *ace*[1], n'a pas servi à créer de nouveaux mots français.

249. — Les mots terminés par de véritables suffixes français peuvent dériver *directement* des mots latins correspondants, par formation populaire ou par formation savante, et, dans ce cas, le mot servant de radical peut n'avoir jamais existé isolément dans la langue française. Ainsi *empereur* vient directement du latin *imperatorem*, où on retrouve le suffixe *atorem*, qui a produit l'un des suffixes français *eur* (§ 223). Ce mot n'a pas été formé sur un verbe *emperer*, qui n'a jamais existé en français.

250. — Les savants ont créé un grand nombre de mots avec des radicaux empruntés au latin et au grec et qui n'ont pas passé en français en dehors de ces dérivés, ou qui, du moins, y ont pris une autre forme. Il arrive souvent que les préfixes et les suffixes employés à former des mots de cette espèce sont purement savants et ne sont pas entrés dans l'usage populaire. « Intramédullaire » a été formé sur le substantif latin *medulla*[2], d'où dérive le mot français *moelle*, avec le préfixe tout savant *intra* et le suffixe *aire*. « Névrose » dérive du mot grec *neuron*, qui veut dire *nerf*, et du suffixe grec *ose* (de *ôsis*). Quelquefois les mots ainsi formés ont pour radical un mot français : « bronchite » a été formé sur *bronche* (qui est lui-même un mot savant d'origine grecque), avec le suffixe savant *ite* (grec *itês*). On pourrait multiplier les exemples.

---

1. Sous sa forme populaire, *ais*, on le trouve dans quelques mots anciens tels que *niais*, qui se rattache au substantif *nid*.

2. Ou sur *medullaris*, dérivé latin de *medulla*, ce qui revient au même.

251. — Les mots fabriqués avec des radicaux latins et grecs, aussi bien que les mots empruntés aux langues étrangères, altèrent singulièrement la physionomie du français. Ils n'offrent qu'un avantage, c'est de contribuer à former une sorte de langue internationale : des dérivés et composés purement français auraient moins de chance d'être adoptés par les autres peuples.

III — Composés

252. — Au lieu d'ajouter des préfixes et des suffixes à un radical, on peut former des mots nouveaux en réunissant deux ou plusieurs mots pour leur faire exprimer une idée qui se présente comme simple à l'esprit. Quand on dit « sergent d'infanterie », l'esprit perçoit distinctement les trois idées représentées par les deux substantifs et par la préposition qui les lie. Mais quand on dit « sergent de ville », il en est autrement : les trois idées contenues dans cette locution se sont en quelque sorte condensées en une idée simple, dont la complexité primitive ne peut être saisie que par la réflexion. Dans « sergent d'infanterie » il y a trois mots. « Sergent de ville », aujourd'hui, forme en réalité un seul mot, un mot composé. La transition entre une expression contenant plusieurs idées, et le mot composé qui peut en résulter, se fait insensiblement[1]. Lorsque la transformation est acquise, on la constate habituellement en réunissant par un trait les mots composants : *chef-d'œuvre*. On conserve d'abord le sentiment de la complexité primitive de l'idée, mais il va en s'obs-

---

[1]. Excepté dans les composés par ellipse. Ceux-ci, dès l'origine, expriment une idée unique, mais le sentiment de la complexité qui est au fond de l'idée s'efface graduellement dans ces composés comme dans les autres.

curcissant de plus en plus, surtout quand le sens du mot composé s'est spécialisé. On arrive ainsi à réunir tout à fait les mots composants : *portefeuille*, *portefaix*, *tournevis*, *justaucorps*, *pourboire*. *Plafond* (=*plat-fond*) est parvenu au dernier degré de cette transformation.

253. — Parmi les mots composés, les uns sont constitués par la juxtaposition pure et simple de plusieurs mots; dans les autres, cette juxtaposition est accompagnée d'une ellipse, et l'ellipse peut être de deux natures bien différentes : tantôt elle porte sur une préposition (*timbre-poste* pour *timbre* **de** *poste*), tantôt elle atteint l'idée substantive qui, dans les autres composés, est exprimée par le plus important des mots composants (*porte-drapeau*, pour « *officier qui* » *porte le drapeau*). Nous diviserons donc les composés en trois catégories : composés par simple juxtaposition, composés avec ellipse d'une préposition, composés avec ellipse du mot substantif. Nous parlerons en dernier lieu des composés savants.

Composés par simple juxtaposition.

254. — Un adverbe ou une préposition employée adverbialement[1] peut s'unir à un substantif, à un adjectif ou à un verbe[2] : *contre-coup*, *arrière-garde*, *bien pensant*, *bien-aimé*, *bien-être*, *nouveau-né*[3], *entre-croiser*, *libre penseur*[4], *mal-appris*.

---

1. Les prépositions employées comme prépositions forment des composés par ellipse. Ainsi un *contre-poison* est un « *remède* contre le poison ». Dans *contre-coup*, au contraire, l'idée substantive n'est pas sous-entendue, elle est exprimée par *coup* et modifiée par *contre*, qui prend une valeur adverbiale : c'est un coup en répercussion.

2. Les composés formés avec des prépositions ou des adverbes diffèrent peu des dérivés par préfixes. Voyez ci-dessus, paragraphe 212.

3. Dans *nouveau-né*, l'adjectif *nouveau* est employé adverbialement, au sens de *nouvellement*.

4. Dans ce mot, l'adjectif *libre* a une valeur adverbiale.

255. — Les adverbes et prépositions peuvent former des prépositions et adverbes composés en s'unissant entre eux : *par trop*[1], *à peu près*, *devant* (=*de avant*), *par devant*, *par devers* (=*par-de-vers*), *quant à*, *sauf à*, *jusqu'en*. « Dans » se compose de la préposition *de* et du vieil adverbe *ans* (latin *intus*); en s'unissant de nouveau à *de*, il a formé *dedans*.

On forme des locutions conjonctives avec des adverbes ou des prépositions[2] suivies de la conjonction *que* : *bien que*, *ainsi que*, *sauf que*, *pour que*, *vu que*, *puisque*.

256. — Un adjectif peut former un nom composé avec le substantif qui le suit. On comprendra mieux la valeur de ces composés si on intervertit l'ordre des mots. Comparez *jeune homme* avec *homme jeune*. Dans « gentil-homme », il faut remarquer en outre que l'adjectif *gentil* est pris dans un sens archaïque, celui de *noble*, qu'il n'a plus lorsqu'il est employé isolément. Dans « grand homme », *grand* a perdu une de ses significations, sa signification matérielle.

257. — Un adjectif (ou un participe) joint à un nom (ou à un pronom) peut former une locution adverbiale : *nu-pieds*, *tête baissée*, *séance tenante*, *cependant* (=*cela pendant*), *longtemps*, *beaucoup* (=*beau-coup*).

258. — On peut réunir deux adjectifs, deux verbes, et surtout deux noms en apposition : *gris-bleu*, *sourd-muet*, *tournevirer*. On remarquera que, lorsque deux verbes s'unissent ainsi, ce qui est très rare, le premier perd sa

---

1. Dans cette locution, *par* n'est pas la préposition, mais l'ancien adverbe qui avait le sens de *beaucoup*, et qu'on retrouve dans *parfait*.

2. A l'origine, la préposition devait être liée à la conjonction *que* par le pronom démonstratif neutre *ce*; on a dit *pour ce que* avant de dire *pour que*.

flexion : *tournevirer* au lieu de *tourner-virer*. Le peuple dit aussi : *tirepousser*.

Il faut rapprocher de ces formes les composés de deux substantifs verbaux, tels que le vieux mot *saqueboute*[1] (formé sur *bouter* et sur le vieux verbe *saquer = tirer*), *tire-laisse* (Voyez Littré). Il n'est pas nécessaire, comme on voit, que les substantifs verbaux composants existent isolément.

Les composés de deux noms en apposition sont très nombreux : *chou-fleur, café-concert, canapé-lit, wagon-salon, poêlier-fumiste*, etc., etc.

259. — On peut réunir un verbe et son régime dans une locution où le sens propre du verbe disparaît, et qui est un véritable verbe composé : *prendre fin, prendre pied, tirer parti, tourner bride, coup férir*. Si le verbe est au gérondif, on peut aboutir à une locution adverbiale : *tambour battant* (= en battant le tambour), *argent comptant* (= en comptant l'argent). Nous ne savons plus que, dans ces locutions, *battant* et *comptant* sont des gérondifs dont le mot qui précède est le régime; nous les prenons pour des participes présents (à valeur de participes passés) qualifiant le mot qui précède, si bien que ces locutions adverbiales se confondent avec celles qui sont composées d'un substantif et d'un adjectif. (Voy. § 257).

260. — On peut faire un nom ou un adjectif composé avec deux mots réunis par une préposition : *gris-de-fer, pomme de terre, chef-d'œuvre, tire-d'aile*[2], *arc-en-ciel, ver-à-soie, salle à manger*, etc.

261. — Avec une préposition suivie d'un adjectif, ou

1. Littré enregistre *saquebute*, qui est une variante de *saqueboute*.
2. Le mot composant *tire* est un substantif verbal de *tirer*, qu'on retrouve dans la locution « vol à la tire ». On a dit aussi : « tout d'une tire ».

d'un substantif simple ou composé ou accompagné d'un adjectif, on forme des locutions adverbiales : *à sec, à vide, pour sûr, de tête, de même, du tout, partout, au hasard, au-devant*[1], *alentour* (= *à l'entour*[2]), *à coup sûr, à vil prix, à bras raccourci, à contre-cœur, à contre-jour, de bon cœur.* La locution peut commencer par l'adverbe *tout* : « *tout de suite, tout à coup, tout de même.* » Elle peut se composer d'un nom répété et de la préposition *à* intercalée : *corps à corps, pied à pied, tour à tour.*

262. — Avec un substantif placé entre deux prépositions, on forme des locutions prépositives : *à cause de, pour cause de, de façon à, au-devant de.* Quelquefois, par archaïsme, la préposition finale *de* est supprimée : *à part lui,* pour *à part de lui.*

La locution prépositive peut encore se composer d'une préposition et d'un adjectif qui se joint directement au nom régi : *parmi, à même* (par exemple, dans ce vers de Corneille : *Cherches-tu de la joie à même mes douleurs?*)

Enfin la préposition résulte d'un impératif uni à un adverbe dans *voici* (= vois-ci), *voilà* (= vois-là).

263. — Avec un substantif ou un pronom placé entre une préposition et la conjonction *que*, on forme des locutions conjonctives : *parce que*[3], *jusqu'à ce que, afin que*[4], *à condition que, de façon que.*

---

1. Dans cette locution, *devant* est employé substantivement.

2. « Entour » est lui-même un adverbe composé, pris substantivement : *en tour.* « Alentour », s'employant aussi substantivement, a formé un nouvel adverbe composé : « aux alentours ».

3. Dans cette locution, *ce* est le pronom démonstratif neutre.

4. La valeur substantive de *fin* est encore sensible dans la locution populaire : « à seule fin que ».

Composés avec ellipse d'une préposition.

264. — On forme beaucoup de composés avec des substantifs ou des adjectifs réunis en pensée par une préposition : *gris-perle* (pour *gris de perle*), *mandat-poste* (pour *mandat sur la poste*), *timbre-poste, portrait-carte*, etc.

265. — Grâce à la facilité des inversions qui la distinguait de la langue actuelle, l'ancienne langue a aussi créé des **verbes composés** en préposant à un verbe simple un substantif qui se rattachait à ce verbe par une préposition sous-entendue : *colporter* (= porter au col), *bouleverser* (= verser en boule), *maintenir* (= tenir en main).

Composés avec ellipse du mot substantif.

266. — Les prépositions, quand elles ne prennent pas une valeur adverbiale, quand elles unissent simplement le mot qui suit[1] avec une idée substantive sous-entendue, forment des composés elliptiques. Exemples : *pourboire* (monnaie donnée *pour boire*), *contre-poison* (remède *contre le poison*), *arrière-boutique* (pièce *en arrière de la boutique*), *après-midi* (partie de la journée qui vient *après midi*), *entrevoie* (terrain *entre les deux voies du chemin de fer*), *sans-gêne* (attitude *sans gêne*), *sans-souci* (homme *sans souci*).

267. — Un grand nombre de composés sont formés avec un adjectif tiré d'un verbe et suivi d'un régime quelconque ou d'un adverbe, cet adjectif équivalant à l'indicatif présent précédé du pronom relatif, et s'accordant avec

---

1. Quand ce mot est un nom, il ne prend pas l'article. — Les prépositions composées reçoivent souvent, dans les composés elliptiques, une forme abrégée : *arrière* au lieu de *en arrière de*.

une idée substantive sous-entendue[1] : *porte-drapeau*
(= *officier* qui porte le drapeau), *portemanteau*
(= *objet* qui porte les manteaux), *porte-allumettes, pèse-lettres, meurt-de-faim* (*homme* qui meurt de faim),
va-nu-pieds, vaurien, trouble-fête, boute-en-train, etc., etc.

268. — On forme aussi des composés avec des impératifs suivis de régimes : un «laissez-passer», un «rendez-vous». Dans le langage populaire de Paris, un « décroche-moi-ça » est un homme à qui l'on adresse ces paroles, un fripier, et, par extension, une boutique de fripier.

Composés savants.

269. — Les savants ont formé des quantités de composés, en unissant des mots empruntés directement au latin ou au grec. Pour ne citer que deux de ces mots parmi les plus récents, *vélocipède* vient de l'adjectif latin *velocem*, qui veut dire *rapide*, et du substantif *pedem*, qui a passé dans la langue populaire sous la forme *pied;* — *téléphone* vient de l'adverbe grec *télé* qui veut dire *loin*, et du substantif *phôné*, qui signifie *voix*. Un certain nombre de ces mots sont tirés tels quels du latin ou du grec, où déjà ils étaient composés : *multicolore*, du latin *multicolor*

---

1. La véritable explication de ces mots a été donnée par M. Boucherie. La théorie d'après laquelle la partie verbale de ces composés serait l'impératif du verbe ne peut se soutenir. Comment admettre que *portefeuille* équivaut originairement à « va, porte les feuilles »? Les formes du latin populaire sur lesquelles on appuie cette théorie contiennent simplement le radical du verbe, comme nos composés français, et la coïncidence de ce radical avec la forme de l'impératif est purement accidentelle. Le radical du verbe peut ainsi servir à former : des substantifs verbaux (voyez paragraphe 202), des adjectifs simples (voy. paragraphe 203), des adjectifs employés substantivement, et susceptibles de compléments comme les verbes d'où ils sont tirés (c'est le cas de nos composés), enfin des substantifs verbaux composés (voy. paragraphe 258).

composé de l'adjectif *mu'tus* et du substantifs *color.*

Sur les inconvénients et les avantages des composés savants, voyez § 261.

CHAPITRE TROISIÈME

DÉVELOPPEMENT DU SENS DES MOTS

270. — Le sens des mots se développe de deux façons :

1° En passant d'un emploi à un autre, le substantif devenant adjectif (ou inversement), le verbe devenant substantif, etc.

2° En conservant le même emploi, mais en passant d'une signification à une signification voisine.

I. — Variations d'emplois

271.—Un substantif peut être employé adjectivement, et en qualifier un autre. C'est un développement de l'apposition, à laquelle nous devons aussi toute une catégorie de mots composés. Ainsi le nom d'une fleur, d'une étoffe, d'un producteur de couleur, peut devenir un adjectif marquant une couleur[1] : *rose, écarlate, vermeil*[2], *violet*[3]. Un nom quelconque peut se transformer en un adjectif marquant une des qualités de l'objet désigné par ce nom:

1. Puis cet adjectif, employé avec une valeur neutre, peut donner naissance à un nouveau substantif, exprimant la couleur elle-même Le nom de « la rose » a produit l'adjectif « rose », qui a lui-même produit le substantif « le rose », au sens de la « couleur rose ».

2. *Vermeil* signifie proprement : *petit ver* (producteur de couleur).

3. Contrairement à ce qui s'est passé pour *rose* et *écarlate*, l'adjectif dérivé de *violette* a pris une forme particulière pour le masculin.

ainsi, de l'objet désigné par le substantif *crâne*, on abstrait la qualité de fermeté, que l'on exprime adjectivement, et avec un sens métaphorique, par le même mot *crâne* devenu adjectif : « un homme crâne ».

272. — Un adjectif peut devenir substantif, grâce à une ellipse qui fait sous-entendre devant cet adjectif le mot substantif. Nous avons vu qu'une ellipse de ce genre pouvait se produire devant un mot précédé d'une préposition et devant un adjectif verbal suivi d'un régime (§ 266 et 267). Nous avons vu aussi que plusieurs suffixes d'adjectifs étaient ainsi devenus suffixes de substantifs. Les substantifs formés par ce procédé peuvent être masculins ou féminins, suivant qu'on donne à l'adjectif une valeur neutre, exprimée par le masculin, ou qu'on sous-entend devant lui un substantif masculin ou féminin plus ou moins précis.

L'adjectif *fort* a produit plusieurs substantifs masculins : 1° avec une valeur neutre (valeur absolue, ou valeur relative résultant de l'ellipse d'un nom de chose masculin tel qu'*objet, point*), dans les locutions : « c'est mon *fort*, il connaît le *fort* et le faible, il s'est jeté au plus *fort* de la mêlée, le *fort* de l'été » ; 2° avec une valeur masculine, dans : « c'est un *fort* et un vaillant, *fort* de la halle ». L'adjectif *plain* a produit le substantif masculin-neutre *plain* (le *plain* de la mer : la haute mer), et le substantif féminin *plaine* (la *plaine*, c'est-à-dire la plaine terre).

273. — Un adjectif ou un substantif peuvent devenir adverbes. L'adjectif *fort* est adverbe dans « il est *fort* bon, il frappe *fort* ». Le substantif *rien* (latin *rem* = *chose*) est souvent employé adverbialement. Les substantifs *pas* et *point* forment les locutions adverbiales « *ne pas* » et « *ne point* ». L'adjectif indéfini *même* a produit l'adverbe *même*.

274. — Un adverbe et même une préposition peuvent

devenir substantifs : le *pour* et le *contre*, le **bien**, les *alentours*, l'*arrière*, le *devant*.

275. — Un adverbe peut devenir conjonction : « or » a été un adverbe, au sens de *maintenant;* « mais » a été d'abord adverbe, et a conservé son ancienne valeur dans la locution archaïque « n'en pouvoir *mais.* »

276. — Un verbe à l'infinitif peut devenir un substantif : « il a perdu le *boire* et le *manger;* un *déjeuner;* un *dîner;* un *souper;* le *devoir;* son *avoir* est modeste ». Le substantif *avenir* n'est autre chose que l'infinitif du verbe qui s'est transformé en *advenir* sous une influence savante.

Les infinitifs employés substantivement expriment l'action même ou le moyen de l'action, ou quelquefois le résultat: le « savoir » est *ce qu'on sait*, le « pouvoir » est *ce qu'on peut.*

277. — Les participes présents et passés peuvent dépouiller leur valeur verbale et devenir des adjectifs. En outre, comme les adjectifs ordinaires, ils peuvent produire des substantifs masculins ou féminins.

Parfait, accompli, acharné, plaisant, remuant, etc., sont employés comme adjectifs. *Avenant* a été d'abord participe présent du vieux verbe *avenir.*

Le gérondif, qui a la même forme que le participe présent, s'est souvent confondu avec ce participe, et a pu ainsi produire des adjectifs. On a dit d'abord : « payer argent comptant », ce qui voulait dire : « payer en comptant l'argent ». Puis on a vu dans « comptant » un participe présent se rapportant à *argent*, avec le sens de « que l'on compte », et on a dit : « c'est de l'argent comptant ». Sous l'influence de cette confusion du participe et du gérondif, la flexion du participe présent a pris une signification très large, analogue à celle des suffixes d'adjectifs. **De là les locutions telles que *couleur voyante,*** qui signifie « couleur qui se voit bien » et non « couleur qui voit », *café chantant*, c'est-à-dire « café où l'on chante », *prix coûtant*, etc.

Comme exemples de participes devenus substantifs, on peut citer entre beaucoup d'autres : *fait* (valeur neutre), *allié* (valeur masculine), *défaite*, *pensée*, *tenant* et *aboutissant* (valeur neutre), *mendiant* (valeur masculine), *variante*.

Les substantifs formés avec le participe présent ont naturellement le sens de « personne ou chose produisant l'action du verbe », et quelquefois, par extension, celui de «lieu où se produit l'action», par exemple dans *restaurant*, *couchant*[1]. Les substantifs formés avec le participe passé signifient : « personne ou chose subissant l'action du verbe », et par extension, quand c'est un nom de chose, « résultat de l'action[2] ». Cet emploi du participe passé, notamment du participe passé féminin, remonte au latin populaire : c'est ainsi que les substantifs *dette*, *fente*, *tente*, *vente*, dérivent des participes passés féminins des verbes latins qui ont produit les verbes français *devoir*, *fendre*, *tendre*, *vendre*. Ces verbes ont refait leur participe passé sur le radical, auquel on a ajouté la flexion *u*, empruntée à d'autres verbes.

278. — Le gérondif peut aussi être employé substantivement : «en son *vivant*, sur son *séant*». Le substantif *comptant* (vendre au *comptant*) dérive du gérondif que l'on trouve dans la locution «payer comptant».

279. — Les participes présents ou passés peuvent produire des prépositions : *excepté*, *vu*, *touchant*, *pendant*

---

1. Comparez la double valeur du suffixe *oir* (§ 222).

2. Le mot « reçu » doit être mis à part. Il signifie : «écrit contenant la formule : *reçu*, etc. » Le substantif *bon* à un sens analogue.

II. — Variations de sens

280. — Les variations possibles des sens d'un mot sont très nombreuses. Elles sont gouvernées par les lois générales qui régissent nos associations d'idées, et qui nous font passer naturellement de la cause à l'effet, du contenant au contenu, etc. [1] Mais ces lois générales comportent, dans l'application, des diversités infinies de nuances, dans le détail desquelles nous ne pouvons entrer ici. Nous en avons signalé un certain nombre à propos de l'histoire des suffixes et des variations d'emplois.

Dans ces transformations de sens, on arrive à oublier complètement la valeur primitive des mots : les termes généraux se spécialisent, les termes spéciaux se généralisent, etc. Ainsi les mots *cahier* et *carillon* signifient tous les deux à l'origine *réunion de quatre choses* (latin *quaternio* et *quadrilionem*) : le premier s'est appliqué particulièrement à des feuilles de parchemin ou de papier, le second à des cloches. Puis l'idée du nombre précis, qui est au fond de ces deux mots, a complètement disparu. Dans le mot composé « bonnet de coton », l'idée de matière, exprimée par l'un des termes, n'est plus sensible ; le mot indique surtout une certaine forme de bonnet, et c'est ainsi qu'on entend dire : « bonnet de coton

---

1. C'est sur ces lois générales que reposent les procédés de style appelés « figures de rhétorique ». Le plus souvent les sens dérivés d'un mot ont été à l'origine des figures de rhétorique. C'est par figure que les poètes emploient *voile* au sens de **navire** (la partie pour le tout) :

> Ce tourbillon sombre et rapide
> Qui roule une voile en ses plis.
>
> (Victor Hugo.)

Supposez que cet emploi devienne courant, la figure cessera peu à peu d'être sensible, et il ne restera plus qu'un sens nouveau et normal du mot « voile ».

en soie ». L'idée de *vin* s'étant effacée dans *vinaigre*, on a pu dire : « *vinaigre* de cidre, *vinaigre* de bois. »

281. — Les mots arrivent parfois à prendre une signification toute spéciale, par une ellipse semblable à celle qui sert à transformer les adjectifs en substantifs. Ainsi un « coin de feu » est un *vêtement* de coin de feu.

282. — On retrouve le même genre d'ellipse dans les sens métaphoriques et dans la transformation des noms propres en noms communs. On a pris les noms de plusieurs personnages comiques de Molière pour en faire des noms communs : *amphitryon, sosie, harpagon*. Entendez : « un personnage tel qu'Amphitryon donnant à dîner, tel que le faux Sosie, etc. » Un *canari* est un oiseau des îles Canaries. Un *dédale* est un labyrinthe comme celui de Dédale

283. — Un des phénomènes de transformation les plus connus est celui de l'affaiblissement du sens des mots. Avant d'aboutir à leur signification actuelle, *gêner* a eu le sens de *torturer*, et *froisser* celui de *briser*. Souvent la signification affaiblie laisse subsister la signification forte. Ainsi « tuer » a conservé sa valeur primitive, mais on l'emploie aussi avec le sens très atténué de « importuner ». L'affaiblissement peut être accompagné d'une idée péjorative : le *valet* est à l'origine un jeune seigneur, un jeune vassal. Le mot a pris une signification défavorable.

284. — Le sens primitif d'un mot peut donner directement naissance à un nombre indéterminé de sens dérivés, dont chacun peut ensuite se développer de la même façon que le sens primitif. Nous prendrons comme exemple le mot *timbre*, et nous emprunterons le classement des significations de ce mot au livre de M. A. Darmesteter sur la *Vie des mots* :

« Soit par exemple le mot *timbre*. Ouvrons le Dictionnaire de Littré ; nous trouverons pour ce mot les significations et classifications suivantes :

1° Timbre d'un tambour, corde à boyau tendue en double sur le fond intérieur d'un tambour pour le faire mieux résonner.

2° Cloche sans battant, qui est frappée en dehors par un marteau.

3° Son que rend le timbre.

4° Qualité sonore d'une voix, d'un instrument.

5° Caractère d'un son indépendamment de son rang dans l'échelle, caractère tenant à des sons harmoniques qui coexistent avec le son fondamental.

6° Premier vers d'un vaudeville connu, qu'on écrit au-dessus d'un vaudeville parodié pour indiquer sur quel air ce dernier doit être chanté.

7° Marque imprimée sur le papier, que la loi rend obligatoire pour les actes et pour certaines impressions.

8° Marque particulière que chaque bureau de poste imprime sur les lettres, indiquant le lieu et le jour du départ pour celles qui partent, et le lieu et le jour de l'arrivée pour celles qui arrivent.

9° Timbre-poste.

10° Terme de construction. Dans un mémoire de travaux, résultat des quantités trouvées par le calcul, et que l'on porte en regard de chaque article, en mettant au-dessus de ces chiffres la nature des travaux auxquels ils appartiennent.

11° Partie arrondie du casque qui s'applique sur la tête.

12° Tout ornement placé sur le sommet de l'écu des armoiries et servant à désigner la qualité de la personne qui le porte tiare, chapeau rouge, mitre et crosse, mortier et heaume.

Classons ces sens dans l'ordre des développements, et nous aurons *timbre*, du latin populaire *tympanu, tembanu,* tambour. *Tambour* par voie d'enchaînement donne : corde à boyau qui résonne dans le tambour et de là, par l'idée de résonnance, cloche sans battant que frappe un marteau en dehors. Ici, le sens se partage. Dans cette cloche on voit d'un côté le son, de l'autre la forme arrondie.

Suivons la première division, le son de la cloche; de là, par enchaînement, qualité sonore du son, d'où, par rayonnement : 1° caractère physique des sons, combinaison des harmoniques avec le son fondamental; 2° vers d'un vaudeville connu qu'on met en tête d'une chanson pour en indiquer l'air. Voilà la première série épuisée.

Arrivons à la seconde. La forme arrondie du timbre entraînera la partie arrondie du casque, qui amènera les ornements de cette partie, caractéristique de la noblesse. Ces ornements appelleront la marque officielle imposée par l'administration sur certains papiers. De là : bureau de timbre, instrument à timbrer, timbre-poste et timbre-quittance. Enfin le chiffre représentatif se rattachera au timbre officiel. »

285. — Indépendamment des modifications particulières de sens qui peuvent les atteindre, comme les autres mots de la langue, les verbes sont soumis à des variations générales dans leurs acceptions.

Ainsi beaucoup de verbes intransitifs à l'origine sont devenus, postérieurement, réfléchis et transitifs :

1° On les a employés avec un pronom régime explétif;

2° On leur a donné un rôle transitif, soit en les faisant suivre, sans préposition, de leurs compléments indirects ordinaires, qui devenaient ainsi compléments directs du nouveau verbe transitif, soit en leur attribuant le sens de produire l'action qu'ils exprimaient comme verbes intransitifs. Souvent le même verbe a pris ces deux acceptions actives [1].

Exemple : *arrêter* était à l'origine un verbe intransitif, ayant à peu près la même valeur que *rester* [2]. On l'a employé dans le même sens avec un pronom régime explétif : *s'arrêter*. Puis on a donné à *arrêter* l'acception transitive de produire l'action de s'arrêter, faire que quelqu'un s'arrête, arrêter quelqu'un. Aujourd'hui le sens intransitif a presque entièrement disparu, et il ne reste plus que le verbe transitif *arrêter* et le verbe réfléchi *s'arrêter*, dont le pronom régime était jadis purement explétif et a aujourd'hui les apparences d'un complément direct.

Arrêter n'a qu'une seule des deux grandes acceptions transitives que nous avons signalées. D'autres verbes ont les deux. Ainsi tout en disant : « approcher *de* ou *vers* quelqu'un », on a dit aussi activement : « *approcher quelqu'un* [3] » *Approcher* a encore été employé activement dans le sens de produire l'action d'approcher, faire approcher: « *approcher les échelles des murailles* ».

286. — Les verbes transitifs peuvent aussi prendre, comme seconde acception transitive, le sens de « produire l'action ». Ainsi le sens primitif de *apprendre* était : *apprendre quelque chose* pour soi »; puis le même verbe

1. On trouve aussi les verbes intransitifs employés activement avec un complément direct exprimant l'action même du verbe : « dormir un bon somme ».

2. Exemples d'*arrêter* intransitif : « Le cardinal Ballue, ambassadeur, qui *y arrêta* peu » (COMMYNES).

<blockquote>

Autant qu'il vous plaira vous pouvez *arrêter*,
Madame, et là-dessus rien ne vous doit hâter.

(MOLIÈRE. *Misanthrope*. III, 5)
</blockquote>

3. On a d'ailleurs profité souvent de ce dédoublement du verbe pour lui faire exprimer deux idées un peu différentes.

a signi ié : « *faire qu'un autre apprenne, apprendre à quelqu'un* ». De « apprendre à quelqu'un », à l'aide de « apprendre quelque chose (pour soi) », on est facilement passé à : *apprendre quelque chose à quelqu'un.*

Ce dédoublement de la valeur transitive se retrouve avec quelques différences dans plusieurs autres verbes. Ainsi on a d'abord dit : « dérober quelqu'un de quelque chose.» Le nom de l'objet du vol était donc le complément indirect ordinaire du verbe *dérober.* En en faisant un complément direct, on a créé une nouvelle acception transitive du verbe, et cette nouvelle acception a presque entièrement remplacé la première. Le complément direct de l'acception primitive (le nom de la victime du vol) devenait complément indirect de l'acception dérivée : « dérober quelque chose *à* quelqu'un ». Dans les cas semblables le latin donnait au verbe deux compléments directs : *Interrogare aliquem sententiam.* — *Nunquam divitias deos rogavi* (Martial.)

De *dérober* il faut rapprocher : *conseiller* (quelqu'un et quelque chose), et *dépouiller* (quelqu'un, et un sentiment):

Avez-vous dépouillé cette haine si vive? (*Athalie*).

287. — Les verbes transitifs peuvent aboutir à une acception intransitive par l'intermédiaire d'une forme réfléchie. Ainsi *partir* signifie tout d'abord « partager » (comparez *départir, répartir*), et ce verbe a encore son ancienne valeur transitive dans la locution « avoir maille à partir », c'est-à-dire proprement *avoir une pièce de monnaie à partager.* Puis on a dit : « se partir de quelqu'un », c'est-à-dire *s'en séparer.* Enfin « partir » a pris le sens de « se partir » : c'est la valeur intransitive actuelle. Le verbe *tendre* avait traversé, dès l'époque latine, les trois états : *tendere* actif, *se tendere*, *tendere* neutre. Les trois acceptions ont passé directement en français et s'y sont maintenues.

288. — Quelques verbes, comme *cuire* et *sentir*, ont passé de la valeur active à une acception passive : le boulanger *cuit* son pain, et le pain *cuit* ; on *sent* une fleur, et la fleur *sent*.

289. — J'ai donné dans ma *Grammaire du vieux français* (§ 433) un bon nombre d'exemples de ces variations générales dans les acceptions des verbes. J'en ajouterai ici quelques-uns.

— *Bouger* a dès l'origine le sens intransitif que nous lui donnons aujourd'hui. On trouve aussi anciennement « se bouger », que Molière emploie encore dans le *Dépit amoureux* :

> Et personne, monsieur, qui *se* veuille *bouger*.

Enfin on a des exemples, notamment aux XVIe et XVIIe siècles, de « *bouger* » transitif avec le sens de « *faire bouger* ».

— *Éclater*. Forme réfléchie :

La Fontaine, fable du *Vieillard et des Enfants* :

> De ces dards joints ensemble un seul ne *s'éclata*.

Acception transitive :

Montaigne : « La colère *éclate* tous ses efforts à la première charge. »

— *Entrer*. Nous avons perdu l'une des deux acceptions transitives de ce verbe : *entrer un lieu*, pour « *entrer dans un lieu* ».

— *Fourvoyer* est encore intransitif au XVIe siècle. Montaigne : « Nos consuls *fourvoient* parce qu'ils n'ont pas de but ».

La forme réfléchie est d'ailleurs très ancienne. Nous avons encore le sens transitif de « faire qu'on se fourvoie » : *fourvoyer quelqu'un*.

— *Jouir*. Au moyen âge et au xvi⁰ siècle, on pouvait employer *jouir* activement, dire : « *jouir une chose*, » au lieu de « *jouir d'*une chose ».

Montaigne : « La santé que *j'ai jouie* jusqu'à présent. »

— *Lutter*. Montaigne fait aussi de *lutter* un verbe transitif : « Je ne *lutte* point ces vieux champions-là. »

— *Passer*. Nous disons encore : « le temps *passe* » et « le temps *se passe*. » De très bonne heure on trouve des exemples de « *passer la mer, passer le temps* », et toutes les variétés de ces acceptions. L'autre sens transitif (faire passer) paraît plus récent : « *passer quelqu'un* en barque », « *passer un liquide* ».

— *Promener, se promener*, et *promener* intransitif. Ce dernier a disparu. Mais on le trouve, surtout au xvi⁰ siècle. Vaugelas l'admettait, et J.J. Rousseau l'a employé.

CONCLUSION DE LA 1re ET DE LA 2e PARTIE

290. — Nous avons vu comment les mots vivent, en se modifiant dans leur forme, dans leurs emplois, dans leurs sens, en s'accroissant de sens nouveaux, en s'unissant entre eux pour former d'autres mots. Il arrive aussi que les mots dépérissent peu à peu et finissent par mourir, quand la même idée se trouve exprimée par un autre terme que la mode fait prévaloir : c'est ainsi que *moult* a disparu devant *beaucoup;* mais, en disparaissant, il a laissé dans la langue une nombreuse famille : ce sont tous les mots savants commençant par *multi* : *multitude*, *multiplier*, etc. Le substantif *engelure* est tout ce qui nous reste du vieux verbe *engeler;* comme on l'a dit avec esprit, c'est un mot qui a perdu son père.

291. — Un exercice des plus utiles, pour se rendre compte de la formation du vocabulaire, est le classement des mots par familles. Nous donnerons comme exemple la famille du verbe *faire*. La racine latine est *fac* dans le verbe simple, *fic* dans ses dérivés, et *fec* au participe passé (ou au *supin*) de ces dérivés. Les mots formés sur le supin ont conservé le *t* caractéristique de ce temps : *fect*.

<pre>
fac-ere. . . . .   faire
                                (fait
fac-tum, participe passé et subst. { factum
                                (fais-eur
                                  fais-able
                                  bien-fait
                                  bien-fais-ant
</pre>

	bien-fais-ance
	bien-fait-eur [1]
	entre-faites
	mal-fais-ant
	mal-fait-eur [2]
	mé-fait
	affaire [3]
	contre-faire
	contre-fait
	dé-faire
	dé-faite
	for-faire
	for-fait
	par-faire
	par-fait
	par-faite-ment
	re-faire
	sur-faire
fac-ilem	*facile*
	facile-ment
fac-il-itatem	*facilité*
	facilit-er
fac-ul-tatem	*faculté*
	facultat-if
fac-t-ionem	*façon*
	contre-façon
	façonn-er
	façonn-ier
Le même *fac-t-ionem*	*faction*
	factionn-aire
fac-t-orem	*facteur*
	contre-facteur
	fact-age

1. Ce mot a été influencé par «bienfait» et par le latin *benefacto-rem*. De formation française, et se rattachant au vieux verbe *bienfaire* (dont le radical complet est *bienfais*), il devrait être *bienfaiseur*. Comparez *faiseur*.

2. Influencé par le latin *malefactorem*.

3. Ce mot se compose de l'infinitif «faire» et de la préposition « à ». Le redoublement de l'*f* est purement graphique.

fac-t-itium	*factice*
fac-t-iosum	*factieux*
fac-totum	*factotum*
fac-t-ura	*facture*
	factur-er
af-fec-t-are	*affecter*
af-fec-t-ationem	*affectation*
	affét-erie [1]
af-fec-t-ionem .	*affection*
	affectionn-er
af-fec-tu-osum	*affectueux*
bene-fic-ium	*bénéfice*
	bénéfici-er
bene-fic-iarium	*benéficiaire*
con-fic-ere	*conjure*
con-fec-t-ura	*confiture*
	dé-confiture
con-fec-t-ionem	*confection*
	confectionn-er
de-fic-it	*déficit*
de-fec-t-ionem	*défection*
de-fec-t-ivum	*défectif*
de-fec-tum	*défectu-eux*
dif-fic-ilem	*difficile*
	difficile-ment
dif-fic-ul-tatem	*difficulté*
ef-fec-tum	*effet*
	effectu-er
ef-fec-t-ivum	*effectif*
	effective-ment
in-fec-tum	*infect*
	infect-er
in-fec-t-ionem	*infection*
male-fic-ium	*maléfice*
magni-fic-um	*magnifique*
magni-fic-entia	*magnificence*
muni-fic-entia	*munificence*

1. Mot formé sur le vieux verbe *afféter*, doublet populaire de *affecter*.

per-fec-t-ionem	*perfection*
	perfectionn-er
	perfectionn-ement
	perfect-ible
præ-fec-tum	*préfet*
præ-fec-t-ura.	*préfecture*
pro-fec-tum.	*profit*
	profit-er
	profit-able
re-fec-t-ionem.	*réfection*
re-fec-t-orium.	*réfectoire*
satis-facere.	*satis-faire*
satis-factionem	*satis-faction*
suf-fic-ere.	*suffire*
	suffis-ant
	suffisam-ment
	suffis-ance

Ajoutez les nombreux verbes en *fier* qui se rattachent aux composés latins en « *fic-are* » : glorifier, gratifier, fortifier, certifier, falsifier, bonifier, amplifier, barbifier, béatifier, clarifier, crucifier, déifier, diversifier, édifier, identifier, etc. Plusieurs de ces verbes sont accompagnés de dérivés en *fication*, *ficateur* : fortification, falsificateur. Nous n'avons d'ailleurs cité que les principaux membres de la famille de « faire ».

TROISIÈME PARTIE

LES FORMES GRAMMATICALES[1]

CHAPITRE PREMIER

L'ARTICLE

I. — L'ARTICLE DÉFINI

292. — Il n'y avait pas d'article en latin. On disait par exemple : « homme est venu » , au lieu de « l'homme est venu »; exactement comme nous disons encore : « Pierre est venu ». Il n'y avait pas plus d'article devant les noms communs que nous n'en mettons devant les noms propres. Quand il était absolument nécessaire de déterminer le nom, on employait l'adjectif démonstratif; puis, insensiblement, l'usage s'est établi de préposer au nom, même sans nécessité absolue, l'un des adjectifs démonstratifs que possédait la langue latine. Et c'est ainsi que l'un des adjectifs démonstratifs du latin, *illum*, en devenant d'un emploi plus fréquent, a donné naissance à notre article.

---

[1] Nous recommandons de chercher dans la 1re partie, chapitre IV, § 65 à 192, aux différentes voyelles et consonnes, des exemples de faits analogues à ceux que nous signalerons dans les formes grammaticales. C'est aussi dans ce chapitre qu'on trouvera l'explication des termes spéciaux que nous allons être obligé d'employer constamment, tels que « accent, voyelles toniques et voyelles atones, proclitiques, voyelles libres et entravées. »

293. — *Illum*[1], dans son emploi comme article, était un mot proclitique, s'appuyant dans la prononciation sur le mot suivant. Or nous avons vu que les mots proclitiques n'avaient qu'un accent secondaire, que cet accent avait une tendance à glisser de la première syllabe sur la seconde et que, dans ce cas, la première syllabe pouvait disparaître complètement. C'est ainsi que l'article français correspond à la dernière syllabe de « illum », *lum*. Si on se rappelle, d'autre part, que l'*m* finale des mots latins était tombée, et que la voyelle d'un mot proclitique est traitée comme la voyelle de la syllabe initiale d'un mot ordinaire, et si on se reporte au chapitre IV de notre Première partie, on comprendra que le masculin *le* puisse venir de (*il*) *lum*, et le féminin *la* de (*il*) *lam*. On comprendra aussi le maintien de l'*s* finale de « (il) los » masc. plur., et de « (il) las » fém. plur., dans le français *les ;* mais c'est par exception que l'*o* de *illos* et l'*a* de *illas* ont produit un *è* français.

294. — *Du* est le résultat de la contraction de *de le*, devenu d'abord *del*, puis *deu*. Le changement ultérieur de *deu* en *du* est exceptionnel, aussi bien que le changement de *dels* (*de les*) en *des* au lieu de *deus*, *deux*, qu'on attendrait. *Au* est de même pour *à le*, et *aux* pour *à les*.

295. — *Ès*, que l'on trouve dans quelques locutions archaïques comme « licencié ès lettres », est le produit de la contraction de *en les*, devenu d'abord *els*, puis *ès*.

Il y avait aussi, pour le singulier, une forme contracte dérivée de *en le*. Dans plusieurs cas elle a été remplacée par *au*; c'est ainsi que l'on dit : « je l'ai fait en mon nom et *au* vôtre. » Logiquement il faudrait : « en mon nom et en le vôtre. » Dans un bon nombre de ses emplois

---

1. Nous expliquons plus loin, à propos des noms (§ 299), comment il se fait que la plupart des formes françaises viennent de l'*accusatif* latin.

anciens, la préposition *en* a été remplacée par *dans*, et *dans* ne s'est pas contracté avec l'article.

II. — L'ARTICLE INDÉFINI

296. — Le latin n'employait pas non plus d'article indéfini. On disait : « homme est venu », au lieu de : « un homme est venu. »[1] Il est facile d'imaginer comment le nom de nombre *un* (latin *unum*) a pu prendre la valeur d'un article indéfini. Comme article, il n'y avait aucune raison pour ne pas employer *un* au pluriel de même qu'on le met au pluriel comme pronom : *les uns, quelques-uns*. L'ancien français était donc logique en disant : « il avait unes grosses joues. » Mais le plus souvent, l'article indéfini ne s'exprimait pas au pluriel, et aujourd'hui il est remplacé par le *de* partitif suivi ou non de l'article défini.

III. — LE *de* PARTITIF

297.— La préposition *de* (latin *de*) équivaut à un article lorsqu'elle est employée avec une valeur partitive, c'est-à-dire, par ellipse, avec le sens de « une certaine quantité *de*, un certain nombre *de* ». Le *de* partitif n'était pas connu des latins, qui disaient : « il a mangé bon pain ». Le vieux français s'est d'ailleurs exprimé ainsi fort longtemps, et on en trouve trace jusqu'au xviie siècle. Le *de* partitif est le plus souvent joint à l'article défini.

Nos différentes formes d'articles viennent donc de mots latins qui n'avaient pas cette valeur, au moins dans le

---

1. Quand on voulait exprimer d'une façon formelle l'idée de « un certain », on se servait de l'adjectif indéfini *aliquis,* ou de *quidam*, qui est entré en français avec une signification plaisante : *un quidam*. Toutefois, on trouve quelques exemples de *unum* employé avec une valeur voisine de celle de notre article indéfini.

latin classique. Les nuances de sens que nous rendons par nos articles n'étaient pas exprimées en latin : l'idée ne se précisait que par le contexte.

CHAPITRE SECOND

LE SUBSTANTIF

I. — Du féminin

298. — Le féminin des noms de personnes ou d'animaux est parfois exprimé par des noms particuliers : ainsi *frère* et *sœur*, *coq* et *poule*. Mais le plus souvent on forme le féminin sur le masculin, en ajoutant certaines flexions.

1° Le féminin des noms peut se former comme celui des adjectifs (voyez plus loin, § 303) en ajoutant au masculin un *e* muet qui correspond à un *a* latin atone : *cousin, cousine; rat, rate.*

2° Les noms qui se terminent déjà au masculin par un *e* muet forment leur féminin à l'aide du suffixe *esse* [1] d'origine grecque : *maître, maîtresse; hôte, hôtesse.*

3° Les noms de personnes terminés en *eur* et en *ateur* viennent, comme nous l'avons vu, de mots latins terminés en *atorem*. « Eur » est la forme populaire, et « ateur » la forme savante du même suffixe. Le féminin de ce suffixe était *atricem*, dont la forme populaire est *eris* et la forme savante *atrice*. Le féminin de *emper*EUR (= imper*atorem*) était donc *emper*ERIS (= imper*atricem*), comme celui de *imit*ATEUR (imit*atorem*) est *imit*ATRICE (imit*atricem*). Mais le suffixe *eris* est resté stérile, et le féminin de *empereur* a

Ce suffixe s'applique par exception à quelques noms dont le masculin ne se termine pas par un *e* muet : *duc, duchesse.*

été refait sur le mot latin *imperatricem*. Les autres noms terminés par le suffixe populaire *eur* = latin *atorem*, ont reformé leur féminin, soit en ajoutant à *eur*, affaibli en *er*, le suffixe *esse*, dont nous venons de parler (*péch*EUR, *péch*ERESSE), soit en changeant le suffixe *eur* en *euse*, flexion empruntée au féminin des adjectifs en *eux* (*chanteur*, *chanteuse*, par analogie avec *glorieux*, *glorieuse*).

Le suffixe latin *atorem* n'est qu'une des formes du suffixe *torem*, qui peut être précédé d'une autre voyelle que *a*, ou d'une consonne. En conséquence, il faut généraliser ce que nous avons dit du suffixe savant *ateur*, et dire que le suffixe savant *teur* a pour féminin *trice :* *acteur*, *actrice ; instituteur*, *institutrice*.

II. — DU PLURIEL

299. — L's du pluriel dérive de l's qui terminait l'accusatif pluriel en latin. L'ancien français avait conservé deux des cas de la langue latine, le nominatif et l'accusatif. Conformément aux terminaisons de la deuxième déclinaison latine, le nominatif singulier et l'accusatif pluriel se terminaient par une *s*. On déclinait donc en vieux français :

SINGULIER	PLURIEL
Nominatif ou cas sujet : amis	ami
Accusatif ou cas régime : ami	amis

Ces deux cas, dont le premier était employé pour le sujet et le second pour le régime, se sont réduits à un seul : celui qui a persisté est celui qui était employé le plus souvent, l'accusatif, le cas du régime. Si c'était le nominatif qui l'avait emporté, nous mettrions aujourd'hui une *s* au singulier, et nous n'en mettrions pas au pluriel.

300. — Lorsqu'un nom se terminait par une *l* au

singulier, cette *l*, d'après les lois de la phonétique, devait se vocaliser en *u* devant l's du pluriel: *chevel, cheveus, conseil, conseus; animal, animaus*. On a généralement simplifié, soit en donnant au singulier la forme du pluriel, moins l's (*cheveu*), soit en donnant au pluriel la forme du singulier, plus l's (*conseils*). Mais les mots où l'*l*, pure ou mouillée, était précédée d'un *a*, ont conservé les deux formes : *animal, animaux, travail, travaux*. Nous avons expliqué, en parlant de l'alphabet, la substitution de *x* à *s* à la fin de ces mots et de tous ceux dont le singulier se termine par un *u*.

301. — Un certain nombre de mots en *al* et en *ail* forment leur pluriel sans vocalisation de l'*l*; ce sont ceux qui sont entrés tardivement dans la langue (*bal, régal*), ou qui ne s'emploient pas fréquemment au pluriel (*portail, gouvernail*).

III. — DES SUBSTANTIFS TERMINÉS PAR S, X, Z

302. — Pour l'explication de ces terminaisons, nous ne pouvons que renvoyer à ce que nous avons dit, dans la Première partie (§ 156 et suiv.), de *s, x, z* à la fin des mots. Ajoutons seulement que, dans quelques mots, *s* finale provient de la terminaison neutre *us*, commune au nominatif et à l'accusatif : *temps, corps*. Dans *fils*, c'est la forme du cas sujet singulier qui s'est conservée par exception, parce que ce mot s'employait très souvent au vocatif, et que le cas qui servait pour le vocatif était le cas sujet. On explique de même l's qui termine plusieurs prénoms masculins.

CHAPITRE TROISIÈME

L'ADJECTIF

I. — GENRE ET NOMBRE

303. — Parmi les adjectifs latins, les uns se terminaient en *um* au masculin et *am* au féminin, les autres avaient *em* pour les deux genres. Si nous supprimons l'*m* finale, qui était tombée de très bonne heure, nous voyons que les flexions d'adjectifs se réduisaient aux trois voyelles atones *u*, *a*, *e*. D'après les lois phonétiques, deux d'entre elles doivent disparaître complètement, *e* et *u*; la troisième, *a*, doit être représentée en français par un *e* muet. Par conséquent, les adjectifs dérivés d'adjectifs latins en *um*, *am*, doivent se réduire au radical pour le masculin, et prendre *e* de flexion au féminin : *pur*, *pure*. Les adjectifs dérivés d'adjectifs latins en *em* doivent n'avoir qu'une seule forme, sans flexion, pour le masculin et pour le féminin : telle était en effet la règle des adjectifs *grand*, *fort*, etc., dans l'ancienne langue. Mais ces adjectifs à forme unique ont pris ultérieurement un *e* au féminin, par analogie avec les autres. Toutefois, il est resté quelques traces de l'ancienne règle dans les locutions telles que *grand'mère*, *grand'rue*, etc.

304. — Il y a des adjectifs qui se terminent par un *e* même au masculin. Ce sont ceux dont le radical se terminait en latin par un groupe de consonnes appelant une voyelle d'appui (fle*bi*lem, *faible*), et quelques autres pour lesquels le féminin s'est substitué au masculin (*roide*, dont l'ancien masculin était *roid*), ou encore des mots savants : *grave*.

305. — Quelques adjectifs ont une forme spéciale lorsqu'ils sont placés devant un substantif commençant par une voyelle : « *nouvel* homme, et *nouveau* tort ; *fol* amour, et amour *fou* ; *vieil* habit, et *vieux* compagnon. » C'est que l'adjectif est intimement lié avec le substantif qu'il précède, et se prononce à peu près comme s'il ne faisait qu'un seul mot avec lui. Or, dans l'intérieur d'un mot, l'*l* placée entre deux voyelles (ce qui est le cas de l'*l* finale de *nouvel*, *fol*, *vieil*, devant un substantif commençant par une voyelle) se conserve, tandis que l'*l* placée devant une consonne (ce qui est le cas de cette *l* finale devant un mot commençant par une consonne) se vocalise en *u*. D'autre part, devant *l* vocalisée, *e* provenant d'un *e* bref latin entravé, se diphtongue en *ea*, si bien que *el* + consonne = *eau*. C'est ainsi que *nouvel*, *fol*, *vieil* ont conservé leur ancienne forme devant les voyelles, et sont devenus *nouveau*, *fou*, *vieux* [1] devant un substantif commençant par une consonne, ou toutes les fois que le mot qui suivait, quelle que fût la lettre initiale, n'était pas lié intimement avec l'adjectif, était autre que le substantif auquel il se rapportait.

306. — Quand l'*l* finale de l'adjectif était précédée d'un *a* en latin (mortel, de mort*a*lem ; loyal, de leg*a*lem), et aussi dans *pareil*, *vermeil*, moins souvent employés que *vieil*, elle n'a pas subi la vocalisation ; toutefois elle s'est vocalisée devant l'*s* du pluriel quand l'*a* latin était resté *a* en français : *loyals* a fait *loyaus*, *loyaux*. Comparez ce que nous avons dit des noms en *al*.

---

1. « Vieux », du latin *vetulum*, a gardé la forme du cas sujet singulier, *vieux*, au lieu de *vieu*, probablement par suite de son emploi fréquent au vocatif.

II. — Modification du radical devant la flexion du féminin

307. — La consonne finale du radical des adjectifs n'est pas toujours la même au masculin et au féminin : « *frais, fraîche.* » C'est à la phonétique qu'il faut demander l'explication de ce fait. Dans le passage du latin au français, la consonne finale du radical latin a pu subir un changement différent suivant qu'elle se trouvait devant une flexion qui tombait ou devant une flexion qui se maintenait. Or, nous avons vu que la flexion latine du masculin était tombée, tandis que celle du féminin a persisté sous la forme d'un *e* muet. Prenons l'adjectif *franc-um*, au féminin *franc-am*. Le *c* du masculin *franc-um*, se trouvant entre une autre consonne et une voyelle labiale, est d'abord resté dur (on a prononcé *frank*); puis, n'étant pas protégé par une flexion, il est tombé de la prononciation : on écrit *franc*, mais on prononce *fran*. Au féminin, le même *c* se trouvait placé entre une autre consonne et un *a ;* or, d'après les lois phonétiques, dans ce cas spécial, le *c* devient *ch*, en même temps que l'*a* atone devient un *e* muet : de là le féminin *franche*.

308. — Nous passerons rapidement sur le redoublement de certaines consonnes (*l, n, t*) devant l'*e* du féminin [1], renvoyant à ce que nous avons dit, dans la première partie, du redoublement de ces consonnes en général. Nous nous bornerons à signaler une fois de plus les contra-

---

1. Dans *gentil*, l'*l* finale, que l'on ne prononce plus, était mouillée comme dans *péril*, et elle est restée mouillée au féminin : *gentille.* Ici le redoublement indique une mouillure. — L'*n*, au lieu de se redoubler, se change en *n* mouillée écrite *gn* dans *maligne, bénigne;* c'est que le radical, même au masculin, se terminait primitivement par *n* mouillée : on a prononcé *malign'* au masculin.

dictions arbitraires de l'usage : si *cruel* fait *cruelle* (on pourrait écrire *cruèle*, comme on écrit *discrète*), pourquoi *loyal* ne fait-il pas *loyalle?* Puisqu'on donne deux *n* à *paysanne*, pourquoi n'en donne-t-on qu'une à *fine?*

309. — Le redoublement de l'*s* s'explique mieux, parce qu'il indique la prononciation dure de cette consonne : on n'en met qu'une lorsqu'on prononce *s* douce au féminin. C'est qu'en effet l'*s* (ou *x*) finale est représentée au féminin tantôt par une *s* dure, tantôt par une *s* douce.

On a *s* dure quand cette consonne était redoublée ou précédée d'une autre consonne en latin :

roux fait *rousse*		latin *russam*	
épais — *épaisse*		— *spissam*	
gros — *grosse*		— * *grossam*	
épars — *éparse*		— *sparsam*	
faux — *fausse*		— *falcam* [1]	

On a *s* douce quand cette consonne était précédée d'une voyelle en latin, l'*s* latine devenant régulièrement *s* douce entre deux voyelles :

jaloux fait *jalouse*		latin *zelosam*	
français — *française*		— *france(n)sem* [2]	
adj. en *eux* font *euse*		— *osam*	
clos fait *close*		— *clausam*	

310. — Dans *frais*, mot d'origine germanique dont la forme latine est *friscum*, ce n'est pas l'*s* qui devient *ch* au

---

1. L'*s* (ou *x*) finale peut d'ailleurs provenir, comme nous l'avons vu dans la Première partie, d'une autre consonne latine que l'*s*. Quelle que soit son origine, elle donne toujours au féminin *s* dure (écrite quelquefois *c*) quand elle était précédée en latin d'une autre consonne : *doux* fait *douce* (latin *dulcem*), *tiers* fait *tierce* (latin *tertiam*).

2. Nous avons vu que l'*n* latine était tombée devant l'*s* dans la prononciation populaire. Il en résulte que le suffixe *ensem*, devenu *esem*, a produit des adjectifs dont le féminin est en *aise* par *s* douce.

féminin ; mais le *c* final du radical *frisc* s'est conservé très régulièrement, sous forme de *ch*, devant la flexion du féminin, tandis qu'il est tombé complètement au masculin.

311. — La gutturale *c* devient *ch* au féminin[1] : *franc, franche ; sec, sèche.*

312. — Les labiales latines deviennent généralement *v* entre deux voyelles, et se durcissent en *f* à la fin des mots. Par conséquent, les adjectifs dont le radical se terminait en latin par une labiale, auront *f* en français au masculin, et *v* au féminin : *chétif, chétive ; neuf, neuve.*

313. — Les adjectifs en *ou* et *eau*, qui se terminent au masculin par un *u* provenant d'une *l* latine, retrouvent cette *l* au féminin, parce que l'*l* latine se conserve sans vocalisation devant les voyelles. En outre, dans la terminaison *eau*, quand *u* est remplacé par *l* au féminin, *ea* se réduit à *e*, car la production de la diphtongue *ea* est intimement liée à la vocalisation de l'*l*. C'est ainsi que le féminin de *jumeau* est *jumelle;* celui de *fou, folle*[2]. L'*l* mouillée de *vieux* reparaît aussi au féminin dans *vieille.* Nous avons vu que plusieurs de ces mots avaient conservé l'*l* au masculin devant les substantifs commençant par des voyelles.

1. Excepté dans les mots savants, où elle reste dure, et s'écrit dès lors *qu* devant *e : public, publique.*

2. Le redoublement de l'*l* dans *jumelle, folle,* ne s'explique pas autrement que dans *cruelle,* etc. Voyez ci-dessus, § 308.

CHAPITRE QUATRIÈME

LES NOMS DE NOMBRE

I. — CARDINAUX

314. — Les noms de nombre cardinaux dérivent des mots latins correspondants. Nous avons remplacé les mots *septante, huitante* et *nonante*, dont le premier et le troisième sont encore des provincialismes usités, par des noms de nombre de formation française : *soixante-dix, quatre-vingts*, et *quatre-vingt-dix*.

315. — Sur *mille*, qui se prononçait d'abord avec *l* mouillée (latin *millia*), on a fait avec les suffixes *on* et *ard* les mots *million* et *milliard*, qui sont de véritables noms : on dit *mille hommes*, mais *un million d'hommes*.

316. — *Mille* est à l'origine un pluriel, dérivé du pluriel neutre latin *millia*[1]. Le singulier était *mil* (latin *mille*), qu'on n'emploie plus que dans les millésimes. On disait donc : *mil hommes*, et *deux mille hommes*. Tout en acquérant la valeur d'un singulier, *mille* a conservé au pluriel la particularité de ne pas prendre d's, conformément à son origine.

Quant à *cent* et à *vingt*, qui prennent régulièrement la flexion *s* au pluriel, la distinction d'après laquelle tantôt ils perdent et tantôt ils conservent cette *s*, n'a aucune espèce de fondement.

II. — ORDINAUX

317. — « Premier » est formé sur le radical du mot latin *primum*, par l'adjonction du suffixe *ier* (latin *arium*).

1. Le pluriel neutre ne prenait pas d's.

« Second » est un mot savant, dérivé du latin *secundum*. Quelques noms ordinaux en *ième* dérivent de mots latins en *esimum* (*centième* = *centesimum*); tous nos autres noms de nombre ordinaux ont été formés, avec le suffixe *ième*, sur les noms de nombre cardinaux.

CHAPITRE CINQUIÈME

ADJECTIFS ET PRONOMS DÉMONSTRATIFS

I. — ADJECTIF

318. — L'un des adjectifs démonstratifs du latin était *stum*, que le peuple employait en y ajoutant le préfixe *ecce* : *eccistum*. De *eccistum*, l'ancien français a tiré *icest;* puis, comme il arrive souvent aux mots proclitiques, *icest* a perdu sa première syllabe, il est devenu *cest*. Enfin l's est tombée, comme d'ordinaire, devant le *t*, et il est resté *cet* : « cet homme[1] ». Devant les mots commençant par une consonne, *cet* s'est encore usé davantage, il a perdu le *t* final, et l'*é* s'est affaibli en *e* muet : « *ce* livre ». Le féminin *eccistam* a produit de même *iceste*, puis *ceste*, *cete*, écrit *cette*.

319. — Dans le pluriel latin *eccistos*, l's finale, en s'unissant au *t*, avait produit un *z*, devant lequel la première *s* était tombée : il était donc resté *icez*, puis *cez*, et, par la substitution de *s* à *z* : *ces*.

320. — Dans le féminin pluriel *eccistas*, l's finale ne pouvait se joindre au *t* parce qu'elle en était séparée par

1. Pour l'explication de ces changements, chercher dans notre Première partie (chap. iv) les différentes lettres dont se composent les formes successives du mot.

un *a* atone, qui devait donner en français un *e* muet. On aurait donc dû avoir : *icestes, cestes, celles*. Mais *icestes* s'est de très bonne heure contracté en *icez*, par suite de la chute exceptionnelle de l'*e* muet, et c'est ainsi que le féminin pluriel s'est confondu avec le masculin pluriel.

II. — Pronoms

Pronom neutre.

321. — Le pronom neutre *hoc* précédé du préfixe *ecce*, « ecce hoc », a produit successivement *iço, ço, ce*. Ce mot, très employé, était exposé plus qu'un autre à s'user ; c'est ce qui explique la chute ancienne du *c* final, aussi bien que la réduction graduelle du mot à sa plus simple expression. Par un phénomène inverse, et qui rappelle l'adjonction du préfixe latin *ecce* à la forme primitive *hoc*, notre pronom *ce* reprend consistance en s'adjoignant comme suffixes les pronoms *ci* et *là* : « *ceci, cela* ».

Pronom masculin-féminin.

322. — Les adjectifs démonstratifs latins étaient en même temps pronoms. C'est ainsi que *illum* a produit, comme adjectif, notre article défini, et, comme pronom, en s'adjoignant le préfixe *ecce*, notre pronom démonstratif *celui*.

Dans *eccillum*, **le radical** *eccil* a produit régulièrement *icel*, puis **cel**.

Si nous ajoutons la flexion du pluriel, nous obtiendrons *cels*, qui, par la vocalisation de l'*l* et par le changement ordinaire de *s* finale en *x* après *u*, deviendra *ceux*.

Si nous ajoutons les flexions du féminin, nous obtiendrons *celle* et *celles*.

On devrait donc avoir :

	MASCULIN	FÉMININ
Singulier :	*cel*	*celle*
Pluriel :	*ceux*	*celles*

Mais, à côté de *eccillum*, féminin *eccillam*, il y avait dans le latin populaire les formes allongées *eccillui* et *eccillei*, qui ont produit les formes françaises *celui* (masculin) et *celei* (féminin).

On disait donc en vieux français, pour le masculin, *cel* ou *celui*, et, pour le féminin, *celle* ou *celei*. L'une de ces formes a disparu dans chaque genre ; mais c'est la forme allongée qui a persisté pour le masculin, et la forme courte pour le féminin.

Aujourd'hui, quand le pronom démonstratif « celui, celle » n'est pas suivi d'un pronom relatif, on l'allonge, comme le pronom neutre *ce*, par l'adjonction des adverbes *ci* et *là*.

CHAPITRE SIXIÈME

ADJECTIFS ET PRONOMS POSSESSIFS

323. — En latin, les mêmes mots servaient à la fois d'adjectifs et de pronoms possessifs. Mais, comme adjectifs, ils étaient proclitiques, et, comme pronoms, ils avaient un accent tonique. Or, nous savons que, dans le passage du latin au français, les mots proclitiques ne sont pas traités comme les autres. Il en résulte que chacun des adjectifs-pronoms possessifs du latin a donné deux formes françaises différentes, dont l'une sert d'adjectif et l'autre de pronom.

Les trois personnes du singulier.

324. — Les adjectifs-pronoms des trois personnes du singulier étaient *meum, tuum, suum*. Ces mots avaient dû devenir monosyllabiques dans la prononciation : en tout cas, leur *m* finale a été traitée comme celle des monosyllabes, elle s'est conservée sous forme d'*n*. Quand ils étaient proclitiques, ces trois mots ont perdu la voyelle de leur première syllabe, et il en est résulté les formes françaises *mon, ton, son*. « Meum » pronom, ayant l'accent tonique sur l'*e*, qui est un *e* bref, a produit régulièrement *mien*, sur lequel on a fait par analogie les pronoms de la 2ᵉ et de la 3ᵉ personne, *tien, sien :* car les formes dérivées directement du latin « tuum, suum » n'ont pas persisté. Le pluriel masculin, et le féminin singulier et pluriel des pronoms *mien, tien, sien*, ont été formés sur le singulier masculin par l'adjonction des flexions *s, e, es :* « miens, mienne, miennes. »

325. — Revenons aux formes proclitiques. Le pluriel de *mon, ton, son*, dérive régulièrement du pluriel latin « *meos, tuos, suos* », par la chute de la voyelle de la première syllabe, et le changement de *o* en *è*, comme dans l'article (*il*)*los* donnant *les*.

326. — Les féminins *meam, tuam, suam*, ont donné de même, comme formes proclitiques, *ma, ta, sa*, où le seul fait nouveau est la chute de l'*m* finale; mais les formes féminines du singulier peuvent aussi bien venir du nominatif, qui n'avait pas l'*m*, que de l'accusatif.

Enfin les féminins pluriels *meas, tuas, suas*, ont donné *mes, tes, ses*, formes identiques au masculin pluriel, exactement comme l'article (*il*)*las* a donné le même résultat que (*il*)*los : les*.

Première et seconde personnes du pluriel

327. — Les adjectifs-pronoms des deux premières personnes du pluriel étaient en latin *nostrum*, **vostrum* pour le masculin, *nostram*, *vostram* pour le féminin. Dans ces formes, nous trouvons après l'accent (tonique ou secondaire) un groupe de consonnes, *str*, qui doit appeler une voyelle d'appui : il en résulte que *nostrum* donnera *nostre*, de même que *nostram*, dont la forme française aurait eu l'*e* final, même à défaut du groupe de consonnes, à cause de l'*a* atone. Le féminin se confond donc avec le masculin, par l'effet même des lois phonétiques.

328. — Ici nous ne trouvons pas de différence, à l'origine, entre la forme tonique et la forme proclitique : car l'*o* entravé doit rester *o* dans l'ancienne langue, qu'il porte l'accent tonique ou l'accent secondaire. La scission ne s'est produite qu'au moment de la chute de l'*s* des formes *nostre* et *vostre* : dans *notre* et *votre* proclitiques l'*o* est resté bref, mais il est devenu long dans *nôtre* et *vôtre* pronoms.

329. — Le pluriel (masculin ou féminin) de *nostre*, *vostre*, était naturellement *nostres*, *vostres*. Il est resté tel (sauf la chute de l'*s* intérieure) dans l'emploi pronominal de ces mots ; mais, dans l'emploi adjectif, *nostres* et *vostres* se sont contractés de très bonne heure en *nos*, *vos*.

Troisième personne du pluriel.

330. — L'adjectif-pronom de la 3° personne du singulier servait aussi en latin pour le pluriel. Mais le français a une forme spéciale pour le pluriel ; elle dérive du génitif pluriel du pronom *illum*, dont nous avons déjà parlé à propos de l'article et du pronom démonstratif, et que nous retrouverons dans le chapitre des pronoms personnels. Le génitif pluriel de *illum* signifiait proprement « d'eux ». On comprend donc qu'il ait pu se transformer en adjectif-pronom possessif de la 3ᵉ personne du pluriel.

La forme de ce génitif était *illorum*. La première syllabe a disparu comme dans *illum* donnant l'article *le*, la partie atone du mot (*um*) est tombée, et l'*o* long, traité comme voyelle tonique, a produit *eu* : d'où le français *leur*.

« Leur » est resté longtemps invariable, comme il devait l'être d'après son origine. Puis on l'a confondu avec les autres adjectifs et pronoms possessifs, et on lui a donné une *s* quand il accompagnait un nom au pluriel.

Il faut remarquer aussi qu'en latin *illorum* était masculin, tandis que *leur* signifie aussi bien « d'elles » que « d'eux ».

CHAPITRE SEPTIÈME

PRONOMS PERSONNELS

331. — Dans les pronoms personnels, nous avons conservé trois des cas de la déclinaison latine : le nominatif qui sert pour le sujet, l'accusatif qui sert pour le régime direct, et le datif qui sert pour le régime indirect marqué ordinairement par la préposition *à*. Ainsi le pronom personnel masculin singulier de la troisième personne est *il* quand il est sujet de la phrase, *le* quand il est régime direct, *lui* au datif; si l'on parle d'une personne qui en a présenté une autre à une troisième, on dira : « *il le lui* présenta ». *Il* est le nominatif, *le* l'accusatif, *lui* le datif.

332. — Plusieurs des pronoms personnels latins se sont dédoublés, comme les adjectifs-pronoms possessifs, et ont donné deux formes françaises différentes, suivant qu'ils étaient proclitiques ou qu'ils portaient l'accent tonique. Mais chacune de ces formes n'a pas pris une valeur spéciale, comme cela est arrivé pour les adjectifs-pronoms possessifs. Les doubles formes d'un même pronom personnel ont conservé exactement la même valeur, mais on emploie l'une ou l'autre suivant que l'accent tonique doit porter ou non sur le pronom. Par exemple, quand le pronom précède le verbe, il s'appuie sur lui dans la prononciation et n'a pas d'accent tonique propre, on emploie la forme proclitique *me :* « il *me* promet de venir ». On dira au contraire : « promets-*moi* de venir », parce que, dans ce cas, la voix s'arrête sur le pronom, il a un accent tonique[1].

Première personne.

333. — Le nominatif de la première personne du singulier était en latin *ego*. Par la chute ancienne du *g*, *ego* est devenu *eo*, puis, l'*e* en hiatus se changeant aisément en *i*, « *io* ». Dans « io », *i*, devenu semi-voyelle, s'est consonnifié en *j* : *jo*. Enfin l'*o* s'est affaibli en *e*, comme dans l'article *le*, qui était jadis *lo*.

334. — Le cas régime latin *me* a donné deux formes : *me* et *moi;* on sait en effet que l'*e* long des formes proclitiques produit un *e* muet français, tandis que le même *e*, lorsqu'il est tonique, devient *oi*. Chacune de ces deux formes sert à la fois d'accusatif et de datif. Exemples d'accusatif : « il *me* soutient, soutiens-*moi* ». Exemples de datif : « il *me* donna ce livre, donne-*moi* ce livre. »

335. — Le pronom de la première personne du pluriel

---

1. Ces distinctions ne sont pas d'ailleurs absolues : « moi » s'est employé (et un pronom analogue, *lui*, s'emploie encore) devant le verbe.

était en latin *nos*, au nominatif comme à l'accusatif. Ce pronom n'a produit qu'une seule forme française, *nous*, qui sert à la fois pour les trois cas (nominatif, datif, accusatif) et pour les deux situations (proclitique et tonique).

Deuxième personne.

336. — Le nominatif de la 2ᵉ personne du singulier était en latin *tu* (prononcé *tou*), qui a donné régulièrement *tu* français.

337. — Le cas régime singulier *te*, et le pluril *vos*, ont produit, l'un les deux formes françaises *te* et *toi*, l'autre *vous*. Ces pronoms s'expliquent comme les pronoms correspondants de la 1ʳᵉ personne, et ont les mêmes emplois.

Formes réfléchies de la 3ᵉ personne.

338. — Le pronom latin *se* a produit la forme proclitique *se* et la forme tonique *soi*.

Formes non réfléchies de la 3ᵉ personne.

339. — L'adjectif-pronom latin *illum* a produit, commé adjectif, notre article, et, comme pronom, notre pronom de la 3ᵉ personne.

Les formes proclitiques de ce pronom se confondront nécessairement avec les formes de l'article, qui dérivent précisément, comme nous l'avons vu, de «illum» proclitique. C'est ainsi que *le, la, les*, sont à la fois des articles et des pronoms personnels.

340. — Si *illam* proclitique a donné *la*, *illam* avec l'accent tonique régulièrement placé sur l'*i* a produit *elle*, par le changement de l'*i* bref entravé tonique en *è*. De même, le pluriel *illas* a donné *elles*. Quant à *illum* non proclitique, il devrait être représenté par un pronom *el*, mais cette forme a été remplacée dès l'origine par *lui*, dérivé d'un datif populaire *illui*, qui a perdu, comme les proclitiques, sa première syllabe. Ce pronom *lui* sert à la fois de datif, et, après les prépositions, d'accusatif.

341. — Le féminin pluriel *illas* et le masculin pluriel *illos* ont abouti à la même forme proclitique : *les*. Mais ces deux pronoms ne se sont pas confondus lorsqu'ils avaient l'accent tonique. Nous venons de voir que *illas* non proclitique a produit *elles*. Dans *illos*, l'*o* atone doit disparaître, car c'est l'*a* atone seul qui est représenté en français par un *e* muet ; *illos* non proclitique donnera donc *els*, qui, par la vocalisation de l'*l*, deviendra *eus*, *eux*.

342. — Ainsi :

le	proclitique correspond à *lui* non proclitique.
les masc.	— — *eux*
la	— — *elle*
les fém.	— — *elles*

343. — Mais, si *illum* ne s'est conservé comme article que sous la forme de l'accusatif, il a persisté aussi, comme pronom, sous les formes du datif et du nominatif. Nous avons déjà vu que *lui* était à l'origine un datif, et qu'il a conservé cette valeur en même temps qu'il prenait celle d'un accusatif. Au pluriel, nous avons le datif *leur*, qui signifie proprement *d'eux*, car il dérive du génitif pluriel « illorum ». Telle est encore la signification du mot *leur* dans son emploi comme adjectif ou pronom possessif ; mais, comme pronom personnel, il a pris la valeur d'un datif, et d'un datif des deux genres : *à eux*, *à elles*.

344. — Le nominatif féminin est identique à l'accusatif ; car, dès l'origine de la langue, les mots féminins avaient été réduits à un seul cas (dérivé de l'accusatif) pour chaque nombre. Quant au nominatif masculin, il était *ille* au singulier et *illi* au pluriel. Ces deux formes s'étaient probablement identifiées dans le latin populaire, par analogie avec le pronom relatif, qui avait une forme unique pour le nominatif du singulier et du pluriel. Quoi qu'il en soit, l'ancien français disait uniformément *il* au singulier et au pluriel; puis on a ajouté une *s* au pluriel, par analogie avec les substantifs et les adjectifs où cette *s* dérive, comme nous l'avons vu, de l'*accusatif pluriel* latin.

345. — «Illi» a produit *il*, tandis que *illos* a donné *els* (plus tard *eux*). L'*i* bref entravé tonique a donc été traité différemment dans ces deux mots : c'est que, dans *illi*, il est soumis à l'influence d'un *i* long final.

346. — L'adverbe de lieu *en* (latin *indè*), dont le sens propre est «de là», est arrivé par extension à signifier : *de cela, de lui, d'elle, d'eux, d'elles*. En ce sens il est pronom personnel.

347. — De même l'adverbe *y* (latin *ibi*), dont le sens propre est «à cet endroit», est arrivé à signifier : *à cela*. Comparez «j'*y* vais » et «j'*y* pense».

CHAPITRE HUITIÈME

PRONOMS RELATIFS ET INTERROGATIFS

348. — Notre pronom *qui*, à la fois singulier et pluriel, masculin et féminin, dérive du nominatif latin *qui*, qui était commun au singulier et au pluriel; il y avait une forme spéciale pour le féminin, mais elle a disparu.

349. — Après les prépositions, et comme cas régime du pronom interrogatif (par exemple dans : *qui aimez-vous?*) *qui* dérive du datif latin *cui*. Il s'est écrit aussi *cui* en vieux français, et il avait à la fois la valeur d'un datif et celle d'un accusatif.

350. — *Que* masculin ou féminin est une forme proclitique dérivée de l'accusatif latin *quem*, qui était exclusivement masculin et singulier; les formes du féminin et du pluriel ont disparu.

351. — *Que* neutre (dans « ce *que* vous dites, *que* faites-vous? ») et *quoi*, dérivent l'un et l'autre du neutre latin *quid :* la forme proclitique est *que*, et la forme tonique *quoi*.

352. — L'ancien adverbe de lieu *dont* (latin *de-undè*), qui avait proprement le sens de « d'où, du quel lieu », est arrivé par extension à signifier « de laquelle chose, de qui ». Il est devenu, pour le pronom relatif, ce qu'est devenu l'adverbe *en* pour le pronom personnel de la 3e personne.

353. — Depuis le XIVe siècle, nous avons un autre pronom relatif, formé avec l'article et l'adjectif indéfini *quel*. « Qui » et « lequel » se sont partagé le domaine que « qui » occupait seul à l'origine.

CHAPITRE NEUVIÈME

LES MOTS INVARIABLES

354. — Un bon nombre de prépositions et d'adverbes viennent directement des prépositions et adverbes latins correspondants. D'autres sont de formation française, et j'ai eu l'occasion d'en citer plus d'un exemple dans les chapitres II et III de la Troisième partie.

355. — Les adverbes en *ment* sont constitués avec des

adjectifs féminins, auxquels on ajoute le suffixe *ment*. Mais nous avons vu que toute une catégorie d'adjectifs ne prenait pas d'*e* au féminin dans l'ancienne langue. Il n'y avait pas d'*e* non plus au milieu des adverbes formés sur ces adjectifs : on disait *forment* (fort-ment), *loyau-ment* (loyal-ment), etc. Ces adverbes ont été refaits au moment où on a ajouté un *e* analogique au féminin des adjectifs, et sont devenus *fortement, loyalement*. Mais nous avons conservé de l'ancien usage les adverbes *prudemment* (et non *prudente-ment*), *savamment* (et non *savante-ment*), etc.

356. — Les adjectifs employés abverbialement restent en général variables, et s'accordent avec l'adjectif ou le participe qu'ils qualifient : « fleurs *fraîches* écloses ». C'est aussi la règle de *tout* lorsqu'il est adverbe : « *toute* belle ». Mais on a compliqué arbitrairement cette règle, en décidant qu'on ne devait pas faire l'accord de *tout* quand le mot suivant commençait par une voyelle[1]. L'usage s'est établi de laisser *nouveau* invariable dans la locution *nouveau-né*, qui forme un véritable mot composé.

CHAPITRE DIXIÈME

LE VERBE

357. — Les temps du verbe français viennent des temps correspondants du verbe latin, sous les réserves suivantes :

1° La voix passive était caractérisée en latin par des flexions : au lieu d'employer le participe passé uni à

---

1. C'est du reste une subtilité purement orthographique, car *toute autre* se prononce exactement comme *tout autre*.

l'auxiliaire *être*, on se servait, comme pour la voix active, de flexions ajoutées au radical du verbe [1]

2° Le latin n'avait qu'un seul temps pour le prétérit ; tout en le conservant, nous en avons créé un autre avec l'auxiliaire *être* ou l'auxiliaire *avoir* et le participe passé. A côté de « je chantai », nous avons eu ainsi : « j'ai chanté ». A côté de « je vins », nous avons eu : « je suis venu ».

3° Les flexions de notre imparfait du subjonctif viennent des flexions du plus-que-parfait latin, qui ont ainsi changé de valeur.

4° Le futur a été refait. Les flexions du futur latin avaient l'inconvénient de se confondre avec celles de plusieurs autres temps, à la suite de la transformation régulière des sons qui les composaient [2]. Pour prendre un exemple, *abit* du futur de la première conjugaison devait, par l'application insensible des lois phonétiques, se confondre avec *avit* du prétérit : ces deux flexions auraient été représentées par la même flexion française, *a*. Comme il importe cependant que le prétérit soit distinct du futur, il fallait modifier l'un des deux temps. C'est le futur qui a été refait. Le nouveau futur se compose de l'infinitif du verbe soudé à l'indicatif présent de l'auxiliaire *avoir* : « je chanter-ai » équivaut à « j'ai *à* chanter ».

5° En disant « j'ai *à* chanter », on était naturellement amené à dire aussi « j'avais à chanter », c'est-à-dire à exprimer le futur *dans le passé* par un temps composé de l'infinitif du verbe et de l'imparfait de l'auxiliaire *avoir* [3].

---

1. Toutefois, plusieurs temps du passif étaient déjà périphrastiques en latin.

2. C'est une raison semblable qui a amené la substitution des flexions du plus-que-parfait du subjonctif à celles de l'imparfait.

3. Les Latins exprimaient le même temps à l'aide du participe futur (temps latin à flexion) et de l'imparfait de l'auxiliaire *être*, comme si on disait : « J'étais devant chanter. »

Telle est en effet l'origine de notre conditionnel. « Je chanter-ais » est une forme contracte pour « je chanter-avais ». Le conditionnel a encore la valeur d'un simple *futur dans le passé* lorsqu'on dit par exemple : « je savais qu'il viendrait ». Mais ce temps a pris en outre une valeur modale, que nous expliquerons dans la Syntaxe.

6° Plusieurs temps flexionnels du latin out été remplacés par des temps composés, formés avec le participe passé et différents temps de l'auxiliaire *avoir* ou de l'auxiliaire *être*. Nous avons déjà signalé les temps de la voix passive, et le prétérit composé, qui s'est, non pas substitué, mais ajouté au prétérit flexionnel. Le plus-que-parfait de l'indicatif, le futur passé, le prétérit et le plus-que-parfait [1] du subjonctif, l'infinitif passé, ont été entièrement remplacés par des temps composés, ce qui rendait la conjugaison plus facile.

358. — Le latin avait quatre conjugaisons. Nous n'avons plus que deux conjugaisons vivantes, susceptibles de former des verbes nouveaux, la conjugaison en *er* et la conjugaison inchoative en *ir*. La première vient de la conjugaison latine en *are*. La seconde se rattache à ceux des verbes de la conjugaison latine en *ere* qui prenaient la syllabe inchoative *isc* devant toutes leurs flexions : toutefois plusieurs temps, comme l'infinitif, dérivent de la conjugaison en *ire*. Une troisième conjugaison française qui est entièrement morte, et dont les verbes ont l'infinitif en *ir*, *oir* ou *re*, résulte de la fusion des autres conjugaisons latines.

---

1. Le plus-que-parfait flexionnel du subjonctif latin est devenu, nous l'avons dit, un imparfait français.

GÉNÉRALITÉS

Avant d'examiner séparément chacune des conjugaisons françaises, nous signalerons les points qui leur sont communs.

Flexions du participe présent et du gérondif.

359. — La flexion *ant* du participe présent (*chant***ant** = qui chante) et du gérondif (*en chant***ant**), qui est devenue commune à toutes les conjugaisons françaises, appartient en propre à la première conjugaison latine. Elle dérive des flexions latines *antem* du participe présent, et *ando* du gérondif. D'après les lois phonétiques, ces deux flexions devaient se confondre, par suite de la chute de l'*m* finale et des voyelles atones, et de la transformation régulière du *d* devenu final en *t*.

Flexions *ons, ions, ez, iez, ent.*

360. — La flexion *ons*, qui caractérise la première personne du pluriel des temps de toutes les conjugaisons, à l'exception du prétérit, a été substituée aux différentes flexions que le latin employait pour cette personne. Elle dérive de la première personne du pluriel de l'indicatif présent du verbe *être*, « sumus », qui a produit *sommes*, et par abrègement *sons*. La forme allongée a prévalu pour le verbe *être*[1], et la forme abrégée pour les autres verbes. Cette dernière est d'ailleurs plus conforme aux lois ordinaires de la phonétique; car, en principe, il ne doit pas y avoir de voyelle d'appui entre *m* et *s*.

361. — Cette flexion *ons* ne s'est pas appliquée dès

---

1. Il faut remarquer toutefois que le peuple dit souvent : « nous sons ».

l'origine à tous les temps. Ainsi l'imparfait[1] avait une flexion *iens*, en deux syllabes, dérivée de la flexion latine correspondante (voy. § 364). Puis on a substitué *ons* à *ens*, en conservant l'*i*, et on a eu *ions*, qui a été d'abord de deux syllabes.

362. — Pour beaucoup de verbes, la première personne du pluriel du subjonctif présent était identique, à l'origine, à la même personne de l'indicatif présent : on disait « nous chantons » et « que nous chantons ». Mais les verbes qui se terminaient en *eo* ou en *io* à la première personne de l'indicatif présent, et qui faisaient *eamus* ou *iamus* à la première personne du pluriel du subjonctif présent, ont eu une flexion française dérivée directement de la flexion latine, *iens* en une syllabe. Plus tard on a substitué *ons* à *ens*, en conservant l'*i* : d'où *ions*, qui a toujours été, au subjonctif, d'une syllabe. Certains verbes faisaient donc *ons* au subjonctif présent, d'autres *ions* : les premiers ont été assimilés aux seconds, et la flexion *ions* s'est étendue à l'imparfait du subjonctif.

363. — La flexion *ez*, qui caractérise la deuxième personne du pluriel des temps de toutes les conjugaisons, à l'exception du prétérit, a été substituée aux différentes flexions que le latin employait pour cette personne. Elle dérive de la flexion latine *atis*, que l'on trouvait à l'indicatif présent de la première conjugaison, à l'imparfait, et au subjonctif présent des verbes des deuxième, troisième et quatrième conjugaisons. A l'imparfait[2], cette flexion a toujours été précédée de *i*, qui formait, à l'origine, une syllabe à part. Les verbes qui faisaient *iens* à la première personne du subjonctif présent (§ 362), faisaient *iez* (en

---

1. Et par conséquent aussi le conditionnel, puisque les flexions du conditionnel sont celles de l'imparfait du verbe *avoir*.
2. Et par conséquent aussi au conditionnel (Voy. § 357, 5°).

une syllabe), pour la même raison, à la seconde personne. Cette flexion *iez* s'est étendue ensuite à tous les subjonctifs présents ou imparfaits.

Les troisièmes personnes du pluriel se terminaient en latin par les consonnes *nt*, précédées de diverses voyelles. Comme ces voyelles étaient atones, elles sont toutes représentées en français par un *e* muet.

Flexions de l'imparfait et du conditionnel.

364. — Les flexions qui sont devenues communes aux imparfaits de toutes les conjugaisons françaises dérivent de l'imparfait latin en *ebam*, des deuxième et troisième conjugaisons latines.

Les flexions latines étaient pour le singulier : 1. *ebam*, 2. *ebas*, 3. *ebat*. L'*e* long libre tonique est devenu comme toujours *oi*, puis, tardivement, *ai*. L'*a* atone de la troisième personne est tombé, par exception, presque dès l'origine; l'*e* muet français, qui représentait cet *a* atone aux deux autres personnes, a persisté, au moins dans l'orthographe, jusqu'au XVI⁰ siècle. Le *b*, se trouvant entre deux voyelles, aurait dû produire un *v* français ; mais on constate que, dans les flexions de l'imparfait, il est tombé dès l'origine. L'*s*, qui caractérisait d'abord la deuxième personne, a été ajoutée à la première personne au moment où on supprimait l'*e* muet final. Ainsi s'expliquent les flexions françaises : *ais, ais, ait*.

D'après les remarques qui précèdent, on voit que la flexion de la troisième personne du pluriel, *ebant*, devait produire *aient* français.

A la première et à la deuxième personne du pluriel l'accent tonique passe sur la seconde syllabe de la flexion : *ebamus, ebatis*. Le *b* est tombé comme aux autres personnes ; à la place de l'*e* latin, devenu atone, on trouve un *i* français qui n'a pas encore été expliqué d'une façon sûre. Sous l'influence de cet *i*, l'*a* tonique libre s'était changé en *ié*, d'où les flexions *iiens, iiez*, d'où par contraction, et par substitution de *ons* à *ens* de la première personne, *ions* et *iez*.

Conjugaison en **er**.

365. — *Infinitif*. — Le latin *are* a produit *er* par le changement normal de *a* tonique libre en *é* et par la chute de la voyelle atone.

366. — *Participe présent et gérondif*. — Voyez ci-dessus, paragraphe 359.

367. — *Participe passé*. — Dans la flexion latine *atum*, la finale atone *um* est régulièrement tombée, ainsi que le *t*, qui se trouvait entre deux voyelles. L'*a* tonique libre est devenu *é* comme à l'infinitif.

368. — *Indicatif présent*. — Les flexions latines étaient : 1. *o*, 2. *as*, 3. *at*, pour le singulier, et 1. *amus*, 2. *atis*, 3. *ant*, pour le pluriel.

La première personne du singulier était à l'origine sans flexion (*je chant*) l'*o* atone étant régulièrement tombé ; toutefois, les verbes dont le radical se terminait par un groupe de consonnes appelant une voyelle d'appui (*je livre*) avaient un *e* final, qui a été ajouté par analogie à tous les autres. L'*a* atone des deuxième et troisième personnes du singulier est représenté comme toujours par un *e* muet. Le *t* final de « *at* », n'étant pas appuyé par une autre consonne, est tombé dès le XIᵉ siècle. Enfin, l'*s* de la seconde personne a persisté, au moins dans l'orthographe, jusqu'à nos jours, conformément aux lois phonétiques.

Nous avons expliqué plus haut (§ 360 et suivants) les trois personnes du pluriel.

369. — *Imparfait de l'indicatif*. — Voyez paragraphe 364.

370. — *Prétérit de l'indicatif*. — Les flexions latines étaient: 1. *avi*, 2. *asti*, 3. *av(i)t*, pour le singulier; 1. *av(i)mus*, 2. *astis*, 3. *arunt*, pour le pluriel.

Dans toutes ces formes, l'accent tonique porte sur l'*a*. Cet *a* étant libre à la troisième personne du pluriel, se change en *é* comme à l'infinitif et au participe passé : l'*é* est ultérieurement devenu *è* parce qu'il était suivi d'une consonne prononcée : *èrent*. L'*a* se conserve, étant entravé, aux autres personnes[1], excepté à la première du singulier, où l'*i* long final amène la chute du *v* et le changement de l'*a* tonique en *ai*. Un *e* muet d'appui s'intercale entre *m* et *s* à la première personne du pluriel, entre *t* et *s* à la deuxième personne du pluriel[2]. Le *v* disparaît régulièrement devant *t* et devant *m* à la troisième personne du singulier et à la première du pluriel. L'*s* est tombée devant une autre consonne, en allongeant l'*a*, à la deuxième personne du pluriel, et, par analogie avec cette personne, la première du pluriel a pris aussi *s* après *a* : *asmes* puis *âmes*. Enfin on explique la chute du *t* à la deuxième personne du singulier par le dédoublement de l'*i* long final : dans *astii*, le *t* placé devant un *i* en hiatus doit produire un *c* doux, c'est-à-dire une *s* dure, qui se confond avec l'*s* qui précède. Le *t* final de la troisième personne du singulier, étant précédé en latin d'une autre consonne, devait, semble-t-il, se maintenir jusqu'à nos

---

1. Il faut remarquer toutefois que, dans des cas analogues à celui de la troisième personne du singulier, la voyelle tonique n'a pas été traitée comme une voyelle entravée.

2. Cependant, en règle générale, le groupe *st-s* n'appelle pas de voyelle d'appui. L'adjectif démonstratif *ces* (et non *cestes*) vient, comme nous l'avons vu, de *eccist(o)s*.

jours dans l'orthographe : on l'a conservé au prétérit des autres conjugaisons.

371. — *Impératif.* — Aux deux personnes du pluriel, les flexions *ons*, *ez*, déjà expliquées, s'ajoutent au radical du verbe. Le pluriel de l'impératif est donc identique aux deux premières personnes du pluriel de l'indicatif présent.

La flexion latine de l'impératif singulier est *a* atone, représenté en français par un *e* muet.

372. — *Futur et conditionnel.* — Nous avons vu (§ 357, 4° et 5°) que le futur se composait de l'infinitif du verbe et de l'indicatif présent de l'auxiliaire *avoir*, et le conditionnel du même infinitif et des terminaisons de l'imparfait empruntées à l'imparfait d'*avoir*. Il faut remarquer que, dans ces deux temps, l'*a* tonique de l'infinitif latin devient atone (l'accent tonique portant sur la flexion), et que, dès lors, il est représenté en français par un *e* muet, et non par un *é* fermé comme à l'infinitif.

373. — *Subjonctif présent.* — Les flexions latines du subjonctif présent étaient : 1. *em*, 2. *es*, 3. *et*, pour le singulier, et 1. *emus*, 2. *etis*, 3. *ent*, pour le pluriel.

L'*e* atone des trois personnes du singulier devait tomber, ainsi que l'*m* finale de la première, d'après les lois phonétiques. Il ne restait donc qu'une *s* à la deuxième personne (*que tu demeurs*) et un *t* à la troisième (*qu'il demeurt*). Mais, dans les verbes dont le radical se terminait par un groupe de consonnes appelant une voyelle d'appui, l'*e* atone des flexions latines était remplacé par un *e* muet d'appui, et le *t* de la troisième personne, n'étant plus soutenu par une autre consonne, disparaissait : *que je livre, que tu livres, qu'il livre* (Cf. § 368). Telles étaient aussi les flexions du singulier du subjonctif dans les autres conjugaisons. Elles ont fini par s'appliquer également à tous les verbes de la première conjugaison.

A « emus » et à « etis » ont été substituées les flexions *ions* (d'abord *ons*) et *iez* (d'abord *ez*), expliquées ci-dessus, §§ 362 et 363. Enfin *ent* latin (prononcé *èn't*) a donné régulièrement la terminaison française atone *ent*.

374. — *Imparfait du subjonctif* (plus-que-parfait latin). — Les flexions latines étaient : 1. *assem*, 2. *asses*, 3. *asset*, pour le singulier; 1. *assemus*, 2. *assetis*, 3. *assent*, pour le pluriel.

L'*a* de ces différentes flexions, qu'il soit atone comme aux deux premières personnes du pluriel, ou tonique comme partout ailleurs, doit se maintenir parce qu'il est entravé. Aux terminaisons *emus* et *etis* des flexions *assemus* et *assetis* ont été substituées les terminaisons *ions* (d'abord *ons*) et *iez* (d'abord *ez*), pour lesquelles nous renvoyons aux paragraphes 362 et 363. La troisième personne du singulier est devenue régulièrement *ast*, puis *ât*, par la chute de l'*e* atone. Cet *e* atone est représenté par un *e* muet français aux deux premières personnes du pluriel, par exception à la grande loi de la chute des atones, deux et même trois *s* ne justifiant pas en général une voyelle d'appui.

Irrégularités de la conjugaison en *er*.

375. — Le verbe *envoyer* fait au futur *enverrai*.

Il faut remarquer que, dans la plupart de ses formes, le verbe ressemble à un composé de *voir* (ils *envoient*, etc.). Il a subi, au futur, l'influence de *verrai*.

376. — Pour les formes que le verbe « aller » emprunte aux verbes latins *vadere* et *ire*, il appartient à la conjugaison morte. Parmi les formes de ce verbe qui relèvent de la conjugaison en *er*, il n'y a à signaler que le subjonctif présent, où apparaît une mouillure (*aill* au lieu de *all*), due à l'analogie avec les verbes comme *valoir*, où la mouillure du subjonctif s'explique phonétiquement, comme nous le verrons plus loin.

377. — Certains verbes ont un *e* muet dans la dernière syllabe du radical tel qu'on le trouve à l'infinitif et partout où l'accent tonique porte sur la flexion: « appel-er, lev-er, etc. » Cet *e* dérive généralement d'un *e* latin (appellare, levare); mais nous avons vu que l'*e* latin (ou n'importe quelle autre voyelle) ne produit d'*e* muet français que lorsqu'il est atone. Or, ce même *e* latin est souvent tonique dans la conjugaison de ces verbes; il l'est partout où l'accent tonique porte sur le radical, par exemple au singulier de l'impératif : *appella, leva*. Dans ce cas, il ne peut pas produire un *e* muet : de là les formes françaises *appelle, lève*, par *è* ouvert. Dans l'ancienne langue on disait *lìève*, l'*e* bref tonique libre s'étant régulièrement diphtongué en *ié*. Le radical tonique de *lever* était donc *liév*, et le radical atone *lev*; mais on a rapproché les deux radicaux l'un de l'autre, en supprimant l'*i* du radical tonique.

CONJUGAISON INCHOATIVE

378. — La conjugaison inchoative est caractérisée par l'introduction de la syllabe latine *isc*, qui a une signification inchoative, entre le radical du verbe et les flexions de la troisième conjugaison latine. Cette syllabe est représentée en français par *iss* lorsqu'elle est suivie d'une voyelle, et par *is* lorsqu'elle est suivie d'une consonne[1] ou d'une voyelle latine qui doit disparaître. « Iss » ou « is » est la forme que doit prendre régulièrement *isc* latin devant un *e* ou un *i*; car, devant *e* ou *i*, *c* devient *c* doux,

---

1. Devant une consonne, *is* s'est ultérieurement réduit à *i*.

c'est-à-dire *s* dure, et cette *s* se confond avec l's précédente. C'est par analogie que *isc* latin, placé devant d'autres voyelles latines que *e* ou *i*, a donné aussi *iss* français [1].

379. — Les temps qui ont la syllabe inchoative sont : le participe présent, l'indicatif présent, l'imparfait de l'indicatif, l'impératif, et le présent du subjonctif. Les flexions déjà connues du participe présent et de l'imparfait de l'indicatif s'ajoutent purement et simplement à la syllabe *iss*, pour former les suffixes complexes *issant*, *issais*, etc. Quant à l'impératif et aux présents de l'indicatif et du subjonctif, nous verrons, en traitant de la conjugaison morte, que les flexions de ces trois temps dans les conjugaisons latines autres que la première (et par conséquent dans la troisième) ont abouti aux flexions françaises qui suivent :

Impératif : singulier, pas de flexion ; *pluriel*, 1. *ons*, 2. *ez*.

Indicatif présent : singulier, 1. pas de flexion, 2. *s*, 3. *t* ; *pluriel*, 1. *ons*, 2. *ez*, 3. *ent*.

Subjonctif présent : singulier, 1. *e*, 2. *es*, 3. *e* ; *pluriel*, 1. *ions*, 2. *iez*, 3. *ent*.

A l'impératif singulier et à la première personne de l'indicatif présent, la syllabe inchoative *is* prendra la place de la flexion tombée. L's de la deuxième personne de l'indicatif présent se confondra avec l's finale de la syllabe *is*, de telle façon que les deux premières personnes du singulier seront identiques. A la troisième personne du même temps on aura *is* + *t*, c'est-à-dire *ist*, qui se réduira

---

1. On peut encore expliquer *iss*, dans ce cas, par une métathèse, *isc* latin ayant pu se prononcer *ics*. Dès lors, le *c* placé devant une autre consonne produit un *i* semi-voyelle qui se confond avec l'*i* précédent, et *s* donne régulièrement *s* dure, représentée graphiquement par deux *s*.

plus tard à *it*. Toutes les autres flexions, commençant par des voyelles, n'offrent aucune difficulté ; il suffit de les ajouter à la syllabe inchoative *iss*.

380. — Les temps de cette conjugaison qui n'ont pas la syllabe inchoative se rattachent à la quatrième conjugaison latine.

a. *Infinitif.* — Le latin *ire*, par *i* long, a donné régulièrement *ir*.

b. *Participe passé.* — La flexion *i* vient du latin *itum* ; le *t* est tombé comme dans *atum* de la première conjugaison, qui a donné *é*.

c. *Prétérit.* — Les flexions latines étaient : 1. *ivi*, 2. *isti*, 3. *ivit*, pour le singulier ; 1. *ivimus*, 2. *istis*, 3.* *irunt*, pour le pluriel.

L'*i* initial de ces flexions, étant un *i* long, doit se conserver partout, qu'il soit libre ou entravé. Quant aux autres voyelles et aux consonnes, elles sont les mêmes qu'au prétérit de la conjugaison en *er*, et sont traitées de même (Voy. § 370). Nous remarquerons seulement que l'*i* long final ne peut exercer aucune influence sur l'*i* tonique de la première personne, et que la flexion de cette personne, après avoir été régulièrement *i*, a pris une *s* analogique.

d. *Futur et conditionnel.* — Au futur et au conditionnel, l'*i* de l'infinitif, devenant atone, aurait dû tomber. « Finire habeo » aurait dû donner *findrai* au lieu de *finirai*. C'est probablement sous l'influence de l'*i* de la syllabe inchoative, que l'*i* de l'infinitif s'est maintenu au futur : c'eût été le seul temps des verbes inchoatifs sans *i* après le radical.

e. *Imparfait du subjonctif.* — Les flexions de ce temps, dans la quatrième conjugaison latine, ne différaient de celles de la première conjugaison que par la voyelle initiale, qui était *i* au lieu de *a*, comme au prétérit de l'indicatif. Nous n'aurions donc qu'à répéter ce que nous avons dit pour l'imparfait du subjonctif de la conjugaison en *er*, en remplaçant partout *a* par *i* (Voy. § 374).

Irrégularités. — Verbe *haïr*.

381. — Le verbe *haïr* appartient primitivement à la conjugaison morte. Il est devenu inchoatif, mais il a conservé ses anciennes formes au singulier de l'indicatif présent et de l'impératif.

CONJUGAISON MORTE[1]

ou

VERBES EN **oir**, **re**, et NON INCHOATIFS en **ir**.

382. — La deuxième conjugaison latine est représentée par nos verbes en *oir*, la troisième par nos verbes en *re*, la quatrième par nos verbes en *ir*. Ces conjugaisons ne sont plus distinctes que par l'infinitif[2]. Par suite de l'application des lois phonétiques et des influences analogiques qui ont exercé une action si considérable sur les verbes, les conjugaisons en *re*, *oir* et *ir* se sont fondues pour les autres temps ; elles admettent pour plusieurs de ces temps des formes variées, mais aucune n'est propre à l'une des conjugaisons plutôt qu'aux autres. Il en résulte que, lorsqu'on veut choisir un type pour chacune de ces

---

1. Voyez ci-dessus, § 358. — Dans les exemples que nous citerons, nous ne mettrons que les verbes simples, ou l'un quelconque des dérivés quand le simple n'existera plus ou sera peu usité. Mais tout ce que nous dirons des simples s'appliquera naturellement aux dérivés.

2. Encore faut-il remarquer que, parmi nos verbes en *ir*, il s'en trouve qui devraient être en *re* d'après l'étymologie (*courir* par exemple); et inversement, d'autres, qui devraient être aussi en *re*, ont la flexion *oir*, comme *recevoir*.

anciennes conjugaisons, ces types rentrent souvent les uns dans les autres, ou bien ils donnent comme caractéristiques certaines formes, à côté desquelles il en existe d'autres également légitimes, que l'on qualifie d'exceptionnelles, et qui grossissent démesurément le nombre des irrégularités.

Nous allons montrer qu'il n'y a réellement qu'une seule conjugaison morte, quelle que soit la terminaison de l'infinitif, et on verra que cette théorie permet de réduire sensiblement la liste des verbes irréguliers.

VERBES A DOUBLE RADICAL

383. — Il importe tout d'abord de remarquer que les verbes de la conjugaison morte peuvent avoir un radical variable[1]. Ainsi dans *mourir*, le radical est tantôt *meur*, tantôt *mour*. L'une de ces formes s'emploie toutes les fois que le radical est tonique, c'est-à-dire quand la flexion est constituée par une consonne ou qu'elle ne contient pas d'autre voyelle que l'*e* muet : *il* *meur***t**, *ils* *meur***ent**. L'autre forme s'emploie quand le radical est atone, quand l'accent tonique porte sur la flexion, c'est-à-dire quand la flexion contient une voyelle autre qu'un *e* muet. Nous dirons donc que *meur* est le radical tonique et *mour* le radical atone du verbe *mourir*. Le radical était unique en latin, *mor* : mais nous avons vu qu'une même voyelle latine peut avoir donné deux sons différents en français, suivant qu'elle était tonique ou seulement pourvue de l'accent secondaire. Ainsi l'*o* latin libre, lorsqu'il est tonique,

---

1. Cette particularité se rencontrait aussi dans la conjugaison en *er*; mais elle y a disparu presque complètement, sous l'influence de l'analogie. Il en reste trace dans les verbes tels que *lever*, qui a réellement encore un double radical : *lèv* et *lev*. Voyez § 377.

donne *eu* (radical *meur* de *mourir*), tandis qu'il donne *ou* (radical *mour*) à la syllabe initiale. De même dans le substantif *dolorem*, le premier *o* est représenté en français par *ou*, et l'*o* tonique par *eu* : « *douleur* ».

384. — On trouve aussi dans les radicaux variables :

1° L'alternance entre *oi* tonique et *e* atone, qui se rattache à un *e* long ou à un *i* bref libres du latin : *dois* et *devoir*, *reçois* et *recevoir*. On a eu aussi *bois* et *bevant*; mais, dans ce verbe, l'*e* du radical atone s'est changé en *u*.

2° L'alternance entre *ié* tonique et *e* atone, qui se rattache à un *e* bref libre du latin : *tiens*, et *tenir*.

385. — Il est impossible de dire, d'après les formes latines, quels sont les verbes qui ont le radical simple et ceux qui l'ont double. Car la langue a beaucoup réduit le nombre des verbes de la seconde espèce, en optant fréquemment entre les deux radicaux. Voici une liste de verbes qui ont conservé un double radical :

1° Alternance entre *eu* et *ou :*

mourir, radical tonique	*meur*,	radical atone	*mour*	
mouvoir	—	*meuv*	—	*mouv*
pouvoir	—	*peuv*	—	*pouv*
vouloir	—	*veul*	—	*voul*

2° Alternance entre *oi* et *e* (ou *oi* et *u*) :

recevoir, radical tonique	*reçoiv*,	radical atone	*recev*	
devoir	—	*doiv*	—	*dev*
boire	—	*boiv*	—	*buv*
voir[1]	—	*voi*	—	*ve*
choir[2]	—	*choi*	—	*che*

[1, 2]. Nous expliquerons plus loin la suppression de la voyelle du radical dans *voir* et *choir* (§ 387, note 1). Le radical tonique de *choir* était jadis *chié* : il en est resté la forme *échet*, que l'on emploie concurremment avec *échoit*.

3° Alternance entre *ié* et *e* :

venir, radical tonique	*vien*, radical atone	*ven*
tenir	—	*tien*	—	*ten*
acquérir	—	*acquier*	—	*acquér*
seoir [1]	—	*sié*	—	*se*

DÉTERMINATION DU RADICAL

386. — Le vrai radical est quelquefois assez délicat à déterminer dans les verbes en *re*, *oir* et *ir*. Ainsi, d'après « tu dois », la flexion étant *s*, il semble que le radical tonique de *devoir* soit *doi;* mais il est *doiv* (et c'est la vraie forme, la forme complète) dans « ils doivent ». Cette difficulté tient à ce que, dans ces verbes, la flexion est constituée souvent ou commence par une consonne, et que, devant une consonne, la consonne finale du radical peut subir diverses transformations phonétiques ou tomber complètement. Dans les verbes en *er* et dans les inchoatifs en *ir*, la difficulté ne se produit pas, parce que la flexion commence toujours par une voyelle.

387. — Pour avoir le radical exact et complet d'un verbe de la conjugaison morte, il faut donc le chercher dans une forme où la flexion commence par une voyelle, par exemple à l'infinitif des verbes en *oir* et en *ir* [2]. Mais

---

1. Dans les composés de ce verbe, la conjugaison actuelle hésite entre le vrai radical tonique *sié*, et un radical *soi* ou *sey*, par analogie avec le radical atone tel qu'il se présente devant les voyelles. On dit « ils s'asseyent », au lieu de « ils s'assiéent » ; mais on dit encore : « ils siéent ».

2. Si on défalque la flexion *oir* dans *voir* et dans *choir*, il reste pour tout radical *v* et *ch*. Mais l'ancienne forme de ces verbes était *veoir* (prononcé d'abord *ve-oir*) et *cheoir*, analogue à *seoir*, où l'orthographe a conservé l'ancien *e*. Le radical atone de ces verbes est donc *ve*, *che*. L'*e* s'est élidé devant la flexion *oir* de l'infinitif. — *Gésir* donnerait une fausse indication sur le radical de ce verbe qui partout ailleurs est *gis*. On a voulu, à l'infinitif, éviter la répétition de l'*i* dans deux syllabes consécutives.

remarquons que, dans le cas où le verbe en *oir* ou en *ir* a un double radical, on n'obtient avec l'infinitif que le radical atone, puisque, à ce temps, l'accent tonique est sur la flexion. La forme qui nous donnera le radical tonique sera particulièrement la troisième personne du pluriel de l'indicatif présent, où la flexion *ent* est atone et commence par une voyelle [1].

388. — Quant aux verbes en *re*, le radical atone nous en sera donné par le participe présent, puisque, à l'infinitif, la flexion commence par une consonne. Le radical tonique se déduira toujours de la troisième personne du pluriel de l'indicatif présent.

389. — Par conséquent, pour conjuguer sûrement un de ces verbes, à l'aide des flexions que nous établirons plus loin, il suffit, s'il a un radical simple, de connaître l'infinitif (s'il est en *oir* ou en *ir*), ou le participe présent (si l'infinitif est en *re*). — Pour les verbes qui ont un double radical, il faut connaître en outre la troisième personne du pluriel de l'indicatif présent. Mais nous avons donné plus haut (§ 385) une liste des verbes à double radical.

---

1. Il n'y a aucune conclusion à tirer, au point de vue du radical, des formes *sont, ont, vont, font,* dont la première s'explique par la forme latine irrégulière *sunt,* et dont les autres ont subi l'analogie de la première ou dérivent du latin populaire *ha(**b**)unt, va(**d**)unt, fa(**c**)unt* : l'*u* de flexion, au lieu d'être représenté en français par un *e* muet, s'est ajouté à la voyelle du radical pour la transformer en diphtongue *au,* puis en *o.* — *Savent,* qui s'explique par une analogie avec *savons, savez,* donnerait aussi unè fausse indication sur le radical tonique de *savoir,* qui est *saiv.* Ce radical ne se trouve d'ailleurs(et sans le *v* final) qu'au singulier de l'indicatif présent. Nous verrons que, dans les autres temps, il a subi des modifications spéciales

MODIFICATIONS DU RADICAL DEVANT LES CONSONNES

390. — Avant d'aborder l'étude des flexions, il ne nous reste plus qu'à expliquer les modifications phonétiques que le radical peut subir devant une flexion constituée ou commençant par une consonne, c'est-à-dire devant *s* des deux premières personnes du singulier de l'indicatif présent, devant *t* des troisièmes personnes du même temps et de certains participes passés, devant *r* des infinitifs en *re*, des futurs (*rai*) et des conditionnels (*rais*).

1° Quand le radical se termine par une labiale, cette labiale tombe devant les consonnes. Le radical tonique de *devoir* étant *doiv*, le *v* tombera devant la flexion *t*, de la troisième personne de l'indicatif présent, « il doi-t ». Le *v* de *écriv* tombe dans *écri-re*, celui de *boiv* dans *boi-re*. Toutefois, le *v* final du radical de *vivre*, *suivre*, persiste devant l'*r* de l'infinitif, et le *v* du radical de *devoir*, *recevoir*, *mouvoir*, *pleuvoir*, persiste devant *rai* du futur; cette persistance de *v* devant *r* est d'ailleurs conforme aux lois phonétiques. Le *v* de *avoir* et *savoir* se vocalise en *u* dans *aurai*, *saurai*. Dans *pouvoir*, le *v* du radical est euphonique (voyez paragraphe 188), bien qu'il se retrouve dans toute la conjugaison de ce verbe; mais il ne s'est pas introduit au futur (*pourrai*), parce qu'il n'y était pas utile: le redoublement de l'*r* s'explique par le *t* qui terminait le radical latin *pot*.

2° Quand le radical se termine par une *s*, il s'intercale généralement un *t* euphonique (un *d* dans *coudre*, anciennement *cous-dre*) entre cette *s* et l'*r* des infinitifs en *re*, et l'*s* finale du radical est ultérieurement tombée, en allongeant la voyelle précédente. Ainsi le vrai radical du verbe

connaître est *connaiss* (participe présent *connaiss*-ant[1]),
le *t* est une lettre euphonique, qui ne fait partie ni
du radical ni de la flexion, et devant laquelle l'*s* finale du
radical est tombée.

Un certain nombre de verbes dont le radical se termine
par *s* perdent simplement cette *s* à l'infinitif : ainsi,
d'après le participe présent *plaisant*, le radical de *plaire*
est *plais*. Il n'y a pas de consonne euphonique à l'infinitif.
C'est que, pour une raison phonétique, la consonne latine
d'où provient l'*s* de *plaisant* n'a pas produit d'*s* devant *r*[2].

L'*s* finale du radical se confondra en outre avec la flexion
s, et tombera devant la flexion *t* : *tu connais, il connaît.*

3° Quand le radical se termine par *n* ou *l*, pure ou mouillée,
il s'intercale un *d* euphonique devant *r*, *n* nasalise la
voyelle précédente en perdant sa mouillure, et *l* tombe
(après *ou*) ou se vocalise en *u*. Ainsi le radical de *mou-d-re*
est *moul*, le radical de *vau-d-rai* est *val*, le radical de
fein-d-re est *feign* (participe présent *feign-ant*)[3]. Il en est
de même pour tous les verbes en *aindre, eindre, oindre*.
La mouillure de l'*n* disparaît aussi devant *s* et *t*.

C'est par une aberration orthographique qu'on écrit
« tu couds, tu mouds, il coud ». On devrait écrire : *tu cous,*

---

1. Les deux *s* marquent la prononciation dure de l'*s* devant les
voyelles.

2. *Placere* était devenu *placre*, et le *c* devant une consonne produit
simplement un *i* semi-voyelle : de là *plaire*. Au contraire, dans le
participe présent *placentem*, le *c* se trouve placé devant un *e*, et, dans
ce cas, il produit non seulement un *i*, mais encore une *s* douce.

3. Les verbes *absoudre, résoudre, dissoudre* offrent un cas particulier. Leur radical devrait être : *absouv, résouv, dissouv*. Il a été
reconstitué, par influence savante, sous sa forme latine *absolv*, etc
(absolvant, dissolvant), excepté à l'infinitif. Or, dans le radical latin
solv, le *v* est tombé entre *l* et la flexion *re* de l'infinitif, un *d* euphonique s'est introduit entre *l* et *re*, et *l* s'est ultérieurement vocalisée :
de là *absou-d-re, résou-d-re, dissou-d-re*.

tu mous, *il cout*, le *d* étant une lettre euphonique qui n'a de raison d'être qu'à l'infinitif et au futur.

L'*l* finale du radical, pure ou mouillée, tombe (après *ou* et *eu*) ou se vocalise en *u*, devant *s* et *t*. Le radical de *valoir*, qui est *val*, devient *vau* au singulier de l'indicatif présent, et l'*s* après l'*u* est remplacée par un *x* : *tu vaux, il vaut*. Le radical tonique de *vouloir* est *veul* (ils *veul*ent), mais l'*l* tombe au singulier de l'indicatif : *tu veux, il veut*. « Fal », de *falloir*, devient *fau* dans « il faut ». « Bouillir » fait : *tu bous, il bout*. Après *ou*, *s* n'est pas remplacée par *x*.

FLEXIONS

Infinitif.

391. — Les flexions latines *ere* par *e* long, et *ire*, ont donné régulièrement *oir* et *ir*, par la chute normale de la voyelle atone, le maintien de *i* long tonique, et le changement de *e* long tonique en *oi*. Dans la flexion *ere* par *e* bref, les deux *e* sont atones et doivent tomber l'un et l'autre. Mais cette flexion est nécessairement précédée d'une consonne, qui, en se joignant à l'*r*, appelle une voyelle d'appui : de là l'*e* final de la flexion française *re*.

392. — Les verbes dont le radical se termine par *s* au participe présent, et qui ont simplement *re*, sans consonne euphonique *et sans* **s**, à l'infinitif, sont : 1° trois verbes en *aire* : plaire, taire, faire ; 2° la plupart des verbes en *ire*, *uire* : confire, circoncire, dire, élire, lire, suffire, conduire, construire, luire, cuire, nuire.

393. — Les verbes dont le radical se termine par une *s*, ou par une *l* ou une *n* mouillée, et qui, après avoir intercalé un *t* ou un *d* euphonique devant la flexion *re*, ont laissé tomber l'*s* ou l'*l* ou la mouillure de l'*n*, sont : 1° tous les verbes en *aître, oître* : *connaî-t-re*, participe présent *connaiss-ant*; *croî-t-re*, participe présent *croiss-ant*; 2° tous les verbes en *aindre, eindre, oindre, oudre*, moins les composés en *soudre* dont nous avons parlé. Ainsi le radical de *coudre* est *cous*, d'après le participe présent *cous-ant*. L's a le son doux et n'est pas redoublée dans *cousant*, parce qu'elle était isolée entre deux voyelles dans *co(n)suentem*, l'*n* tombant toujours en latin populaire devant une *s*. C'est d'ailleurs parce que l'*s* était douce que la consonne euphonique est *d* et non *t*. L's est redoublée, ce qui indique qu'elle se prononce dure, dans *connaissant*, etc., parce qu'en latin elle était accompagnée d'une autre consonne: *cognoscentem*.

394. — Le radical que l'on trouve dans « étais, étant » est le même que dans *être*. Les anciennes formes étaient : *estais, estant, estre;* après la chute de l's, l'*e* atone est devenu régulièrement *é*, et l'*e* tonique : *ê*.

Participe présent.

395. — La flexion *ant* (voyez paragraphe 359) s'ajoute au radical atone. Les quelques verbes dont le radical se termine par un *e* (*asse-oir, voir = ve-oir, choir = che-oir*, voyez paragraphe 387, note 1) n'ont pas résolu l'hiatus au participe présent par une élision comme à l'infinitif. Tantôt ils ont transformé l'*e* muet en *é* : *chéant*, et le composé *écheant*. Tantôt ils ont ajouté un **y** (*asseyant*), tantôt enfin ils ont emprunté la diphtongue *oy* au radical tonique : *voyant;* on dit *assoyant*, à côté de *asseyant*.

396. — Quelques verbes, parmi ceux dont la flexion du participe présent contenait en latin un *e* ou un *i* devant *entem* ou *antem* (*audientem, sapientem, *habeantem*), ont conservé cet *i* sous forme d'un *y*, ou l'ont consonnifié en *ch*. La labiale finale du radical a disparu devant cet *y* ou ce *ch*. Ainsi *av-oir* fait au participe présent *ayant*, *sav-oir* fait *sa-chant*, *ou-ïr* fait *oyant*.

Participe passé.

397. — La flexion du participe passé est *u* ou *i* (latin *utum* et *itum*), qui s'ajoute au radical atone, ou *t* (latin *tum*, ou *itum* par *i* bref) qui s'ajoute au radical tonique.

398. — Les verbes dont le radical se terminait par un *e* (*voir*, *choir*) ont élidé cet *e* devant la flexion *u* comme devant la flexion *oir* de l'infinitif : *vu*, *chu*. Le radical atone primitif de *croire* était *cre*, qui est devenu *croy*, par euphonie et analogie, devant la flexion *ant* du participe présent; mais devant la flexion *u*, l'*e* s'est élidé, et on a : *cru*.

399. — Un certain nombre de verbes, devant la flexion *u*, ont subi une modification spéciale de leur radical, les uns directement, les autres par analogie avec les premiers. Cette modification a consisté à substituer un *e* muet à toute la partie du radical qui suivait la consonne ou les consonnes initiales, puis cet *e* s'est élidé devant l'*u*, si bien qu'il ne reste dans ces verbes (après les préfixes) que les consonnes initiales du radical suivies immédiatement de la flexion *u* [1]. C'est ce qui s'est produit : 1° dans les verbes en *oir* (sauf *asseoir*, qui a un participe passé spécial, et sauf ceux dont le radical se termine par une *l*); 2° dans *lire*, *plaire*, *taire*, *boire*, 3° dans les verbes en *aître* (sauf *naître*), et en *oître*.

1. Comme il n'y a pas de consonne initiale dans *avoir*, le participe passé de ce verbe se réduit aujourd'hui à la flexion *u*, mais on continue à écrire *eu*, comme du temps où on prononçait *eü*.

400. — Les verbes qui ajoutent simplement la flexion *u* au radical atone sont : 1° *vouloir, valoir, falloir, courir, vêtir, venir, tenir*; 2° les verbes en *andre, endre, ondre, défendre, descendre, épandre, fendre, pendre, rendre, vendre, fondre, pondre, répondre, tondre*; 3° *vaincre, battre, rompre, perdre, mordre, tordre, coudre, moudre* [1].

Dans *conclure*, l'*u* de flexion se confond avec la voyelle finale du radical. Dans l'ancienne langue, conformément à l'étymologie, le participe passé de ce verbe faisait partie de ceux que nous signalons ci-dessous, § 403. « Conclu-s » est devenu « conclu » par analogie. — *Vivre* a aussi le participe passé en *u*, mais la flexion s'ajoute à un radical spécial, dérivé du prétérit latin. Dans *résoudre*, dont le radical latin est *résolv*, l'*u* de flexion a fait disparaître le *v* final, d'où : *résolu*.

401. — Ont le participe passé en *i* : 1° tous les verbes en *ir* autres que les quatre signalés ci-dessus comme ayant le participe en *u*, et quatre autres dont nous parlerons à propos du participe en *t*; 2° *suivre* et *rire*. Dans *ri*, la flexion se confond avec la voyelle du radical [2].

Dans *suffire, luire, nuire*, la flexion *i* se substitue à la fin du radical, qui est *is* (*suffis*-ant, *luis*-ant, *nuis*-ant).

402. — Les verbes qui forment leur participe passé en ajoutant *t* au radical tonique sont : 1° les verbes en *eindre, aindre, oindre*; 2° les verbes en *ire*, sauf *lire* et ceux que nous venons de signaler (§ 400) comme ayant le participe en *u*; 3° *traire* et *faire*.

Dans *mourir*, le radical tonique étant *meur* (ils *meu*-rent), il semble que le participe passé devrait être *meurt*.

---

1. Rappelons-nous que le radical de *coudre* est *cous*, et celui de *moudre, moul*. Voyez § 390, 2° et 3°.

2. Ou, plus exactement, le participe passé de ce verbe, qui était *ris* d'après le latin, a perdu son *s* par analogie.

11.

Mais l'*o* bref latin, qui devient *eu* lorsqu'il est tonique et libre, reste *o* lorsqu'il est tonique mais entravé, comme dans *mortuum*.

Le cas particulier des verbes *offrir, couvrir, ouvrir* et *souffrir*, s'explique de la façon suivante : les radicaux sont « *offr, couvr, ouvr, souffr* », mais en latin l'*r* finale de ces radicaux était précédée d'un *e* (**offer-ire*, etc.); cet *e* était atone et est tombé partout ailleurs qu'au participe passé en *tum*, où il devenait tonique et où il s'est maintenu : de là *offert, couvert, ouvert, souffert*.

403. — *Irrégularités.* — Plusieurs verbes latins avaient le participe passé en *sum* au lieu de *tum*, dans le latin classique ou dans le latin populaire ; il en résulte les participes passés en *s* de *clore, absoudre* [1], *occire, circoncire*.

Au participe *occis*, on a pris non seulement l's de flexion, mais l'*i* du radical, pour le substituer aux voyelles radicales des verbes *seoir, acquérir, prendre, mettre*, dont le participe passé est ainsi devenu : *sis, acquis, pris, mis*. Ces formes s'expliquent aussi par l'analogie du prétérit.

Le plus irrégulier de tous les participes passés est celui de *naître*, « né », du latin *natum*.

Indicatif présent.

404. — Les flexions latines des trois conjugaisons qui nous occupent étaient : 1. *o, eo, io*, 2. *es, is*, 3. *et, it*, pour le singulier, et 1. *emus, imus* par *i* bref, *imus* par *i* long, 2. *etis, itis* par *i* bref, *itis* par *i* long, 3. *ent, unt*, pour le pluriel.

Les voyelles atones des flexions des trois personnes du

---

1. Le *t* que l'on trouve dans le féminin *absoute* se rattache à la forme classique du participe passé de ce verbe.

singulier doivent tomber. Il reste donc, comme flexions françaises communes à tous les verbes dérivés de ces trois conjugaisons latines : *s* pour la deuxième personne, *t* pour la troisième. La première personne ne devrait pas avoir de flexion, et n'en a pas à l'origine; elle a pris ultérieurement une *s*, que l'on explique par l'analogie des **verbes** dont le radical se terminait phonétiquement par une *s*. L'*e* ou l'*i* des flexions *eo* et *io* de la première personne avait modifié, à cette personne, le radical d'un certain nombre de verbes; il n'en reste guère plus trace que dans le verbe *avoir*, où, sous cette influence, le radical perd sa labiale finale, et l'*a* se transforme en *ai*.

405. — Dans quelques verbes, dont le radical se termine par un groupe de consonnes appelant une voyelle d'appui, cette voyelle forme flexion à la première personne, et se prépose à l'*s* de la deuxième personne et au *t* de la troisième, amenant bientôt la chute du *t*, qui n'est plus soutenu par une autre consonne. Ces verbes ont donc au singulier les flexions : 1. *e*, 2. *es*, 3. *e*, comme ceux de la conjugaison en *er*. Ce sont les quatre verbe en *ir* qui font *ert* au participe passé: *couvrir, offrir, ouvrir, souffrir*. Il faut leur adjoindre trois verbes dont le radical se termine par une *l* mouillée : *assaillir, tressaillir, cueillir*. A l'origine, l'*l* mouillée s'était maintenue sans voyelle d'appui à la première personne, et on avait une *l* simple, qui s'était ensuite vocalisée en *u*, aux deux autres personnes (Voyez § 390, 3°) : on conjuguait « j'assail, tu assaus, il assaut ».

406. — Les verbes dans lesquels l'*s* de flexion doit suivre un *u*, changent cette *s* en *x*, parce que d'une façon générale on s'est habitué à écrire ainsi toute *s* après un *u*. Cependant, après *ou*, *s* se conserve : « tu bous. »

407. — Les verbes dont le radical se termine par un *d*

gardent ce *d*, au lieu de prendre un *t*, à la troisième personne. C'est une habitude purement orthographique, contraire à l'ancien usage.

Rappelons que, devant les flexions *s* et *t*, la consonne finale du radical peut subir diverses modifications. (Voyez § 390).

408. — Aux différentes flexions latines de la première et de la deuxième personne du pluriel, on a substitué les flexions uniformes *ons* et *ez* (voy. §§ 360 et 363). Toutefois, deux verbes ont conservé trace de la flexion latine *itis* par *i* bref : *fai-tes* et *di-tes*, au lieu de : *faisez, disez*.

409. — La troisième personne du pluriel n'offre aucune difficulté, la flexion est : *ent*.

410. — Aux deux premières personnes du pluriel, on a le radical atone ; mais il faut tenir compte des remarques que nous avons faites, à propos du participe présent, sur *voir* et *asseoir* (§ 395).

411. — *Irrégularités*. — 1° Le verbe *pouvoir* était en latin un verbe irrégulier. De cette irrégularité, il nous reste, à l'indicatif présent, la première personne *puis*, que l'on emploie concurremment avec *peux*, forme analogique créée d'après la seconde personne.

2° Nous avons conservé aussi les irrégularités de l'indicatif présent du verbe *être* : *suis* (latin *sui*, pour *sum*, par analogie avec le prétérit *fui*), *es* (latin *es*), *est* (latin *est*), *sommes* (latin *sumus*), *étes* (latin *estis*), *sont* (latin *sunt*).

3° Les formes *ai* et *ont* du verbe *avoir* ont été signalées plus haut, § 404, et § 387, note finale. Les formes *as* et *a(t)* semblent se rattacher au radical *av*, par la chute normale de la labiale devant les consonnes ; mais, d'après les lois phonétiques ordinaires, l'*a* étant tonique et libre, au singulier de l'indicatif, aurait dû devenir *é*. Le *t* final de *at* est tombé de bonne heure, par suite de l'emploi très fréquent de ce mot. Nous en dirons autant du *t* final de *va* (*t*) : cette personne, comme les deux premières (*vais*, *vas*), est irrégulière, et s'explique difficilement d'après les formes latines.

4° Nous avons expliqué l'indicatif présent du verbe *savoir*, § 387, note finale.

Imparfait.

412. — L'imparfait n'offre aucune difficulté. Ce sont les mêmes flexions que dans les conjugaisons vivantes, et elles s'ajoutent au radical atone.

Pour *asseoir* et *voir*, même remarque qu'au participe présent (§ 395).

Prétérit.

413. — Il y a deux formes de prétérit pour la conjugaison morte, le prétérit en *us* et le prétérit en *is*.

PRÉTÉRIT EN **us**.

414. — Le prétérit en *us* se rattache aux flexions latines suivantes : singulier, 1. *ui*, 2. *uisti*, 3. *uit*; pluriel, 1. *uimus*, 2. *uistis*, 3. *uerunt*.

L'*i* (ou l'*e*) qui suit l'*u* a disparu partout, mais il a produit le changement de l'*u*, quoique bref, en *u* français. L'*i* ne s'est conservé quelque temps qu'à la première personne du singulier, qui a d'abord été en *ui*. L'analogie avec la deuxième personne a changé cet *ui* en *us*. Les autres transformations subies par les flexions latines s'expliquent comme dans la conjugaison en *er* (§ 370). Il en résulte les flexions françaises : singulier, 1. *us*, 2. *us*, 3. *ut*; pluriel, 1. *ûmes*, 2. *ûtes*, 3. *urent*.

415. — Ces flexions s'ajoutent au radical atone :

1° Dans les verbes en *oir* dont le radical se termine par une *l* : *vouloir*, *falloir*, *valoir* ;

2° Dans deux verbes en *ir* : *courir* et *mourir* ;

3° Dans *moudre* et (*ré*)*soudre*[1].

Dans *conclure*, la flexion se substitue à l'*u* final du radical. Cf. § 400.

Vivre a aussi le prétérit en *us* ; mais la flexion s'ajoute à un radical spécial, qui dérive du radical du parfait latin de ce verbe.

416. — Le radical atone de *choir* se termine par un *e* (*che*). Cet *e* s'est élidé devant les flexions du prétérit[2] comme devant la flexion *oir* de l'infinitif. Il en est de même de l'*e* de l'ancien radical atone de *croire* (voyez paragraphe 398). Un certain nombre d'autres verbes, devant les flexions du prétérit en *us*, ont subi une modification spéciale de leur radical, les uns directement, les autres par analogie avec les premiers. Cette modification a consisté à substituer un *e* muet à toute la partie du radical qui suivait la consonne ou les consonnes initiales; puis cet *e* s'est élidé, si bien qu'il ne reste plus dans ces verbes (après les préfixes) que les consonnes initiales du radical, suivies immédiatement des flexions du prétérit[3].

C'est ce qui s'est produit : 1° dans les verbes en *oir* (sauf *asseoir* et *voir* et ceux dont le radical se termine par une *l*, *recevoir*, *devoir*, *mouvoir*, *pleuvoir*, *pouvoir*, *savoir* ;

---

1. Voyez ce que nous avons dit (§ 390, 3°, note) sur le radical des verbes en *soudre*.

2. Comme nous l'expliquons dans notre *Grammaire du vieux français*, les flexions de la première et de la troisième personne du singulier et de la troisième personne du pluriel s'étaient combinées dans ce verbe et les verbes analogues avec la voyelle du radical.

3. Pour le verbe *avoir*, on a conservé, dans l'orthographe, la voyelle *e* devant les flexions. Cf. § 399, note 1.

2° dans *lire, taire, boire, plaire;* 3° dans les verbes en *aître* (sauf *naître*) et en *oître*.

Le prétérit du verbe *être*, tout à fait irrégulier comme radical, dérive des formes correspondantes du latin.

PRÉTÉRIT EN is.

417. — Notre prétérit en *is* se rattache à trois prétérits différents du latin : aux prétérits en *i* et en *si*, avec accent tonique sur le radical aux première et troisième personnes du singulier et troisième du pluriel, et au prétérit en *ivi* avec accent sur le radical à toutes les personnes. De la fusion[1] de ces trois temps résultent des flexions qui ne diffèrent des flexions du prétérit en *us* que par la voyelle tonique, qui est *i* au lieu de *u*.

418. — Les flexions du prétérit en *is* s'ajoutent au radical atone :

1° Dans tous les verbes en *ir*, excepté *courir* et *mourir* (qui ont le prétérit en *us*), *venir* et *tenir* (qui sont irréguliers à ce temps), et *acquérir* (où la flexion se substitue au radical);

2° Dans les verbes en *eindre, aindre, oindre, endre* (excepté *prendre*), *andre, ondre*. Il faut se rappeler que dans les verbes en *eindre, aindre* et *oindre*, le *d* est euphonique, et que le radical se termine en réalité par une *n* mouillée, écrite *gn*.

3° Dans *vaincre, battre, perdre, rompre, mordre, tordre, coudre, nuire, cuire, suivre, conduire, construire, écrire.*

Dans *naître*, la flexion *is* s'ajoute à un radical spécial, dérivé d'une forme du latin populaire.

---

1. Voyez dans notre *Grammaire du vieux français,* § 323 à 339, comment l'analogie a fondu ensemble ces trois prétérits. — Nous avons expliqué ci-dessus, à propos des verbes inchoatifs, la dérivation du prétérit en *ivi* (§ 380, *e*).

419. — Comme les flexions du prétérit en *us*, et pour les mêmes raisons, les flexions du prétérit en *is* s'ajoutent parfois aux consonnes initiales du radical, se substituant à la voyelle radicale. Ce fait se produit :

1° Dans *voir* et *asseoir ;*

2° Dans *acquérir ;*

3° Dans *confire, dire, circoncire, rire, suffire, occire ;*

4° Dans *prendre, faire, mettre.*

Impératif.

420. — Dans les trois conjugaisons latines dont nous nous occupons, la flexion de l'impératif singulier était *e* ou *i*. Ces voyelles atones étant tombées, l'impératif singulier du français a d'abord été réduit au radical tonique pur et simple, sauf quand le radical se terminait par un groupe de consonnes appelant une voyelle d'appui (*ouvr-e*). Mais l'impératif a subi ultérieurement la même modification que la première personne du singulier de l'indicatif, et a pris une *s* de flexion. Il reste trace de l'ancienne règle dans l'impératif *va*.

L'impératif pluriel est, comme toujours, identique au pluriel de l'indicatif présent.

421. — Dans un petit nombre de verbes, l'impératif est emprunté au subjonctif; ces verbes sont : *être, avoir, vouloir, savoir*

Il y a quelques bizarreries. Bien que ce soit la deuxième personne du subjonctif qui fournisse l'impératif singulier, *aie, veuille* et *sache* ne prennent pas d's, par analogie avec les impératifs ordinaires en *e*, qui n'en ont jamais. L'*i* semi-voyelle des deux personnes du pluriel disparaît à l'impératif de *vouloir* et de *savoir*, ce qui ne modifie pas la prononciation pour *vouloir*. On sait d'ailleurs que l'impératif de *vouloir* a une double forme.

Futur et conditionnel.

422. — Le futur se compose de l'infinitif suivi de l'indicatif présent du verbe *avoir*. « Prendre », futur « prendrai ». Mais il faut remarquer que, dans les verbes où la flexion de l'infinitif est tonique (ceux en *oir* et en *ir*), la voyelle de l'infinitif n'est plus tonique au futur et au conditionnel, et doit tomber. C'est ainsi que le futur de *devoir* est *devr-ai*, et celui de *mourir* : *mourr-ai*. De la flexion de l'infinitif, il ne reste donc que la consonne *r*, et on peut dire que, en règle générale, le futur des verbes en *oir* et en *ir* non inchoatifs se forme en ajoutant *rai* au radical atone.

423. — L'*r* de *rai* est redoublée, non seulement lorsque le radical atone se termine déjà par une *r* (comme dans *mour-rai*), mais encore lorsque ce radical se terminait en latin par une dentale : *voir*, radical atone *ve*, radical latin *vid*, futur *verrai*[1]; *choir*, radical atone *che*, radical latin *cad*, futur *cherrai*.

C'est pour la même raison que *asseoir* a fait *asserrai*, forme qui a été remplacée par *assiérai* ou *asseoirai*, d'après les deux radicaux toniques actuels de ce verbe (voyez paragraphe 385, 3°, note 1). Dans *pouvoir*, le *v* euphonique n'a pas de raison d'être au futur, et comme le radical latin se terminait par une dentale, *pot*, on a deux *r* au futur : *pourrai*.

424. — Devant la flexion *rai* du futur (et *rais* du conditionnel), quand le radical se termine par *n* ou *l*, on intercale une consonne d'appui, et l'*l* se vocalise en *u*, ou tombe (après *ou*). C'est ainsi que le futur de *voul-oir* est

---

1. Les deux composés *prévoir* et *pourvoir* ont eu leur futur refait sur l'infinitif.

vou-d-rai; celui de *val-oir* : *vau-d-rai*; celui de *ten-ir* : *tien-d-rai* [1].

425. — Plusieurs verbes en *ir* conservent par exception au futur l'*i* de l'infinitif : *sortirai, partirai, mentirai.* D'autres le remplacent par un *e* muet : *tressaillerai* (Académie, 1798), *cueillerai.*

Subjonctif présent.

426. — Les flexions latines du subjonctif présent, pour les trois conjugaisons en *ere* et en *ire*, étaient : singulier, 1. *am* ou *eam, iam,* 2. *as* ou *eas, ias,* 3. *at* ou *eat, iat*; pluriel, 1. *amus* ou *eamus, iamus,* 2. *atis* ou *eatis, iatis,* 3. *ant* ou *eant, iant.*

Nous avons déjà expliqué (§§ 362 et 363) la dérivation des trois personnes du pluriel. Aux trois personnes du singulier, l'*a* atone doit être représenté par un *e* muet français, et les consonnes doivent tomber, à l'exception de l'*s* de la seconde personne. Il en résulte les flexions : 1. *e*, 2. *es*, 3. *e*.

427. — Dans un certain nombre de verbes, l'*a* de ces flexions, comme nous l'avons indiqué, était précédé d'un *c* ou d'un *i* en hiatus, c'est-à-dire d'une palatale. Cette palatale a produit au subjonctif les mêmes effets qu'au participe présent des verbes *avoir* et *savoir* (voy. § **396**) : de là *que j'aie* [2] et *que je sache.* La même palatale a mouillé au subjonctif l'*l* finale du radical de *valoir, falloir, vouloir* (dont le radical tonique est *veul*).

---

1. Pour éviter une confusion avec *tendrai,* du verbe *tendre,* on a introduit le radical tonique au futur du verbe *tenir.* De même au futur de *venir.*

2. La troisième personne sing. du subjonctif du verbe *avoir* offre une particularité : la chute de l'*e* muet et la conservation du *t* final du latin.

428. — C'est aussi à l'influence de la palatale combinée avec la consonne finale du radical qu'il faut attribuer la forme spéciale du subjonctif du verbe *faire* : « fasse ».

429. — Le verbe *pouvoir* a un subjonctif présent formé sur la première personne de l'indicatif présent : *que je puisse*, d'après *je puis*.

Imparfait du subjonctif.

430. — L'imparfait du subjonctif est en *isse* ou en *usse*, suivant que le prétérit de l'indicatif est en *is* ou en *us*. Ce temps n'offre d'ailleurs aucune difficulté.

Tableau des flexions de la conjugaison morte

431. — Pour nous résumer, nous allons donner le tableau des flexions de la conjugaison morte. Nous ne comprenons dans ce tableau ni l'impératif, qui concorde avec le présent de l'indicatif (sous réserve des exceptions signalées), ni l'imparfait du subjonctif, le futur, le conditionnel, dont les flexions n'offrent aucune difficulté, et qui se forment sur le prétérit de l'indicatif ou sur l'infinitif.

On remarquera que les flexions du participe présent, du subjonctif présent, de l'imparfait de l'indicatif, et celles du pluriel de l'indicatif présent, sont les mêmes que pour les verbes en *er*. Les temps caractéristiques sont donc : le participe passé, le singulier de l'indicatif présent, et le prétérit.

Participe présent : — ant (ajouté au radical atone)
Participe passé : — u ⎰ (ajouté au radical atone)
—   — i ⎱
—   — t   (ajouté au radical tonique)

PRÉSENT

		Indicatif	*Subjonctif*
1re pers. sing.	⎫ radical ⎧	s, ou x (après *u*)	e
2e pers.	⎬ ⎨	s, ou x (après *u*)	es
3e pers.	⎭ q tue ⎩		e
1re pers. plur.	⎱ radical ⎰	ons	ions
2e pers.	⎰ atone ⎱	ez	iez
3e pers.	(radical tonique)	ent	ent

TEMPS DU PASSÉ DE L'INDICATIF

		Imparfait	*Prétérit*	
1re pers. sing.		ais	us	*ou* is
2e pers.		ais	us	is
3e pers.	radical	ait	ut	it
1re pers. plur.	atone	ions	ûmes	îmes
2e pers.		iez	ûtes	îtes
3e pers.		aient	urent	irent

QUATRIEME PARTIE

LA SYNTAXE

En expliquant les flexions grammaticales, nous avons eu l'occasion de faire les remarques de syntaxe qui, par leur étendue et leur caractère, pouvaient sans inconvénient être jointes à l'exposition des formes. Il nous reste à étudier la syntaxe de l'article, celle du nom, celle des adjectifs et des pronoms indéfinis, enfin celle du verbe [1].

SYNTAXE DE L'ARTICLE

Article défini ou indéfini au singulier.

Supposons un substantif concret, par exemple un nom d'animal, *loup*. On peut avoir à parler d'un animal de cette espèce *en particulier*, soit d'un animal déterminé, soit d'un animal indéterminé ; dans le premier cas, on emploie l'article défini, dans le second l'article indéfini : « *Le* loup que j'ai vu, j'ai vu *un* loup. » Mais on peut

---

1. Pour la syntaxe historique des mots invariables, comme elle exige d'une manière particulière la connaissance de l'ancienne langue, je ne puis que renvoyer à ma *Grammaire du vieux français*, où je crois avoir fait tous les rapprochements utiles entre l'usage ancien et l'emploi moderne de ces mots. J'ai renoncé également à m'occuper ici de la syntaxe de position, qui ne se prêtait pas davantage à une exposition nouvelle et indépendante.

avoir aussi à parler d'un animal de cette espèce *en général*, d'un animal quelconque, de l'espèce même. Dès lors, ne semble-t-il pas naturel de supprimer tout article ? C'est ce que faisait l'ancienne langue : « Lion, dit Brunetto Latino, est appelé roi des bêtes. » Il nous reste de nombreuses traces de cet usage dans les proverbes : « *Chat échaudé* craint l'eau froide. — Souvent *femme* varie. — *Pierre qui roule* n'amasse pas *mousse*, etc. » Mais l'article est envahissant, il a fini par s'introduire aussi devant les noms employés avec cette valeur générale. Tantôt, en plaçant l'article défini devant le nom, on exprime, on détermine en quelque sorte le type de l'espèce : « **Le** *diamant* est la plus recherchée des pierres précieuses. » Tantôt on emploie l'article indéfini, en lui donnant le sens de « un pris au hasard », et non plus de « un en particulier » ; c'est ainsi que l'on dit : « **Un** *tigre* est plus à craindre qu'**un** *lion*. » On pourrait dire aussi bien, d'après le premier procédé : « **Le** *tigre* est plus à craindre que **le** *lion*. »

C'est seulement comme exemples que nous avons choisi des noms concrets. Car tout ce que nous venons de dire s'applique aussi aux noms abstraits. Ainsi le mot *douceur* est pris dans un sens *particulier*, déterminé ou indéterminé, lorsqu'on dit : « *la* douceur de son regard ; son regard avait *une* grande douceur. » Il a un sens général dans le proverbe : « Plus fait *douceur* que violence. »

Dans quelques cas, on a conservé l'usage de ne pas mettre d'article devant les substantifs *pris dans le sens général :* 1° lorsque le substantif est régime direct d'un verbe avec lequel il forme locution : « former locution, tenir tête, prendre pied, prêter serment, trouver moyen, rendre raison, etc. » ; 2° après les prépositions : « la table *de marbre*, une tête *de loup*, une pomme *de terre*, monter *à cheval*, voyager *sur mer*, vivre *de pain*, avoir trop *de courage*, etc. » Souvent, après une préposition (toujours dans l'hypothèse du nom pris dans le sens général), on a le choix entre la suppression de tout article, ou l'emploi de l'article défini ou de l'article indéfini avec leur valeur générale : « *La vie* **du** *courtisan, la vie* **d'un** *courtisan, ou la vie* **de** *courtisan est méprisable.* »

Article partitif au singulier.

Après le *de* partitif, il faut distinguer également si le substantif est pris dans un sens général, ou dans un sens particulier, déterminé ou indéterminé :

Sens général : *Il boit* **de** *bon vin.*

Sens particulier indéterminé : *Il boit* **d'un** *bon vin.*

Sens particulier déterminé : *Il boit* **du** *bon vin que vous lui avez envoyé.*

Mais la distinction entre le sens général et le sens particulier déterminé n'existe que lorsque le substantif est précédé d'un adjectif.[1] En dehors de cette hypothèse, lorsqu'il s'agit de vin *en général*, on ne dit pas (si ce n'est dans les patois) : «Il boit *de* vin », mais : « Il boit *du* vin.» Cette introduction de l'article entre le *de* partitif et le substantif, pris dans un sens général, n'est qu'un cas particulier de l'application de l'article défini aux substantifs à sens

---

1. Il ne faut pas ajouter « et après les négations » ; car dans : « il n'a pas de pain », *pas* est en réalité un substantif, dont *de pain* est le régime. C'est comme si on disait : « il n'a morceau de pain ». On a donc là, non le *de* partitif (qui suppose une ellipse), mais la préposition *de* avec sa valeur ordinaire, et nous avons vu qu'après les prépositions ordinaires, les substantifs employés avec un sens général continuent à ne pas prendre l'article. Mais on trouve le vrai *de* partitif devant le régime direct des infinitifs précédés de la préposition *sans* : « sans faire *de* bruit ».

général qui s'employaient primitivement sans article (voyez ci-dessus). Toutefois, dans le cas dont nous parlons, l'introduction de l'article devant le substantif non précédé d'un adjectif paraît à peu près contemporaine de celle du *de* partitif lui-même. Il semble qu'on ait passé directement de « il boit vin », comme on disait en vieux français, à « il boit du vin ».

Le non-emploi de l'article après l'introduction du *de* partitif ne s'est maintenu que devant un adjectif. C'est que les anciens usages se conservent spécialement dans les tournures qui sont d'autre part archaïques : or, l'adjectif mis *devant* le nom constitue une tournure sensiblement archaïque, qui tend de plus en plus à faire place à l'ordre inverse, seul admis aujourd'hui dans bien des cas (on ne dirait plus : *le droit poing, un fort homme*, etc.) Quand on continuait à placer l'adjectif devant le nom, on continuait aussi à ne pas mettre d'article devant ce nom lorsqu'il avait un sens général, même après l'introduction du *de* partitif, ou du moins cet archaïsme se maintenait, tout en perdant du terrain, à côté de l'usage contraire (adjonction de l'article au *de* partitif) qui a fini par prévaloir dans le langage populaire, malgré la consécration de l'archaïsme[1] par une règle de grammaire au XVIIe siècle. Le peuple, très logique, dit aussi bien : « Il boit *du* bon vin » que : « Il boit *du* vin. »

---

1. Je considère comme tout à fait invraisemblable l'opinion, généralement admise, d'après laquelle l'ellipse de l'article entre le *de* partitif et l'adjectif serait une *nouveauté* imaginée par les grammairiens du XVIIe siècle, et appliquée par eux d'abord au pluriel, puis, par extension, au singulier.

Pluriel de l'article.

Un nom au pluriel, comme un nom au singulier, peut représenter à notre esprit trois idées différentes : une idée particulière déterminée *(les loups* que j'ai vus), une idée particulière indéterminée (j'ai vu *des loups*), ou une idée générale (*les loups* sont dangereux quand ils ont faim). Dans le troisième cas, l'ancienne langue supprimait volontiers l'article, comme nous le faisons encore dans quelques locutions : « Les ennemis emmenèrent *bêtes et gens*. »

C'est l'article partitif *des* qui forme le pluriel de l'article indéfini *un*. Il est facile de voir en effet que l'article partitif et l'article indéfini devaient se confondre au pluriel, tandis qu'ils ne pouvaient se confondre au singulier. L'article indéfini doit exprimer l'idée de « un en particulier » au singulier, et de « plusieurs en particulier » au pluriel ; la préposition partitive doit exprimer l'idée de « une certaine quantité de » au singulier, et de « un certain nombre de » au pluriel. Or, il y a à peu près identité entre « plusieurs en particulier » et « un certain nombre de », tandis qu'il y a une différence essentielle entre *un* objet pris dans son ensemble, et une *quantité* limitée de cet objet.

Après la préposition *de*, il devient impossible de différencier par l'article le sens particulier indéterminé des deux autres sens ; en effet, *de* joint à l'article défini pluriel *les* aboutit à *des*, et le même *de* doit disparaître par euphonie devant l'article indéfini pluriel *des*, car on ne peut dire « de des ». On devra donc dire uniformément « à cause des loups » (= *à cause de les loups* et *à cause de des loups*), tandis qu'au singulier on peut dire « à cause du loup » ou « à cause d'un loup ». Toutefois, quand on veut

exprimer formellement le sens particulier indéterminé, on
supprime l'article pluriel après la préposition *de*, ce qui
est un archaïsme : « Il a été renvoyé à cause *de plaintes*
qui avaient été portées contre lui. »

SYNTAXE DU NOM

Noms à double genre.

Il y a trois noms, *amour*, *délice* et *orgue*, qui, d'après
les règles actuelles, sont masculins au singulier et féminins
au pluriel.

Delices, en vieux français, de même qu'en latin, s'employait surtout au pluriel, et il avait le genre féminin,
comme le mot latin *delicias*, d'où il dérive. Mais ce mot
avait en latin une forme neutre, employée surtout au
singulier, *delicium*. C'est sous l'influence de la forme
neutre que les savants ont donné le genre masculin au
singulier (peu employé d'ailleurs) de *délices*, le masculin
étant l'équivalent français du neutre. Mais la règle ne s'est
pas établie sans contestations. Les uns donnaient aussi le
genre masculin au pluriel : « Pour aller jouir avec vous
de nos délices communs. » (Balzac). Les autres, Vaugelas
en tête, condamnaient le singulier masculin *délice*.

Amour, comme tous les mots dérivés des noms abstraits
en *orem*, qui étaient masculins en latin, est devenu féminin en français. Au xvi° siècle, on a voulu redonner à
« amour » le genre qu'il avait en latin ; mais le genre du
vieux français a persisté au pluriel, le mot étant surtout
populaire dans son emploi au pluriel.

De même, c'est surtout au pluriel que le peuple employait
le mot « orgue » : *les orgues d'église*. Aussi ce nom a-t-il

conservé au pluriel son genre ancien, et les savants n'ont-ils réussi à le rendre masculin (d'après le genre neutre du latin classique) qu'au singulier [1].

D'autres noms qui étaient neutres en latin classique, mais qui avaient reçu le genre féminin en vieux français, d'après la forme féminine sous laquelle ils étaient surtout employés en latin populaire, ont repris le genre masculin dans certaines acceptions savantes. Ce sont *œuvre* [2] et *foudre* [3].

Nous avons expliqué dans notre *Grammaire du vieux français* comment la vieille langue avait pu hésiter pour le genre d'un certain nombre de substantifs. Le double genre a persisté jusqu'à nos jours pour quelques-uns d'entre eux, et les savants en ont profité pour attribuer le genre masculin à certaines acceptions et le genre féminin aux autres, d'après des distinctions qui sont le plus souvent subtiles, parfois même ridicules. Telle est l'origine des règles sur le genre de *couple*, d'*hymne*, d'*orge*, de *période*.

Aigle (latin *aquila*) était féminin en latin. On l'a fait masculin, d'abord quand on parlait de l'animal mâle, puis d'une façon générale, sans distinguer le sexe. Mais le genre féminin s'est conservé dans les locutions savantes où le mot désigne une enseigne d'armée, une figure d'armoiries : « l'aigle impériale. »

Le mot *gent* est toujours féminin à l'origine, et signifie proprement « race, espèce ». Au pluriel il a pris le sens de « hommes » en général, et il est alors devenu masculin, sous l'influence de cette nouvelle signification. Mais

---

1. Il y a quelques exemples anciens d' « orgue » masculin.

2. *Œuvre* dérive du latin *opera*. C'est sous l'influence d'*opus* qu'on le fait parfois masculin.

3. On a quelques exemples anciens de « foudre » masculin.

il a conservé, même au pluriel, son genre primitif dans les tournures archaïques, lorsqu'on l'emploie avec un adjectif *qui précède*.

Le pluriel de **œil**, **ciel**, **aïeul**.

Les mots *œil*, *ciel*, *aïeul*, s'employant très souvent au pluriel, ont subi la règle phonétique de la vocalisation de l'*l* en *u* devant l's (ou *x*) du pluriel, comme les mots en *al*, et font *yeux* [1], *cieux*, *aïeux*. Les autres mots en *euil*, *iel*, *eul*, tels que *deuil*, *fiel*, *filleul*, s'employant surtout au singulier, ont conservé cette forme, même au pluriel, en y ajoutant simplement une *s*. Mais dans certaines acceptions, *œil*, *ciel*, *aïeul* sont, eux aussi, employés principalement au singulier : *œil-de-bœuf*, *ciel* d'un tableau, *ciel de lit*, *aïeul* au sens de « grand-père ». Dans ces acceptions, l'*l* ne se vocalise pas quand le mot se met au pluriel.

SYNTAXE DES ADJECTIFS ET PRONOMS INDÉFINIS

Aucun a originairement le sens de « quelque, quelqu'un », qui est le sens étymologique (latin *aliquem unum*), et qui s'est conservé dans la locution : « *Aucuns* ou *d'aucuns* disent. » C'est la négation jointe à *aucun* qui lui donne sa valeur négative.

Autrui est à l'origine le cas régime de *autre*, et il a conservé cette valeur, car on ne l'emploie pas comme sujet.

Chacun (latin *quisque unus*) était à la fois adjectif et

---

1. L'*y* qui commence le pluriel *yeux* s'explique par une forme dialectale.

pronom. La Fontaine l'emploie encore comme adjectif (*Fables*, II, 20) :

> ....Car comment comprendre
> Qu'aussitôt que *chacune* sœur
> Ne possédera plus sa part héréditaire,
> Il lui faudra payer sa mère ?

Même vient d'un superlatif populaire (*metipsimum*) de *metipse*, qui avait la même signification en latin populaire. Le sens primitif de ce mot est celui que nous lui donnons encore quand nous disons : « l'homme même » ou « l'homme lui-même ». L'autre sens du mot (dans *le même homme*) est dérivé de celui-là. Aujourd'hui, *même* a l'une de ces significations lorsqu'il précède le nom, et l'autre lorsqu'il le suit. Dans l'ancienne langue, le sens du mot n'était pas déterminé par sa place, mais seulement par le sens général de la phrase. Ainsi : « le même homme » pouvait avoir le sens actuel de « l'homme même », et « l'homme même » pouvait signifier « le même homme ». Encore au XVIIe siècle, Corneille écrit :

> « Sais-tu que ce vieillard fut la *même* vertu ? »

Et il faut entendre « la vertu *même* ».

Quel que, quelque que. — En dehors des exclamations, *quel* ne peut plus être séparé de *que* par un substantif. Nous ne disons pas comme dans l'ancienne langue : « *Quel* parti *que* vous preniez », mais : « *Quelque* parti *que* vous preniez », en redoublant *que*. Le premier *que* est considéré comme ne formant qu'un seul mot avec *quel*; mais « quelque » a ici exactement le sens de *quel*, et non pas celui de « quelque » dans « Il faut prendre *quelque* parti. » On voit cependant que les deux sens sont voisins et se rattachent à la même origine.

On a dit d'abord : « *Quel* ami *que* vous choisissiez », et en même temps : « *Quel que* soit l'ami *que* vous choisissiez. » Puis ces deux expressions, identiques de sens, ont été confondues l'une avec l'autre, et « quel que... que » a été transporté de la seconde expression à la première, de telle sorte que « *quelque* ami *que* vous choisissiez » peut être considéré comme une forme abrégée de « *quel que* (soit l') ami *que* vous choisissiez ». On en trouve des exemples dès le XIIIe siècle.

Quelque, au sens de « un certain, un certain nombre de », peut être rattaché aussi à « quel que soit ». Aujourd'hui encore il n'y a pas une très grande différence de sens entre : « Avez-vous *quelque* ami? » et : « Avez-vous un ami *quel qu'*il soit? »

Qui que, lequel que. — *Quel* est un adjectif interrogatif. Le pronom interrogatif est *lequel* ou *qui*. *A priori*, on conçoit que ce pronom puisse s'employer de la même manière que l'adjectif correspondant, et qu'on doive trouver **lequel que** ou **qui que**, aussi bien que *quel que*. *Lequel que* n'est plus en usage, mais se trouve encore dans Bossuet : « *Lequel* des trois *que* l'on ôte... » Nous tournons aujourd'hui par : « *Quel que* soit celui *que*. »

Tout a le sens du latin *totus*, d'où il dérive, dans : « *Tout* l'animal est bon à manger », c'est-à-dire « l'animal tout entier »; mais il a le sens du latin *omnis* dans : « Tout animal peut être bon à quelque chose », c'est-à-dire « un animal n'importe lequel ». Au pluriel, *tout* a exclusivement le second sens, et ne signifie jamais « tout entier ». Au singulier, c'est l'article qui précise la valeur de l'adjectif : *tout le* a le sens de *totus*, et *tout* sans article a généralement le sens de *omnis*.

SYNTAXE DU VERBE[1]

CHAPITRE PREMIER

VERBES TRANSITIFS ET INTRANSITIFS ET FORMES RÉFLÉCHIES

Les verbes se divisent en verbes transitifs et en verbes intransitifs. Les premiers peuvent avoir un complément direct et s'emploient au passif. Les seconds n'ont que des compléments indirects et n'ont pas de voix passive.

Il n'y a pas d'autre définition à donner des verbes transitifs et intransitifs, parce qu'il n'y a pas entre ces verbes de différence de nature. On dit communément, mais à tort, que les verbes intransitifs ont un sens complet par eux-mêmes. Cela n'est vrai que de quelques-uns d'entre eux, qu'on a l'habitude de n'employer qu'*absolument*. Mais on conçoit que cette habitude puisse changer. Tous les verbes peuvent d'ailleurs s'employer ainsi. Et quant aux verbes intransitifs qu'on fait suivre habituellement d'un complément, ce complément ne diffère de celui des verbes transitifs que par la préposition qui le précède. Nous disons : « nuire à quelqu'un », mais on dira peut-

---

1. Les différentes parties de cette syntaxe du verbe ont déjà paru en trois fragments, publiés le premier dans mes *Leçons de syntaxe historique* (Paris, Delagrave, 1881), le second dans les *Annales de la Faculté des Lettres de Bordeaux* (III, 1881), le troisième et le plus important dans l'*Annuaire de la Faculté des Lettres de Lyon*, tome I, fasc. II, page 61.

être un jour : « nuire quelqu'un. » Beaucoup de verbes intransitifs, comme nous l'avons vu (§ 285), ont subi cette transformation.

Verbes intransitifs.

Si l'on ne considère que le sens logique et primitif des temps composés, tous les verbes intransitifs devraient se conjuguer avec l'auxiliaire *être*.

En effet, le verbe *avoir*, même dans les temps composés, — où il n'entre qu'en perdant une partie de sa valeur, — appelle toujours un complément, qui est qualifié par le participe passif du verbe que l'on conjugue : « J'ai fait un tableau » équivaut logiquement à « J'ai un tableau fait ». Le participe joint à l'auxiliaire *avoir* doit donc être un participe *passif;* or, les verbes transitifs ont seuls une voix passive.

« Venu », participe passé d'un verbe intransitif, correspond non pas à « fait », mais à « ayant fait ». C'est un participe passé *actif*, analogue au participe passé des verbes déponents latins, qui se conjuguaient avec l'auxiliaire *esse*.

Il a fallu négliger complètement le rôle logique des auxiliaires pour introduire *avoir* dans la conjugaison des verbes intransitifs. On doit expliquer de même les exemples anciens de participes invariables. Ces deux faits sont intimement liés. On a dit : « La chose que j'ai donné », comme on disait : « La chose que je donnai », en attribuant à l'auxiliaire suivi du participe passé la simple valeur d'une flexion exprimant le parfait, et en négligeant l'origine, la signification propre et la nature toute particulière de cette flexion. C'est ainsi qu'on a pu dire aussi : « J'ai nui ».

Cette double évolution a été probablement favorisée par la présence du *supin* dans la conjugaison latine. Le supin se rapproche en effet, par la forme, du participe passé passif, mais il en diffère essentiellement par le sens. Or, il suffit de donner au participe invariable la signification d'un supin, d'un nom verbal, pour expliquer les temps des verbes intransitifs composés avec l'auxiliaire *avoir*.

Dans le langage usuel, on dit que «nui» est le participe passé de « nuire ». C'est une expression inexacte. *Nuire*, comme verbe intransitif, n'a pas de participe *passif*, et le participe *passé* actif est: « ayant nui ». *Nui* n'est pas un participe, n'est pas un temps du verbe, c'est un élément qui entre dans les temps composés, mais qui n'a pas de valeur indépendante. Il y a donc une très grande différence entre «venu» et «nui», entre le participe passé des verbes intransitifs qui se conjuguent avec l'auxiliaire *être*, et le prétendu participe des verbes intransitifs qui se conjuguent avec l'auxiliaire *avoir*.

De même qu'il y a dans la langue française une tendance à faire invariable le participe des temps composés, on constate aussi un mouvement insensible qui conduit tous les verbes intransitifs de l'auxiliaire *être* à l'auxiliaire *avoir: courir, croître*, et plusieurs autres, ne s'emploient plus guère qu'avec *avoir*[1]. On trouve d'ailleurs des verbes intransitifs conjugués avec l'auxiliaire *avoir* dès les textes les plus anciens de notre langue. Les temps composés des verbes transitifs sont devenus de plus en plus les types de

---

1. Souvent deux acceptions d'un même verbe intransitif se sont séparées au point de constituer deux verbes qui ne se conjuguent plus de même. *Demeurer* et *rester*, dans le sens de « habiter », sont en avance sur *demeurer* et *rester* dans le sens de « être de reste » ou de « continuer à être ». Les premiers se conjuguent déjà avec l'auxiliaire *avoir*, les seconds se conjuguent encore avec l'auxiliaire *être*.

ces temps, et on les a pris constamment pour modèles lorsqu'on a créé de nouveaux verbes, transitifs ou intransitifs.

Au XVIIe siècle, les grammairiens, essayant de se rendre compte de la signification comparée de l'auxiliaire *être* et de l'auxiliaire *avoir*, ont imaginé d'autoriser la conjugaison de plusieurs verbes intransitifs avec les deux auxiliaires, d'après la distinction suivante : « Le verbe prend *avoir* quand on veut exprimer l'action, et *être* quand on exprime l'état. » Th. Corneille, commentant Vaugelas, nous dit: «Comme le remarque M. Ménage, on doit dire *Monsieur a sorti ce matin* et non pas *est sorti*, pour faire entendre qu'il est sorti et revenu ». Les verbes auxquels on a appliqué ce système trop ingénieux, maintenu encore dans la dernière édition du Dictionnaire de l'Académie, sont : *entrer, sortir, monter, descendre, passer, partir, croître, couler, échapper, germer,* etc. La plupart de ces verbes ne se conjuguaient, à l'origine, qu'avec l'auxiliaire *être ;* quelques-uns d'entre eux commencent à prendre exclusivement l'auxiliaire *avoir*.

Il faut, croyons-nous, renoncer complètement à cette vieille théorie des auxiliaires, d'après laquelle *avoir* exprimerait l'action, et *être* l'état. Ces deux verbes, en eux-mêmes, expriment l'un et l'autre un état. Il en résulte que la signification rigoureuse de « il a chanté, il est venu » n'est autre que: « Il est dans l'état qui suit l'action de chanter, qui suit l'action de venir ». Mais quand on dit «Il a chanté hier, je suis venu plusieurs fois », cette signification se modifie (si elle demeurait telle, on devrait dire : il a chanté depuis hier), et les locutions « a chanté, suis venu » équivalent à un parfait, expriment une action passée, qu'on ne rattache plus au moment présent. Il semble que le parfait formé avec l'auxiliaire *avoir* soit entré plus

complètement dans ce rôle que celui qui est formé avec
l'auxiliaire *être;* cette différence vient probablement de ce
que, pour la formation des temps composés, *avoir* a dû,
beaucoup plus que *être*, dépouiller sa signification propre.
La valeur primitive du parfait composé paraît donc mieux
sous l'auxiliaire *être* que sous l'auxiliaire *avoir*, mais elle
est la même pour les deux.

Verbes transitifs.

Tous nos verbes transitifs se conjuguent avec l'auxiliaire
avoir. Mais on peut imaginer des verbes transitifs prenant
l'auxiliaire *être*, comme les déponents transitifs du latin.
L'ancienne langue en fournit même quelques exemples.

Formes réfléchies.

J'appelle « verbes réfléchis proprement dits » ceux dont
l'action est réfléchie, qui ont pour complément direct un
pronom représentant le sujet. A côté d'eux se placent les
verbes qui ont ce même pronom pour complément indi
rect. Enfin dans beaucoup de verbes dits réfléchis — on
les appelle *essentiellement réfléchis*, mais il faudrait changer cette dénomination, qui manque de clarté, — le pronom
régime est purement explétif [1].

Les verbes réfléchis qui ont un pronom régime explétif
sont des verbes intransitifs. Ils sont beaucoup plus nombreux qu'on ne croit, parce que beaucoup de ces verbes
intransitifs ont pris un sens transitif, et leur forme réfléchie
a aujourd'hui les apparences d'un verbe réfléchi proprement dit [2].

---

1. Il y a aussi les formes réfléchies qui équivalent à un passif.
« Cette qualité s'acquiert » équivaut à « cette qualité est acquise ».
2. Voyez ci-dessus, paragraphe 285.

Les réfléchis à pronom explétif se conjuguent avec l'auxiliaire *être*, ce qui ne peut étonner puisqu'ils sont intransitifs : « Il *s'en est allé* ». Dans ces verbes, *se* explétif équivaut à « par soi ». L'auxiliaire *être* se comprend moins facilement dans les verbes réfléchis proprement dits. Pourquoi ne dit-on pas: « il s'*a* blessé »? Cette forme se rencontre, mais elle est exceptionnelle. Oublions un instant la forme pour ne penser qu'à l'idée. Il s'agit d'exprimer cette idée que la personne dont on parle *est blessée*, et qu'elle est elle-même la cause de sa blessure. Dès lors, au lieu de « il s'*a* blessé », on est amené à dire : « Il est blessé par soi », ou: « Il *s'*est blessé », en donnant à *se* la valeur que nous lui avons attribuée dans « Il s'en est allé ».

Il faut remarquer que, dans « il s'est blessé », le participe passif a le sens d'un participe *parfait*, sens qui lui est constamment attribué en latin, que nous lui donnons encore quand nous disons « Il est *blessé*, la chose est *faite*, etc. », mais que nous avons considérablement modifié pour former les temps de notre voix passive. Dans « il est lu = *legitur* », *lu* est un participe *présent* passif. Je ne puis que signaler ce point en passant. J'ajouterai seulement que, d'une part, le besoin d'éviter la confusion résultant du double sens des formes telles que « il est lu » (= tantôt *legitur* et tantôt *lectus est*), et, d'autre part, le sentiment de l'idée passive contenue dans tout verbe réfléchi, ont amené la création des verbes réfléchis à valeur passive : « il se dit = *dicitur* ».

C'est dans les verbes réfléchis où le pronom réfléchi est complément indirect, que l'emploi de l'auxiliaire *être* est le plus extraordinaire. Mais l'analogie avec « il s'en est allé » et « il s'est blessé » a fait qu'on a dit aussi : « ils se *sont* donné des coups », et non pas « ils s'ont donné ».

CHAPITRE DEUXIÈME

EMPLOI DES TEMPS

I. — DIVISION ET VALEUR DES TEMPS

Temps principaux.

La durée se divise, relativement au moment où l'on
parle, en trois temps essentiels, rendus grammaticalement
par trois *temps* du verbe, que nous appelerons *temps principaux* : le *présent*, le *passé*, et le *futur*. La langue française
a deux formes pour rendre le passé (*passé défini* et *indéfini*), mais ces deux formes, qui ne diffèrent, comme nous
le verrons, que par leur origine et quelques-uns de leurs
emplois, expriment en réalité la même époque de la durée.
Le *présent*, le *passé* et le *futur* établissent, entre l'action
exprimée par le verbe et le temps où l'on parle, un rapport
de simultanéité, d'antériorité ou de postériorité.

Temps secondaires.

Mais une action déterminée peut être conçue comme
étant en rapport temporel non pas seulement avec le
moment où l'on parle, mais encore avec une action ou un
moment passé, avec une action ou un moment futur.
Lorsque nous disons : « il était parti quand je suis arrivé »,
l'action de *partir* est passée relativement au moment où
nous parlons, mais elle est en outre passée relativement
à l'action d'*arriver*, et nous exprimons par un temps spécial
cette antériorité à une action passée. Nous appellerons
temps secondaires les temps du verbe destinés à rendre ces

13

nouveaux ordres de rapports. Les temps secondaires se divisent naturellement en deux classes : ceux qui sont relatifs au passé, et ceux qui sont relatifs au futur. En théorie, chacune de ces classes doit contenir au moins trois temps, puisqu'il faut exprimer, relativement au passé ou au futur, les trois mêmes rapports de simultanéité, d'antériorité et de postériorité que les temps principaux représentent relativement au présent.

Temps secondaires relatifs au passé.

Le présent relatif au passé est rendu par *l'imparfait*. Ce temps n'indique pas seulement que l'action est passée, il la montre *présente* relativement à une autre action passée : « Le jour où il est arrivé, on *préparait* la fête. » Quand on veut exprimer deux actions passées simultanées, on rend par l'imparfait celle qui déborde l'autre, celle qui avait commencé et qui n'était pas terminée (de là le mot *imparfait*) quand l'autre s'est produite. Comparez : « Il sortait quand je suis rentré », et « il est sorti quand je rentrais. » Par le passé proprement dit on exprime l'action passée, abstraction faite de sa durée; par l'imparfait on se place pendant la durée de l'action[1].

— Le passé relatif au passé est rendu par un temps composé, nommé *passé antérieur*, où l'auxiliaire (*avoir* ou *être*) exprime un état[2] passé, et le participe passé du verbe une action antérieure à cet état. En règle générale, dans tout temps composé du participe passé et de l'un des deux auxiliaires « avoir » ou « être », l'auxiliaire exprime un

---

1. L'*imparfait* a aussi une autre valeur, mais qui doit être mentionnée à part, celle d'un passé d'habitude.

2. On dit communément, mais à tort, que l'auxiliaire *être* exprime un état, et l'auxiliaire *avoir* une action. « Avoir » est un état aussi bien que « être ». Voyez le chapitre I de la Syntaxe du Verbe.

état, et par conséquent un moment, postérieur à l'action. « J'ai parlé » équivaut à : « Je suis dans un état, je suis à un moment postérieur à l'action de parler. » *Il eut écrit* signifie en soi : « Il fut à un moment postérieur à l'action d'écrire. » Ce moment peut être celui-là même de la fin de l'action, ou un moment quelconque de la durée qui suit. Dans « j'ai dit », le moment présent, marqué par l'auxiliaire, peut coïncider avec la fin de l'action de *dire* (comme lorsque ces mots terminent un discours), ou être plus ou moins éloigné de cette action. De même, en principe, le passé antérieur « j'eus dit » peut exprimer soit la fin (passée) de l'action, soit un autre moment postérieur. Si l'on écrit : « Dès qu'il l'eut vu, il revint », la conjonction « dès que » précise la valeur du temps, et indique qu'il s'agit de la fin de l'action. Le même temps marquait une époque plus ou moins éloignée de l'action, quand on disait, dans l'ancienne langue : « Il *fut parti* depuis trois ans, lorsqu'il nous écrivit[1]. » Aujourd'hui le *passé antérieur* n'exprime plus que la fin de l'action. Il a été supplanté dans l'autre emploi par le temps nommé *plus-que-parfait*, où l'auxiliaire est à l'imparfait au lieu d'être au passé.

Quelle est la valeur propre du plus-que-parfait? D'après l'idée générale que nous avons donnée des temps composés, et d'après la définition de l'imparfait, un temps composé du participe passé et de l'imparfait de l'auxiliaire doit exprimer un état passé postérieur à l'action, état considéré comme présent relativement à une autre action passée, c'est-à-dire ayant commencé avant, et s'étant terminé après cette action. Si le *passé antérieur* exprime un *moment* proprement dit, postérieur à l'action, le *plus-que-*

---

1. Joinville écrit (§ 137) : « Nous trouvames que uns forz venz *ot rompues* les cordes. »

parfait exprime donc un moment prolongé, une *durée* passée au milieu de laquelle on se place. Quand on disait : « Il fut parti depuis trois ans lorsqu'il nous écrivit », on établissait la coïncidence entre le moment passé de l'action d'*écrire* et un moment postérieur à l'action de *partir*. Ces deux moments identiques sont exprimés l'un par l'auxiliaire « fut », l'autre par « écrivit » :

> *il fut*   lorsque   *il écrivit*
> *parti*

Avec le plus-que-parfait on rend la même idée par un autre procédé; on place le moment passé de l'action d'*écrire* au milieu d'une durée postérieure à l'action de *partir* :

> *il était*   lorsque   *il écrivit*
> *parti*

Les deux temps permettent donc également d'exprimer que l'action de *partir* est séparée par une certaine durée de l'action d'*écrire*. Le *plus-que-parfait* est resté seul en possession de cet emploi, qu'il partageait à l'origine avec le *passé antérieur*. Ce dernier temps ne rend aujourd'hui que le moment de la fin d'une action passée, tandis que le plus-que-parfait représente toute la durée qui sépare ce moment du moment présent.

Il n'y a pas de raison, *a priori*, pour que, dans le *passé antérieur*, l'auxiliaire soit au passé défini plutôt qu'au passé indéfini. De là les deux formes : « Il eut parlé » et « Il a eu parlé. » On doit employer l'une ou l'autre suivant que le second verbe est lui-même à l'un ou l'autre des passés : « Quand il eut parlé, il revint », et « Quand il a eu parlé, il est revenu. »

— Le futur relatif au passé était rendu en latin par un

temps composé du parfait ou de l'imparfait d'*esse*, et du participe futur du verbe : « *lecturus erat* ou *fuit*. » N'ayant pas de participe futur, nous employons, pour composer le même temps, l'infinitif du verbe avec l'auxiliaire *devoir* à l'imparfait ou au passé : « Quand vous êtes arrivé, *je devais partir* le lendemain. — La semaine dernière *j'ai dû partir* pour un grand voyage[1]. » Pour exprimer la même idée, nous avons aussi un temps simple ; mais il a reçu dans la langue une acception modale, celle du *conditionnel*, et il n'a conservé sa valeur primitive que dans un cas déterminé, *lorsqu'il est dans une proposition complétive (subordonnée ou incidente[2]) et que le verbe de*

1. Il ne faut pas confondre cette signification de *devoir* avec une autre valeur du même verbe dans les locutions telles que: « Il a dû venir hier », c'est-à-dire : « Il est probablement venu hier. » Toutefois, cette signification dérive de la première, à peu près comme le conditionnel dérive du futur dans le passé.

2. On doit bien remarquer que le temps dit *conditionnel* n'a pas conservé sa valeur première dans toutes les incidentes, mais seulement dans les incidentes *complétives*. On ne dirait pas : « Il était l'ami intime de l'ambassadeur qui *arriverait*. » Mais on dit : « Quand il a parlé ainsi, il savait très bien ce qui en *résulterait*. » L'incidente de cette dernière phrase est complétive, car on peut remplacer « ce qui » par « quelle chose », le relatif par un interrogatif. — Sont assimilées aux propositions *complétives*, les *circonstancielles* jointes à une proposition complétive ou infinitive : « Il avait promis d'être là quand vous *arriveriez*. » — Même dans une proposition principale on emploie encore le conditionnel avec sa valeur primitive, quand on rapporte les pensées ou le langage d'une personne, dans le système intermédiaire entre le discours direct et le discours indirect. Ce système est particulièrement en usage chez nos romanciers contemporains : « Un autre sujet de préoccupation pour elle était de savoir si elle devait parler dans ses lettres de ce mariage projeté. *Pour sa mère cela n'avait pas grande importance, et même valait-il mieux peut-être ne lui en rien dire..... Elle parlerait donc, mais pour lui seulement ; elle lui écrirait.* » (Hector Malot, *La Petite Sœur.*) Ce sont les mêmes temps que dans le discours indirect proprement dit : « Elle se disait que pour sa mère cela n'avait pas grande importance... elle décida qu'elle parlerait, *etc.* »

la proposition principale est à un temps du passé. Par exemple, dans « Je savais qu'il viendrait », *viendrait* n'a, à aucun degré, l'acception modale que nous rendons par le mot *conditionnel*. C'est un temps de l'indicatif exprimant un futur relativement au moment passé où «je savais » : *venire habebat* en latin étymologique, *il devait venir* si l'on emploie le temps composé équivalent. Il importe de séparer avec soin et de distinguer par des noms spéciaux les deux valeurs du temps dit *conditionnel présent*. D'une part (et dans ce cas on peut lui conserver le nom de conditionnel) il exprime, — avec une idée modale particulière que les latins rendaient, faute de mieux, par le subjonctif, — un présent ou un futur proprement dits : « Je le *ferais* maintenant, si vous me l'aviez demandé, je le *ferais* demain si vous me le demandiez. » D'autre part, il exprime un temps de l'indicatif qui équivaut au « lecturus erat » des Latins.

Quel nom donner à ce temps de l'indicatif? « Imparfait du futur » se présente naturellement à l'esprit, parce que ce temps est formé avec l'imparfait d'*habere*, comme le futur avec le présent du même verbe : « amare habeo — *j'aimerai*; amare habebam — *j'aimerais*. » Mais l'*imparfait* proprement dit n'est pas l'imparfait du présent, c'est l'imparfait du passé, le passé imparfait. « Imparfait du futur » signifierait «futur imparfait», et n'exprimerait pas l'idée qu'on veut rendre. Le temps à nommer est au futur ce que l'imparfait est au présent. Or nous avons défini l'imparfait : *présent dans le passé*. Notre temps est donc un *futur dans le passé*, et on peut lui laisser ce nom, qui porte en lui sa définition.

La transformation du *futur dans le passé*, du futur *relatif au passé* en *conditionnel*, a consisté principalement, comme nous le verrons au chapitre suivant, dans la suppression de toute relation au passé. Cette relation a été maintenue, pour les verbes des propositons complétives, sous l'influence du temps passé du verbe principal.

Le *futur dans le passé* de l'indicatif est d'un usage constant, particulièrement dans le discours indirect. Voici, entre beaucoup d'autres, quelques exemples de ce temps :

« Avez-vous prétendu qu'ils *se tairaient* toujours ? »
(RACINE, Britannicus.)

« Ce fut en vue du Messie et de son règne éternel que Dieu promit à David que son trône *subsisterait* éternellement. » (Bossuet, *Discours sur l'Histoire Universelle*, 2ᵉ partie.)

« Dioclétien ordonna que les chefs des Manichéens *seraient brûlés* avec leurs écrits[1]. » (Condillac).

« Je ne vous écrivais point, attendant que ce messager *partirait.* » (Malherbe, III, 26, de l'édit. Lalanne. Lexique, page XXXVI.)

« Il attendait à se réjouir quand il *verrait* les mœurs corrigées[2] » (Bossuet).

---

1. A propos de cet exemple, la grammaire de Guérard a cette règle bizarre : « *Ordonner* veut le conditionnel au lieu du subjonctif lorsqu'il exprime l'arrêt d'un pouvoir suprême. » Il faut dire que « ordonner » s'emploie quelquefois avec l'indicatif, auquel cas le verbe subordonné se met naturellement au *futur dans le passé*, si « ordonner » est lui-même à un temps du passé, ou au *futur*, si « ordonner » est au présent (Il *ordonne* qu'ils *seront brûlés*). Quand on emploie le subjonctif, on met le verbe au temps du subjonctif qui correspond à l'un ou l'autre de ces temps de l'indicatif, c'est-à-dire au *présent* pour le *futur*, et à l'*imparfait* pour le *futur dans le passé :* « Il ordonne qu'ils soient brûlés, il ordonna qu'ils fussent brûlés. »

2. Il faut constater dans la phrase de Malherbe l'emploi, aujourd'hui incorrect, de l'indicatif après « *attendre* », et, dans celle de Bossuet, un exemple de la locution tombée en désuétude « *attendre quand* », suivie aussi de l'indicatif.

Pour se rendre compte de la valeur exacte du *futur dans le passé*, il suffit de remplacer, dans les propositions principales, le temps du passé par un présent : « *Prétendez-vous* qu'ils se *tairont* toujours? — Dieu *promet* à David que son trône *subsistera* éternellement. » Cette substitution du présent au passé, dans la proposition principale, entraîne dans la subordonnée le changement du futur relatif au passé en un futur relatif au présent, c'est-à-dire en un futur proprement dit, et l'équivalence modale des deux futurs devient évidente : ce sont, au même titre, des temps de l'*indicatif*. On peut donc employer ce prétendu conditionnel dans les phrases subordonnées, quand le verbe de la proposition principale est à un des temps du passé, *sans qu'il y ait quelque doute dans l'esprit.*

Ainsi, relativement à une action ou à un moment passés, le rapport de simultanéité est rendu par l'*imparfait*, le rapport d'antériorité par le *plus-que-parfait* et le *passé antérieur*, le rapport de postériorité par le *futur dans le passé*.

Temps secondaires relatifs au futur.

Il n'y a pas de temps du verbe pour exprimer le présent dans le futur, la simultanéité de deux actions futures. En d'autres termes, il n'y a aucun des temps du futur qui corresponde à l'imparfait dans les temps du passé. Nous sommes obligés de dire, avec le même temps pour les deux verbes : « Il *arrivera* pendant que j'*écrirai*. » C'est comme si, au lieu de : « Il est *arrivé* pendant que j'*écrivais*, » nous devions dire, faute d'imparfait : « Il *est arrivé* pendant que j'*ai écrit*. »

Le futur relatif au futur, ou le *futur postérieur*, est exprimé par le futur de l'auxiliaire *devoir* suivi de l'infinitif du verbe. « Je devrai lire » équivaut au latin « lecturus ero. » Exemple : « Dès qu'il *devra venir*, vous m'avertirez. » Mais le verbe *devoir* conserve presque toujours, quand on l'emploie comme auxiliaire, un reste de sa valeur propre.

Enfin le passé relatif au futur est exprimé par le temps appelé *futur antérieur*. On a l'habitude de dire que l'action exprimée par le futur antérieur est passée relativement à une autre action future, mais *future relativement au moment où l'on parle*. Il faut supprimer la dernière partie de la définition. Ce temps serait plus justement appelé *antérieur au futur* que *futur antérieur*. Car, si on l'analyse, on ne découvre rien dans sa composition qui indique que l'action soit future. « J'aurai lu » marque simplement un moment futur postérieur à l'action de lire ; mais cette action peut être encore à venir, ou déjà accomplie quand on parle. Dans beaucoup de cas, l'action exprimée par le futur antérieur est *présente*, a commencé avant le moment où l'on parle et n'est pas terminée : « Ils sont encore à table. Dès qu'ils *auront dîné*, nous partirons. »

> « Je verrai les lauriers d'un frère ou d'un mari
> Fumer encor du sang que j'*aurai* tant *chéri*. »
>
> (CORNEILLE, *Horace*, II, 6.)

Mais l'action peut même être entièrement accomplie, et c'est ce qui permet au provençal d'employer ce temps à la place du passé indéfini (Voyez *Jahrbuch* de Herrig, XI, 338). En français, pour qu'on puisse rendre une action, même passée, par un futur antérieur, il suffit qu'elle soit considérée comme antérieure à un moment futur, exprimé ou sous-entendu. On dit : « *j'aurai* mal *lu*, j'*aurai* mal *entendu* », c'est-à-dire : « au moment futur

où je m'en serai assuré, j'aurai mal lu, mal entendu. »
C'est ainsi qu'on dit encore : « Vous verrez qu'il *sera venu*
hier. »

Cet emploi du futur antérieur, en contradiction avec la
définition qu'on en donne communément, est attesté par
les exemples suivants, empruntés la plupart à Mme de
Sévigné :

« Quoique M. Fouquet ait trop appuyé.... il s'est trouvé
pourtant que, par l'événement, *il aura bien dit.* » (Mme de
Sévigné à M. de Pomponne, 26 nov. 1664.)

« Vous avez jugé très juste et très bien de Bajazet, et
vous aurez vu que je suis de votre avis. » (La même à sa
fille, 16 mars 1672).

« Toutes les filles de la reine furent chassées hier... On
suppose qu'il y en a une qu'on *aura voulu* ôter, et que,
pour brouiller les espèces, on a fait tout égal. » (Ibidem,
27 novembre 1673).

« Vous l'*aurez eu* le lendemain du jour que vous m'avez
écrit. » (Ibid., 29 janv. 1674).

« Pour moi, je suis très persuadée, que son mari est
mort; la poussière mêlée avec son sang l'*aura défiguré;*
on ne l'*aura pas reconnu*, on l'*aura dépouillé;* peut-être
qu'il *aura été tué* loin des autres par ceux qui l'ont pris,
ou par des paysans, et *sera demeuré* au coin de quelque
haie. » (Ibid., 28 août 1675).

« [Ceux qui viendront après nous] l'estimeront-ils moins
(Richelieu) à cause que, de son temps, les rentes sur
l'hôtel de ville *se seront payées* un peu plus tard, et que
l'on *aura mis* quelques nouveaux officiers dans la chambre
des comptes? » (Voiture, *Lettre sur Richelieu.*)

« Vous *aurez fait* sortir ma sœur d'un couvent pour la
laisser ensuite? » (Molière, *Don Juan*, V. 3.)

L'ancienne langue nous fournirait des exemples non

moins nombreux. Au moment de briser sa Durandal, Roland lui dit :

Molt larges terres de vos *avrai conquises.* (v. 2352).

Subdivisions des temps secondaires.

Nous venons de voir qu'on peut exprimer, relativement à un moment passé, le présent, le passé et le futur, et, relativement à un moment futur, le passé et le futur. Là ne s'arrêtent pas les temps possibles. On peut concevoir qu'on exprime, relativement au passé d'une part, et au futur d'autre part, non seulement les trois divisions essentielles de la durée, mais encore toutes les subdivisions qui correspondent aux temps secondaires que nous avons énumérés On formera ainsi de nouveaux temps secondaires, correspondant à de nouvelles subdivisions de la durée qui, à leur tour, pourront être exprimées relativement au passé et au futur. Il n'y aurait donc pas de limite au nombre des temps secondaires, si la trop grande complication de l'idée exprimée et la surcomposition excessive des formes ne rendaient l'emploi de ces temps impossible à partir d'un certain degré.

Si l'on veut exprimer le plus-que-passé relativement au passé, on emploie un temps que j'appellerai « *plus-que-parfait antérieur* », et qui est composé du participe passé du verbe et du plus-que-parfait de l'auxiliaire *avoir* ou *être.* Exemple : « On m'a affirmé que, dès qu'*il avait eu cédé,* les secours étaient arrivés. » L'action de *céder* est plus que passée relativement au moment déjà passé où *on m'a affirmé,* car elle est passée relativement à une action antérieure à ce moment (l'action d'*arriver.*) L'emploi du *plus-que-parfait antérieur* indique donc que l'action est

antérieure à deux autres actions passées non simultanées :

On m'a affirmé { il avait { étaient les secours
eu arrivés
cédé

Ce petit tableau montre en trois lignes superposées les
trois actions successives dans l'ordre chronologique : *céder,
arriver, affirmer*. Les mêmes lignes, considérées horizon-
talement, établissent la correspondance temporelle entre
les différentes parties des trois temps composés. Ainsi
l'action d'arriver coïncide avec la fin de l'action de céder,
marquée par l'auxiliaire *eu*. Les imparfaits sont placés
en travers de la ligne parce qu'ils marquent une durée et
non un moment.

Une autre forme théorique du même temps serait : « *Il
eut eu cédé* », avec l'auxiliaire au *passé antérieur*. Dans
l'ancienne langue on eût pu dire : « On m'affirma que,
dès qu'il eut eu cédé, les secours furent arrivés. » Mais
nous avons vu que le *passé antérieur* avait perdu une
partie de ses attributions, conservées exclusivement par le
plus-que-parfait. Il faut dire aujourd'hui, et pour la même
raison, « dès qu'il *avait eu* cédé », et « les secours *étaient
arrivés*. » Dans la langue actuelle, il n'y a pas d'application possible du temps surcomposé avec l'auxiliaire au
passé antérieur. L'exemple cité dans les grammaires « dès
que j'*eus eu fini*, je partis » n'est pas admissible. Cette
phrase ne peut signifier qu'une chose, c'est que l'action de *partir* a suivi immédiatement celle de *finir*, ce
qu'on exprime en mettant *finir* au passé antérieur non
surcomposé : « Dès que j'*eus fini*, je partis. »

Le futur antérieur relativement au passé est rendu par un temps composé du participe passé et de l'auxiliaire *avoir* ou *être* au *futur dans le passé :* « Il serait parti. » Ce temps a subi, comme il est naturel, les mêmes vicissitudes que le *futur dans le passé;* il n'a conservé sa valeur première que dans les propositions complétives quand le verbe de la proposition principale est à un temps du passé : « Je savais qu'il *serait parti* avant que vous pussiez arriver [1]. » Partout ailleurs il a pris l'acception modale du *conditionnel passé.* Le *futur antérieur dans le passé* a aussi une forme surcomposée : « Je devais avoir écrit. » Mais on emploie surtout cette locution en donnant au verbe *devoir* une de ses valeurs propres, et non pas seulement le rôle d'auxiliaire.

On trouve ou on conçoit des temps anologues *relativement au futur*, par exemple « j'aurai eu parlé », qui est un *passé antérieur dans le futur*, et qui, comme le futur antérieur, peut s'employer pour exprimer une action même passée pourvu qu'elle soit antérieure à un moment futur même sous-entendu : « Il *aura eu fini* quand l'ordre de surseoir est arrivé. » Tous ces temps peuvent en produire d'autres; par exemple « j'aurais eu parlé » est, relativement au passé, un passé antérieur dans le futur [2]. Il est inutile d'insister sur ces formes d'un emploi très rare, et dont la plupart sont à éviter.

1. De même que le *futur antérieur* absolu peut exprimer une action déjà passée relativement au présent, le *futur antérieur dans le passé* peut exprimer une action déjà passée relativement au passé : « Je supposais bien qu'il aurait mal lu » correspond exactement à : « Je suppose qu'il aura mal lu. » Voici un exemple de Mme de Sévigné (à sa fille, 5 janvier 1672) : « Messieurs des États s'étaient examinés scrupuleusement pour savoir ce qu'ils *auraient pu* faire qui déplût à Sa Majesté. »

2. « J'aurais eu parlé » contenant un auxiliaire au *futur dans le passé* a aussi une valeur modale dont nous parlerons plus loin.

Conclusion du classement des temps.

Il résulte de cette classification qu'on peut toujours considérer un temps secondaire quelconque au moins à deux points de vue : d'abord au point de vue du présent, ensuite au point de vue soit du passé, soit du futur, suivant qu'il est relatif au passé ou relatif au futur. Prenons pour exemple la phrase suivante : « j'étais réveillé quand vous êtes entré. » Absolument, c'est-à-dire au point de vue du présent, du moment où je parle, « j'étais réveillé » est un *plus-que-parfait*, exprime un temps plus que passé. Mais au point de vue du passé, du moment passé où «vous êtes entré », ce même temps est simplement un passé. Nous verrons quelle est l'importance de cette distinction pour les règles de l'accord des temps.

Il y a même des temps secondaires qui peuvent être considérés à trois ou quatre points de vue, suivant le degré de la surcomposition et le nombre des actions rapprochées les unes des autres. Par exemple, dans la phrase que nous avons citée « On m'a affirmé que, dès qu'il avait eu cédé, les secours étaient arrivés », « *avait eu cédé* » est, absolument, un *plus-que-parfait antérieur;* c'est un *plus-que-parfait* si on se place au moment où « on a affirmé »; c'est un simple *passé* au point de vue du moment où « les secours sont arrivés ». De même, « j'aurais parlé » est un *futur antérieur* relativement au passé, c'est un *passé* relativement au futur dans le passé. Mais la seule distinction importante est celle qui sépare la valeur absolue de chaque temps de sa valeur relative soit au passé, soit au futur.

Le tableau ci-joint résumera notre classification :

TEMPS (Divisions et sub-divisions de la durée).	EXPRIMÉS ABSOLUMENT	EXPRIMÉS RELATIVEMENT AU PASSÉ	EXPRIMÉS RELATIVE-MENT AU FUTUR
Présent :	**Je parle.**	**Je parlais.** (*Imparfait.*)	
Passé :	**Je parlai, j'ai parlé.**	**J'eus, j'ai eu, j'avais parlé.** (*Plus-que-parfait et passé antérieur.*)	**J'aurai parlé.** (*Futur antérieur.*)
Futur :	**Je dois parler, je parlerai.**	**Je devais parler, je parlerais*.** (*Futur dans le passé.*)	**Je devrai parler.** (*Futur postérieur.*
Plus-que-passé :	**J'eus, j'ai eu, j'avais parlé.**	**J'avais eu parlé.** (*Plus-que-parfait antérieur.*)	**J'aurai eu parlé.** (*Passé antérieur dans le futur.*)
Futur antérieur :	**J'aurai parlé.**	**Je devais avoir parlé, j'aurais parlé*.** (*Futur antérieur dans le passé.*)	**[Je devrai avoir parlé .]**

J'arrête ce tableau au moment où, dans les deux dernières colonnes, on n'aurait plus que des temps théoriques, comme le dernier de la colonne des futurs, que j'ai mis entre crochets. On voit que, pour exprimer un temps quelconque relativement au passé, il faut prendre la forme absolue de ce temps, et remplacer, dans les auxiliaires, les présents par des imparfaits, les temps du passé par des plus-que-parfaits, les futurs par des futurs dans le passé. De même, pour exprimer un temps quelconque relativement au futur, il faut, en partant de la forme absolue, remplacer dans les auxilaires, le présent par le futur, les temps du passé par le futur antérieur, le futur par le futur postérieur.

* L'astérisque marque les temps qui, dans les conditions indiquées plus haut, changent de valeur et deviennent des conditionnels.

Valeurs particulières de l'imparfait, et distinction des deux passés.

Pour terminer ce chapitre sur la valeur individuelle des temps, il nous reste : 1° à signaler l'emploi de l'imparfait et du plus-que-parfait comme passés d'habitude, et après la conjonction *si*; 2° à déterminer la différence entre le passé défini et le passé indéfini.

Imparfait d'habitude. — L'*imparfait* est employé lorsqu'on veut se placer non seulement pendant la durée, mais encore pendant la fréquence de l'action. Exemple : « Quand vous êtes arrivé, je *recevais* souvent de ses nouvelles. » Cet emploi de l'imparfait est bien connu, et n'offre pas de difficultés. Le *plus-que-parfait* a une valeur analogue : « Quand on *l'avait irrité*, il était impitoyable. »

Imparfait pour le conditionnel. — Dès l'époque la plus ancienne de la langue, l'usage s'est établi de remplacer, après le *si* conditionnel, le futur par le présent, et le futur dans le passé par l'imparfait, « S'il *vient*, je partirai. — Tu savais que, s'il *venait*, je partirais. » L'idée de futur étant suffisamment marquée par le temps de l'autre verbe et par la conjonction, on peut, sans nuire à la clarté, éliminer cette idée du temps du verbe qui suit *si*. Or, si l'on supprime l'idée de futur, le futur proprement dit doit se transformer en présent, et le futur dans le passé en imparfait, puisque l'auxiliaire (représenté par les flexions *ai* et *ais*, cette dernière pour « avais ») est au présent dans le premier temps, et à l'imparfait dans le second.

Le futur dans le passé, en prenant la valeur d'un conditionnel, a conservé le privilège de se transformer en imparfait après *si*. Il en résulte que le plus-que-parfait après *si* peut équivaloir au conditionnel passé, et le plus-que-parfait antérieur, au conditionnel surcomposé : « Il serait venu, s'il l'*avait su*. — S'il *avait eu dîné*, il vous aurait accompagné. »

Passé défini et passé indéfini. — A côté du temps simple issu du parfait latin, nous trouvons dans notre langue, dès l'origine, un temps composé, de même signification ou à peu près. Ces deux temps après s'être confondus, ont pris peu à peu, comme il était naturel, des acceptions légèrement divergentes, que les grammairiens expriment aujourd'hui par les adjectifs « défini » et « indéfini ».

Quel est le sens propre du passé composé? « J'ai écrit » signifie littéralement : « je suis dans l'état qui suit l'action d'écrire. » Aussi dit-on : « j'ai écrit *depuis* une heure. » C'est par assimilation entre les deux passés, que nous pouvons dire aussi : « J'ai écrit *il y a une heure*. »

D'autre part, on conçoit qu'on puisse employer facilement le passé composé sans indiquer le temps où l'action s'est accomplie, puisqu'il y a surtout, au fond de ce temps du verbe, la constatation d'un état présent. Cet emploi a paru si bien convenir au passé composé, que la règle s'est établie de le lui attribuer exclusivement, et d'exiger la détermination du temps quand on se sert du parfait simple. Aujourd'hui, on ne peut employer le passé non composé sans indiquer le temps de l'action. Mais cette indication peut être vague; en outre, elle peut se trouver dans une autre phrase : « A la mort de Charles V, il y avait en France ce qui eût suffi pour perdre dix royaumes..... L'avènement du petit Charles VI *fut inauguré* par l'établissement d'un nouvel impôt. » (Michelet.) Dans le fameux récit du Cid, le temps de « Nous partîmes cinq cents » est déterminé par tout le dialogue qui précède.

Il y a une autre différence importante entre les **deux** passés. Quand on dit : « Cette année, cette semaine, aujourd'hui, etc., » on désigne un temps qui n'est pas complètement écoulé, qui est encore présent. « Cette année » équivaut à : « en la présente année. » La langue française ayant deux formes pour rendre le passé, il est naturel qu'elle ait choisi, pour la joindre à ces locutions, celle de ces formes qui n'exprime le passé qu'indirectement, et qui contient un auxiliaire au présent. Aussi dit-on : « J'ai lu cette année », et non pas : « Je lus cette année. »

Le passé simple s'emploie surtout dans un récit continu, dans un livre d'histoire, dans un roman. Mais, quand on raconte un événement récent, on se sert ordinairement du passé composé : voyez le songe d'Athalie, celui de Pauline, le récit de Théramène. Le passé simple tend d'ailleurs à disparaître de la conversation.

II. DES FONCTIONS MODALES DU FUTUR DANS LE PASSÉ DE L'INDICATIF

Emploi du conditionnel.

Le *futur dans le passé* de l'indicatif a pris dans la langue française des fonctions modales qui lui ont fait donner le nom de *conditionnel*. Avant de rechercher l'origine de cette transformation, il est nécessaire de déterminer avec précision les acceptions actuelles du conditionnel[1].

1. Il est très légitime, *théoriquement*, de supprimer le *mode* conditionnel, comme le fait la grammaire d'Ayer. On n'a pas fait **en latin** un mode spécial du *futur dans le passé* de l'indicatif, bien qu'il ait aussi quelquefois une acception modale : « Illi ipsi aratores, qui remanserant, *relicturi* omnes agros *erant*, nisi ad eos Metellus Roma litteras misisset. » (Cic. Verr., 3, 52 ; cf. Madvig, *Grammaire latine*, 348, a.) Mais la valeur modale du même temps en français **a pris un**

On distingue le *conditionnel présent* et le *conditionnel passé*, ce dernier composé du participe passé du verbe et de l'auxiliaire « avoir » ou « être » au conditionnel présent. Il faut y ajouter la forme surcomposée « j'aurais eu fini », dont nous déterminerons aussi la valeur,

Conditionnel présent.

Le *conditionnel présent* exprime la possibilité d'une action *présente* ou *future*, dans une hypothèse qui ne se réalise pas ou ne s'est pas réalisée, ou dont la réalisation est douteuse.

Action présente : « Si on l'eût mieux soigné, il *vivrait.* — Si on le soignait mieux, il *aurait* une meilleure santé. » L'action présente de *vivre*, l'état présent d'*avoir une meilleure santé* étaient possibles à des conditions qui font défaut.

Action future : « S'il était arrivé, s'il était ici, s'il arrivait, je *partirais* demain. »

Dans ces exemples, l'hypothèse, la condition de possibilité, est exprimée par une proposition précédée de *si.* La condition peut prendre beaucoup d'autres formes, et même être indiquée dans une phrase séparée : « *A ce compte*, il céderait. » — « *N'agacez pas le chien*, il vous mordrait. » — « Je croirais faire *en le volant* une action méritoire. » (L'*Avare*, II, 1.) — « Je serais fort fâchée *de vous causer du déplaisir.* » (L'*Avare*, III, 11.) — « Il serait bon *de l'avertir.* » — « Je le reconnaîtrais *entre mille.* » — « Peut-être ne ferait-on pas tout ce qu'on

tel développement, qu'il est impossible, *en pratique*, de ne pas lui accorder toute l'importance d'un mode. Pour éviter les inconvénients de cette concession, il suffit, comme nous l'avons fait ci-dessus, de séparer avec soin de l'acception modale les restes de la valeur primitive.

peut, *sans l'espérance de faire plus qu'on ne pourra.* »
(Fontenelle, dans *Littré*, au mot « pouvoir ».)

Souvent la condition est sous-entendue, en particulier lorsqu'elle n'est autre que l'occasion : « Il le ferait comme il le dit. — Il condamnerait son propre fils. » Entendez : « si l'occasion s'en offrait ». Après « je pourrais, je saurais [1] », on sous-entend souvent : « si je voulais. » Exemples : « Je pourrais le convaincre d'imposture. — Je saurais bien le décider, — On ne saurait trop l'admirer. » Après « on dirait, on croirait », on sous-entend : « si on s'en tenait à l'apparence. »

Le conditionnel indiquant la possibilité et une réalisation incertaine, il est facile de comprendre qu'on soit arrivé à s'en servir pour adoucir l'expression d'une volonté, d'un désir, d'une nécessité, etc. « Je voudrais, je désirerais, il faudrait, vous devriez » sont presque toujours des équivalents adoucis de : « Je veux, je désire, il faut, vous devez. » De même : « Il serait possible, il se pourrait, je pourrais (avec le sens de : *il est possible que je...*, comme dans : je pourrais me tromper), il serait nécessaire, etc. »

Dans les phrases interrogatives ou exclamatives, et dans les phrases affirmatives où on rapporte l'opinion d'un autre, le conditionnel peut exprimer, par extension, une possibilité dont on doute, et dont par conséquent on n'a pas à formuler la condition : « Ce serait vrai ! Serait-il vrai ? — Il arriverait demain ? — On prétend que l'ennemi serait en vue [2]. » Or, indiquer que l'on doute de la

1. Voyez *Littré*, au mot « savoir » 18°.
2. En langue du Palais, dans une citation, on met souvent au conditionnel les verbes exprimant les faits articulés :

> Lequel Hiérome, après plusieurs rébellions,
> *Aurait atteint, frappé,* moi sergent à la joue.

possibilité d'une action, c'est préparer en quelque sorte une affirmation contraire, un refus s'il s'agit d'une demande. De là l'usage du conditionnel de politesse : « Voudriez-vous me rendre ce service? — Connaîtriez-vous une de ces personnes? — On m'assure que vous auriez l'obligeance de... »

Le conditionnel a une autre valeur importante, que l'on confond habituellement avec les premières, bien qu'elle s'en distingue essentiellement. Outre la *possibilité conditionnelle*, il exprime la *condition de possibilité*, l'action présentée comme condition d'une autre, ou du moins l'incertitude de cette action. On met au conditionnel, après les conjonctions conditionnelles [1], le verbe exprimant une action qui probablement ne s'accomplit ou ne s'accomplira pas, ou qui certainement n'a pas lieu, et dont l'accomplissement est la condition d'une autre action. Dans ce cas, l'idée de condition résulte de la conjonction employée et non de la flexion du verbe, et le conditionnel n'a d'autre valeur que celle d'un présent ou d'un futur *douteux*, ou d'un présent *négatif*, si je puis appeler ainsi le temps d'une action qui présentement ne s'accomplit pas. Prenons l'exemple suivant : « Dans le cas où il se déciderait, je vous avertirais. » Les deux actions sont également futures et douteuses ; mais il faut remarquer que le conditionnel, appliqué au verbe de la proposition

> Et *fait* tomber du coup mon chapeau dans la boue,
> .... Et, de ce non content,
> *Aurait* avec le pied *réitéré*......
> Outre plus, le susdit *serait venu*, de rage,
> Pour lacérer le dit présent procès-verbal.
>
> (*Les Plaideurs*, II, 4).

1. Ou même sans conjonction, dans la tournure suivante : « Il *serait* ici que j'agirais de même. »

principale, affirme la possibilité conditionnelle de l'action, tandis que, appliqué au verbe de la proposition subordonnée, il ne diffère d'un futur de l'indicatif que par une idée accessoire d'incertitude.

Toutefois, la condition exprimée dans la proposition subordonnée peut être non la réalisation plus ou moins incertaine d'une action, mais la possibilité conditionnelle de cette action. Exemple : « Dans le cas où il se déciderait si on insistait, ne manquez pas d'insister. » Il est facile de voir que, dans cette phrase, *déciderait* n'a pas le même sens que le même verbe au même temps dans l'exemple précédent. Là le sens était : « Dans le cas d'une décision à intervenir de sa part. » Ici le sens est : « Dans le cas de la possibilité d'obtenir cette décision en insistant. » Là nous avions ce que j'appellerai l'acception secondaire du conditionnel, ici nous avons l'acception principale [1].

1. Après la conjonction *si*, le conditionnel ne doit être remplacé par l'imparfait de l'indicatif que s'il est pris dans l'acception secondaire. Quand il a sa valeur principale, il ne peut être remplacé par aucun autre temps. C'est ce qui explique le temps employé par Racine dans ces vers célèbres :

> Si ta haine m'envie un supplice trop doux,
> Ou *si* d'un sang trop vil ta main *serait* trempée,
> Au défaut de ton bras, prête-moi ton épée.
>
> (*Phèdre*, II, 5.)

La condition est ici la possibilité d'une souillure (main trempée d'un sang trop vil) dans le cas où Hippolyte tuerait lui-même Phèdre, et non l'accomplissement de cette souillure : c'est le second sens que donnerait l'imparfait, qui équivaudrait au conditionnel dans son acception secondaire. On explique généralement ces vers par une ellipse * : « ou si tu penses que. .. » L'interprétation est juste, mais l'explication est fausse. « Si tu penses que ta main serait trempée » est bien le sens de : « si ta main serait trempée. » Mais le conditionnel est indépendant de toute ellipse, aussi bien que dans cette autre

* Marty-Laveaux, lexique de Racine, p. CXXIV.

La phrase suivante peut servir à montrer les différences qui séparent les acceptions les plus importantes du conditionnel : « *Voudriez*-vous me prêter ce livre ? Je *voudrais* le lire. S'il m'appartenait, je ne *voudrais* le prêter qu'à vous. » En employant des équivalents approximatifs pour les deux premiers conditionnels, on dirait : « *Voulez*-vous me prêter ce livre ? Je *désire* le lire. S'il m'appartenait, je ne *voudrais* le prêter qu'à vous ». Il est clair qu'on ne pourrait pas substituer les équivalents l'un à l'autre et dire : « Désirez-vous me prêter ce livre ? Je veux le lire ». Il est clair aussi que ni l'un ni l'autre des équivalents ne pourrait être mis à la place du troisième conditionnel.

phrase, après une autre conjonction : « Tu me prêtes ton épée au lieu de ton bras, parce que ta main en me tuant serait trempée d'un sang trop vil. » C'est en distinguant les deux valeurs du conditionnel qu'on se rendra compte aussi des exemples suivants, où ce temps a des acceptions dérivées de sa valeur principale, et par conséquent ne peut être remplacé par l'imparfait : « Je meure, *si* je *saurais* vous dire. » (Malherbe, II, 634, de l'éd. Lalanne, *Lexique*, p. XXXVI.)

> « *Si* ce crime autrement ne *saurait* se remettre,
> Cassez ; ceci vous dit encore pis que me lettre. »
>
> (CORNEILLE, II, 243, *Pl. roy.* 377.)

> — « Que te sert de percer les plus secrets abîmes
> Où se cache à nos sens l'immense Trinité,
> *Si* ton intérieur, manque d'humilité,
> Ne lui *saurait* offrir d'agréables victimes. »
>
> (CORNEILLE, *Imit.* I, 1.)

Lorsque la conjonction *si* exprime non une condition, mais un rapprochement (= *de même que, en même temps que*), elle n'est jamais suivie du conditionnel secondaire, le conditionnel n'est jamais remplacé par l'imparfait de l'indicatif : « Il est utile de le lire de suite [un ouvrage]...... et si l'on y *désirerait* plus de solidité et de profondeur, on peut profiter beaucoup en le lisant. » (D'Aguesseau, dans Littré, *si* 3°). — « Et moi pour vous répondre, j'ai à vous dire que les choses sont fort égales, et que, *si* vous *auriez* de la répugnance à me voir votre belle-mère, je n'en aurais pas moins sans doute à vous voir mon beau-fils. » *L'Avare*, III, 11.)

Conditionnel passé.

L'auxiliaire, qui est au *conditionnel présent*, donne naturellement au conditionnel passé la valeur modale et les acceptions dérivées que nous venons de déterminer. D'autre part, comme le conditionnel présent a une double valeur temporelle (*présent* et *futur*), la valeur temporelle du conditionnel passé est également double; car on peut donner à l'auxiliaire le sens d'un présent ou celui d'un futur. Dans le premier cas on forme un *passé*, dans le second un *futur antérieur*.

Exemple du *passé :* « Il *serait arrivé* s'il avait pu. »

Exemples du *futur antérieur :* «S'il partait sur-le-champ, il *serait arrivé* avant l'orage ». — « Je n'*aurais* jamais *fait*, si je voulais en faire le détail ». (Mme de Sévigné à sa fille, 1er janvier 1674). — « Je n'*aurais* jamais *fait*, si je voulais nommer tous ceux et celles dont vous êtes aimée ». (La même à la même, 13 février 1671). — On peut se rendre compte de la valeur exacte de ces formes en remplaçant le conditionnel par l'indicatif : « Si je veux nommer tous ceux dont vous êtes aimée, je n'aurai jamais fait. »

Le *passé* du conditionnel peut être remplacé par le plus-que-parfait du subjonctif : « Il aurait *ou* il eût écrit ». Il n'en est pas de même du *futur antérieur* du condition-nel. On ne dirait pas : « S'il partait sur-le-champ, il fût arrivé avant l'orage. »

Le *conditionnel* dit *passé* a encore une autre valeur tem-porelle. C'est un *futur* proprement dit (futur du condi-tionnel) dans les phrases telles que les suivantes : « Si on avait insisté, il *serait venu* demain ». — « Je ne sais si l'envie de vous voir cet hiver à Paris m'*aurait fait* surmon-

ter des impossibilités, etc. » (Mme de Sévigné à sa fille,
2 août 1689). Dans cette acception, le conditionnel passé
est tout à fait détourné de son sens naturel : il ne s'y
rattache que par ce caractère que l'*action n'a pas lieu*. Le
même conditionnel peut aussi prendre la valeur d'un
futur dans le passé, comme dans cette phrase de Mme de
Sévigné, écrite pendant le procès de Fouquet (2 décembre
1664, Lettre à M. de Pomponne) : « M. de Nesmond a té-
moigné en mourant......, que s'il eût été à la fin du procès,
il *aurait réparé* cette faute. » Toutefois, ces deux valeurs
du conditionnel passé sont restreintes au cas où l'action
ne peut absolument pas avoir lieu : ce sont des futurs
négatifs ou *irréels*, et non des futurs *de doute*. Le conditionnel passé est ainsi devenu le temps négatif par excel-
lence, pour l'avenir comme pour le passé.

Conditionnel surcomposé.

Quant au temps surcomposé « j'aurais eu fait », c'est un
plus-que-parfait du conditionnel : « Si vous me l'aviez fait
dire, j'*aurais eu fini* avant son arrivée. » Les autres acceptions temporelles que l'on pourrait déduire de la composition de ce temps sont trop compliquées pour être usitées.
Toutefois il peut encore avoir la valeur d'un futur antérieur *négatif :* « Si vous aviez commencé plus tôt, vous
auriez eu fini demain avant lui. »

Tableau résumé des temps du conditionnel.

Les temps du mode conditionnel sont donc :

Présent, futur, futur dans le passé :
J'arriverais (temps dit *conditionnel présent*).

Passé, *futur antérieur*, *futur* (*négatif*), *futur dans le passé* (*négatif*) :
Je serais arrivé (temps dit *conditionnel passé*).

Plus-que-parfait, *futur antérieur* (*négatif*) :
J'aurais été arrivé (*conditionnel surcomposé*).

J'indique, pour le *conditionnel présent*, la valeur de *futur dans le passé*. Mais il faut noter que le *futur dans le passé* de l'indicatif et celui du conditionnel se confondent. « Je pensais qu'il viendrait si on l'en priait » correspond à la fois à : « Je pense qu'il viendra si on l'en prie », et à : « Je pense qu'il viendrait si on l'en priait. » Cette confusion est la conséquence du maintien du *conditionnel présent* avec sa valeur primitive de temps de l'indicatif dans les propositions complétives.

Origine du conditionnel.

Comment l'idée modale du conditionnel a-t-elle pu dériver du *futur dans le passé* de l'indicatif? « Il ferait », *facere habebat*, signifie essentiellement « il avait à faire, il devait faire. » L'action était future et possible, mais on ne dit pas qu'elle le soit encore, on insinue presque qu'elle ne l'est plus. De là à déclarer que l'action ne se réalise point ou ne s'est point réalisée, il n'y a qu'un pas à franchir, et on aboutit précisément à l'une des valeurs du présent ou du passé du conditionnel. Ainsi, à l'aide d'une légère modification de sens, on peut tirer du *futur dans le passé* de l'indicatif soit le présent, soit le passé du conditionnel. C'est le passé que la langue latine avait choisi; car « *venturus erat* » peut avoir en latin le sens du conditionnel passé (Voyez *Madvig*, 348, *a*); c'est le présent, que l'on trouve en français : *il viendrait*, qui équivaut à « *venturus erat* », a le sens du conditionnel présent. D'ailleurs le conditionnel dans ce sens, c'est-à-dire en tant qu'il exprime non une action future douteuse, mais une action passée ou présente non accomplie, est si voisin du *futur dans le passé* de l'indicatif, qu'on serait sinon correct, au moins intelligible, en disant : « si vous lui aviez écrit, il *devait être* ici aujourd'hui », ou : « il *devait venir* hier, s'il eût cru vous être utile. »

Mais le conditionnel dit présent ne signifie pas seulement que l'action était possible et ne l'est plus. Il peut signifier aussi, nous l'avons vu, que l'action est encore possible dans certaines conditions. Cette seconde acception dérive de la première. Comparez : « Il *arriverait* maintenant si on l'avait convoqué » et « il *arriverait* demain si on le convoquait ». Le rapprochement de ces deux phrases suffit à montrer combien la transition des sens était naturelle et facile. Il n'est pas extraordinaire qu'on ait reporté au moment présent la possibilité future que notre temps exprimait dans le passé.

Après les conjonctions marquant condition, le *futur dans le passé* de l'indicatif a subi une transformation de sens analogue, qui a abouti à la valeur secondaire du conditionnel.

Equivalent du conditionnel.

Plusieurs temps du subjonctif ont partagé avec le *futur dans le passé* de l'indicatif le privilège de rendre l'idée du conditionnel. Il nous en est resté la faculté de dire : « Il eût *ou* il aurait parlé. » Dans l'ancienne langue on eût pu dire encore, avec le même sens : « Il parlât. » Et l'imparfait du subjonctif avait aussi la valeur d'un conditionnel présent : « il parlât » signifiait à la fois « il aurait parlé » et « il parlerait. »

Cet emploi du subjonctif a son origine dans l'usage latin. En latin, le conditionnel passé était rendu quelquefois par un temps composé de l'indicatif (*venturus eram*), mais le plus souvent par le plus-que-parfait du subjonctif, ou, moins souvent, par l'imparfait du même mode (*Madvig*, 347, b, remarque 2. — Riemann, *Revue de philologie*. IV, page 187, note 3).

Quant au conditionnel présent (ou futur), lorsqu'on voulait exprimer une action qui n'avait pas lieu (*irrealis*), on le rendait par l'imparfait du subjonctif. On comprend en effet qu'on puisse exprimer par un temps du passé une action qui n'a pas lieu présentement, et qui, dans l'hypothèse où elle se serait réalisée, aurait, pour la plupart des cas, au moins commencé avant le moment présent. Quand l'action pouvait encore avoir lieu (*potentialis*), on employait le présent du subjonctif. Plus tard, en bas latin, on s'est servi de l'imparfait du subjonctif dans les deux sens, mais cet emploi n'appartient pas à la bonne langue[1]. (Voy. *Revue critique*, 1881, p. 259).

Le conditionnel mis au subjonctif.

Une particularité très remarquable que notre conditionnel doit à son origine de temps de l'indicatif, c'est qu'il peut être mis *au subjonctif* : nous pouvons exprimer cumulativement l'idée modale du conditionnel et celle du subjonctif.

Le *futur dans le passé* de l'indicatif étant représenté,

---

1. Il n'y a pas de rapprochement à établir entre cette confusion du bas latin et l'extension de sens très naturelle que nous avons constatée dans l'histoire de notre conditionnel présent.

dans les temps du subjonctif, par l'imparfait, cette concordance s'est appliquée au *futur dans le passé* devenu *présent* ou *futur du conditionnel*. Comparez : « Je crois qu'il *viendrait* si on l'en priait », et : « Je ne crois pas qu'il *vînt*, même si on l'en priait. »

C'est par un conditionnel mis au subjonctif que s'explique le vers célèbre de Racine (*Andromaque*, I, 4) :

« On craint[1] qu'il n'essuyât les larmes de sa mère. »

Sous-entendu : « si on le laissait vivre. »

En remplaçant *craindre* par un verbe qui ne gouverne pas le subjonctif, *croire* par exemple, on dirait : « On croit qu'il essuierait les larmes de sa mère. » Racine aurait pu, en modifiant légèrement le sens, employer le présent au lieu de l'imparfait du subjonctif. Il l'a fait, d'ailleurs, dans le vers qui précède :

« Hélas ! on ne craint point qu'il *venge* un jour son père. »

Et non pas : « on ne craint point qu'il *vengeât* son père ». Entre ces deux façons de s'exprimer, il y a la même différence qu'entre : « Il *vengera* son père si on le *laisse* vivre », et : « Il *vengerait* son père si on le *laissait* vivre. » Dans le premier vers de Racine, on a la forme subjonctive du *futur* de l'indicatif, et, dans le second, la forme subjonctive du *futur* du conditionnel.

Les exemples d'imparfaits du subjonctif *correspondant* à des conditionnels sont très nombreux. Voyez le Lexique de Molière par Génin (au mot *conditionnel*), et les introductions aux lexiques de Malherbe (par Regnier fils,

---

1. « On craint » n'est pas du tout l'équivalent de « on craindrait », comme le dit M. Marty-Laveaux par inadvertance (*Lexique*, p. CXXIV.)

pages XXXVI et XXXIX), de Racine[1] (par Marty-Laveaux, pages XCIV et XCV), de La Bruyère (par Marty-Laveaux, p. XLVI), de Mme de Sévigné (par Sommer, p. XXVIII). A tous ces exemples on peut ajouter les suivants, empruntés à Molière et à Mme de Sévigné :

« Je ne doute pas qu'il ne *prêtât* l'oreille à la proposition. » (l'*Avare*, IV, 1).

« Quoique je ne *dusse* peut-être pas répondre à des choses que vous dites en badinant, je ne puis m'empêcher de vous en gronder. » (Mme de Sévigné à sa fille, 13 janvier 1672).

« Il y a très peu de gens qui *pussent* faire voir une si belle suite pour une si légère semonce. » (La même à la même, 4 décembre 1673.)

Les grammaires présentent cet emploi de l'imparfait du subjonctif comme une particularité de la syntaxe du XVIIe siècle. On pourrait en citer de nombreux exemples postérieurs à cette époque. La grammaire d'Ayer (p. 518) en a un de J.-J. Rousseau : « Je ne crois pas que vous me *jugeassiez* sans m'entendre ». Le discrédit où est tombé l'imparfait du subjonctif, et l'habitude que nous avons prise à tort de faire dépendre mécaniquement le temps du verbe subordonné du temps du verbe principal, font que l'imparfait du subjonctif est moins souvent employé avec cette valeur. Mais, même aujourd'hui, cet imparfait ne nous étonne pas toutes les fois que la condition est exprimée par un conditionnel ou un imparfait. On dirait encore comme Molière (*Bourgeois gentilhomme*, III, 6) : « Il n'y a point de dépense que je ne *fisse*, si par là je pou-

---

1, Tous les imparfaits du subjonctif qu'on rencontre dans ces exemples de Racine ne correspondent pas à des conditionnels. Il y en a qui correspondent simplement à des imparfaits de l'indicatif. Mais il est facile de distinguer les uns des autres.

vais trouver le chemin de son cœur », ou, comme Mme de Sévigné : « Je ne crois pas que j'en *pusse* sortir, si on y recevait de vos nouvelles. » (à sa fille, 25 octobre 1673).

III. — EXPRESSION DES TEMPS DANS LES AUTRES MODES

Subjonctif. — Le subjonctif n'a que quatre temps. Mais chacun d'eux correspond à plusieurs temps de l'indicatif.

Ainsi le *présent* du subjonctif correspond ·

1° Au *présent* de l'indicatif.

Comparez : Je sais qu'il *est* ici, *et*   Je ne crois pas qu'il *soit* ici.

2° Au *futur*.

Je sais qu'il *viendra;*   Je doute qu'il *vienne.*

— *L'imparfait* du subjonctif correspond :

1° A l'*imparfait* de l'indicatif.

Je sais qu'il *était* hier ici;   Je doute qu'il *fût* hier ici.

2° Au *futur dans le passé*.

Je savais qu'il *viendrait;*   Je ne pensais pas qu'il *vînt.*

3° Au *conditionnel* dit *présent*.

Je pense qu'il *viendrait* volontiers;   Je ne pense pas qu'il *vînt* volontiers.

— Le *parfait* du subjonctif correspond :

1° Aux deux *passés* de l'indicatif.

Je sais qu'il *est venu* (ou qu'*il vint*) hier;   Je ne crois pas qu'il *soit venu* hier.

2° Au *futur antérieur*.

Je suis sûr qu'il *sera arrivé* avant vous;   Je doute qu'il *soit arrivé* avant vous.

— Le *plus-que-parfait* du subjonctif correspond :

1° Au *plus-que-parfait* de l'indicatif.

On m'a dit qu'il l'*avait fait;*   On ne m'a pas dit qu'il l'*eût fait.*

2° Au *futur antérieur dans le passé.*

Je savais qu'il *aurait fini* avant vous;   Je doutais qu'il *eût fini* avant vous.

Enfin nous savons que le plus-que-parfait du subjonctif équivaut au conditionnel dit passé

Il y a aujourd'hui dans la langue française une tendance à remplacer presque partout l'imparfait du subjonctif par le présent. Sans la langue littéraire, l'imparfait du subjonctif serait bien près de disparaître.

Impératif. — L'impératif n'a que deux formes : *parle, aie parlé.* « Parle » est, à vrai dire, non un présent, mais un futur. Si l'action était *présente,* on n'aurait pas à l'ordonner. Il en résulte que « aie parlé » est un futur antérieur : « Aie fini quand nous arriverons. »

Infinitif. — L'infinitif équivaut à un substantif exprimant l'action du verbe sans détermination de temps. Le temps de l'action marquée par un infinitif ou par un substantif est précisé par le verbe à mode personnel qui les régit. Quand on dit : « J'assiste à son départ », ou « je le vois partir », l'action de « partir » est présente. Elle est passée si l'on dit : « J'apprends son départ », ou « je l'ai vu partir ». Rien, dans la forme des mots *départ* et *partir*, n'indique cette différence de temps. Toutefois, et c'est un des caractères qui distinguent un infinitif d'un substantif exprimant la même action, les verbes auxiliaires permettent de donner à l'infinitif une valeur temporelle propre :

avoir parlé est un infinitif passé, *devoir parler* est un infinitif futur. Mais, pour avoir le temps véritable de l'action marquée par un infinitif passé ou futur, il faut encore tenir compte du temps et même du sens du verbe qui le régit. Dans « il croit l'avoir convaincu », l'action de convaincre est passée ; elle est plus-que-passée dans « il a cru l'avoir convaincu » ; elle est antérieure au futur dans « il espère l'avoir convaincu quand il partira ».

Aussi, quand l'action du verbe qu'on doit mettre à l'infinitif est passée, mais contemporaine de l'action du verbe principal, on emploie le présent, et non le passé de l'infinitif : « Je l'ai vu partir. » Il y a cependant quelques exemples de l'infinitif passé employé dans ces conditions : « J'ay vu un duc de Cestre *estre allé* à pied sans chausses » (Commynes, édit. de Mlle Dupont, III, 4). « Il avait eu tort de *l'avoir refusé* » (Malherbe, édit. Lalanne, II, 36 *Lexique*, p. XLI).

Si l'on établit la concordance des temps de l'infinitif avec ceux de l'indicatif, on verra que le *présent* de l'infinitif correspond à la fois au *présent*, à l'*imparfait*, au *futur* et au *futur dans le passé* de l'indicatif.

Comparez : Il sait y *être*, et	Il sait qu'il y *est*.
Il savait y *être* ;	Il savait qu'il y *était*.
Il compte *partir* demain ;	Il compte qu'il *partira* demain.
Il comptait *partir* le lendemain ;	Il comptait qu'il *partirait* le lendemain.

L'*infinitif futur* proprement dit (*devoir partir*) n'est utile que si le verbe principal ne porte pas en lui l'idée de futur : « Il savait *devoir partir* le lendemain. »

Le *passé* de l'infinitif correspond aux *passés*, au *plus-que-parfait*, au *futur antérieur* et au *futur antérieur dans le passé* de l'indicatif.

Comparez : Il croit *avoir fini*, et Il croit qu'il *a fini.*
Il croyait *avoir fini;* Il croyait qu'il *avait fini.*
Il compte *avoir fini* avant votre Il compte qu'il *aura fini.*
départ;
Il comptait *avoir fini* avant votre Il comptait qu'il *aurait*
départ; *fini.*

Participe. — Il y a deux participes essentiels: le participe *actif* (dit *présent*), et le participe *passif* (dit *passé*). Le premier donne au nom avec lequel il s'accorde la qualité d'agent de l'action, le second lui donne la qualité de patient. L'un ou l'autre de ces participes exprimera une action (faite ou subie) présente, passée ou future, suivant le temps du verbe à mode personnel auquel il sera joint : «*Reconnaissant* son ami, il courut au-devant de lui. » L'action de «reconnaître» est passée comme celle de «courir».

Sur la valeur du participe passé dans les temps composés, voyez le chapitre I de la Syntaxe du Verbe.

IV. — VARIATION DU PARTICIPE EN GENRE ET EN NOMBRE

Participe présent. — Dans l'ancienne langue, le participe présent était variable comme un adjectif ordinaire. Au seizième siècle, le participe présent varie encore, mais on constate une tendance à le rendre invariable. Parfois il s'accorde en nombre et non en genre : Montaigne (II, 175) : « Passions *servants* seulement à...».

L'accord du participe présent en nombre et non en genre ne doit pas être considéré comme une transition entre le participe s'accordant toujours et le participe invariable, mais comme un reste de l'époque où le participe présent n'avait, comme en latin, qu'une seule forme pour les deux genres. Commynes donne à plusieurs participes présents la flexion féminine : « Toutes choses *apparte-nantes* à leurs offices. »

Participe passé. — Il importe de distinguer avec soin le participe passé actif, « *ayant fait, venu* ou *étant venu* », et le participe passif, « *fait* ».

Le participe passé *passif*, pris absolument, et dans tous les temps de la voix passive, s'accorde toujours avec le nom auquel il est joint ou avec le sujet du verbe. C'est un véritable adjectif.

Le participe passé *passif* entre aussi dans tous les *temps composés* de la voix active des verbes transitifs. En principe, et d'après l'origine de ces temps, le participe devrait toujours s'accorder avec le complément direct du verbe [1]. Mais de très bonne heure la notion de l'origine des temps composés s'obscurcit, et on fit souvent le participe invariable. Au seizième siècle, on s'avisa de faire dépendre l'accord du participe de la place du complément direct : c'est de là que viennent les règles actuelles du participe, qu'on a tant de peine à apprendre aux élèves de nos écoles. Il est triste de penser que des enfants consacrent des années entières et perdent un temps précieux à se former à la routine d'une règle illogique. L'Académie rendrait un véritable service aux études primaires et rentrerait dans les saines traditions de notre langue, si elle décidait, non pas, cela va de soi, que l'on ne doit plus dire : « La forme qu'il a prise », mais qu'on peut dire sans en rougir : « La forme qu'il a pris. » L'Académie seule pourrait triompher du préjugé qui prévaut sur ce

---

1. On trouve, à toutes les époques, des exemples de la faute qui consiste à faire accorder le participe passé avec le régime de l'infinitif qui suit. Montesquieu lui-même a écrit: «La simplicité des lois les a *faites* souvent méconnaître. »

point, et, en s'y prêtant, elle resterait dans son rôle, qui est de constater l'usage.

Le participe passé, toujours *actif*, des verbes intransitifs qui se conjuguent avec l'auxiliaire *être*, s'accorde naturellement avec le nom auquel il est joint ou avec le sujet du verbe.

Quelle que soit l'origine des temps composés des verbes réfléchis, le participe passé qui entre dans ces temps doit être aujourd'hui considéré comme un participe passé *actif*, à cause de l'auxiliaire et du pronom complément direct. Dans « je me suis amusé », *amusé* équivaut à « ayant amusé ». Deux règles d'accord sont possibles. Ou bien on peut assimiler complètement « amusé » aux participes passés des verbes intransitifs qui se conjuguent avec l'auxiliaire *être*, et faire accorder le participe avec le sujet. Ou bien, sous-entendant « ayant » devant « amusé », on peut traiter « amusé » comme un participe passé passif de temps composé, et le faire accorder avec le complément direct. Cette distinction n'a plus d'importance [1] pour les verbes réfléchis proprement dits, puisque le sujet et le régime direct sont identiques. Mais, dans les formes, dites réfléchies, où le pronom régime est complément indirect, il faut choisir l'un des deux systèmes. Avec le premier, suivi par l'ancienne langue, on disait : « Les blessures qu'ils se sont *faits*. » Avec le second, nous disons: « Les blessures qu'ils se sont *faites*. »

Le participe passé des verbes intransitifs qui se conjuguent avec l'auxiliaire *avoir* est un temps composé (*ayant dormi*), qui offre, ainsi que tous les temps composés de

---

1. Elle en avait; même pour les verbes réfléchis proprement dits, quand la langue avait encore deux cas. En faisant l'accord avec le sujet, on écrivait : « Ils se sont *amusé*. » En faisant l'accord avec le régime, on eût écrit : « *amusés*. »

ces verbes, cette particularité d'être formé avec un participe à apparence passive, *dormi*, qui ne peut s'accorder ni avec le sujet ni avec le régime. Quand on dit : « J'ai dormi », il est impossible de considérer *dormi* comme un participe. On ne peut y voir qu'une forme invariable, qui, jointe à l'auxiliaire *avoir*, exprime le passé indéfini. Voyez ce que nous avons dit à ce sujet dans le chapitre I de la Syntaxe du Verbe.

CONCLUSION DU CHAPITRE

A côté des classifications et des explications logiques ou historiques qui font l'objet principal de ce chapitre, j'ai tâché de mettre en lumière un certain nombre de faits simples, nouveaux ou encore peu élucidés, dont quelques-uns, si on les considère comme démontrés, me paraissent assez importants et assez faciles à comprendre pour qu'on puisse et qu'on doive les introduire dans les grammaires même élémentaires. Je résume ici en quelques mots ceux qui sont relatifs au conditionnel :

1° Dans le tableau des temps du verbe, il est indispensable de faire figurer deux fois chacun des temps du conditionnel, une première fois parmi les temps de l'indicatif, sous les noms de *futur dans le passé* et de *futur antérieur dans le passé*, et une seconde fois dans le mode conditionnel. Ce procédé ne sera pas nouveau dans les grammaires ; car on fait déjà figurer deux fois le plus-que-parfait du subjonctif, avec sa valeur propre et comme conditionnel passé. Les conditionnels n'ont la valeur de temps de l'indicatif que lorsqu'ils sont dans une proposition complétive et que le verbe de la proposition principale est à un temps du passé. Il est facile de distinguer le *conditionnel présent* du *futur dans le passé de l'indicatif*. Ce dernier peut être remplacé logiquement par l'infinitif du verbe précédé de l'auxiliaire « devoir » à l'imparfait. Il n'en est pas de même du conditionnel proprement dit. Au lieu de : « Je savais qu'il *viendrait* », on pourrait dire : « Je savais qu'il *devait venir*. » Mais dans « il viendrait demain si on le lui demandait », il serait impossible de remplacer « viendrait » par « devait venir ». De même, au lieu de : « Je savais qu'il serait arrivé avant vous », on pourrait dire . « Je savais qu'il devait être arrivé avant vous. » C'est un *indicatif* et un *futur antérieur dans le passé*. La même substitution n'est pas possible dans : « Il serait arrivé si vous lui aviez écrit. » C'est un *conditionnel passé*.

2° Indépendamment de sa valeur comme temps de l'indicatif, le *conditionnel présent* peut exprimer, en tant que conditionnel, une action présente (*il serait ici maintenant, si...*) ou une action future (*il viendrait demain, si...*). De même, le *conditionnel passé* est tantôt un *passé*, tantôt un *futur antérieur du conditionnel*. Comparez : « Il *serait arrivé* s'il avait pu », et : « S'il partait sur-le-champ, il *serait arrivé* avant l'orage. » Il est à remarquer que le *futur antérieur du conditionnel* ne peut pas être remplacé par le plus-que-parfait du subjonctif. On ne dirait pas : « S'il partait sur-le-champ, il *fût arrivé* avant l'orage. » — Il est également impossible d'employer le plus-que-parfait du subjonctif comme équivalent du conditionnel passé lorsque ce dernier temps a la valeur d'un temps de l'indicatif.

Ces modifications ne sont pas de nature à compliquer plus que de raison le tableau des temps du verbe, et elles me semblent avoir l'avantage d'empêcher toute confu-

sion entre les acceptions si diverses de notre conditionnel, ou du moins entre les plus importantes de ces acceptions.

CHAPITRE TROISIÈME

ACCORD DES TEMPS

I. — ACCORD DE COORDINATION

Il semble qu'il n'y ait pas lieu d'accorder les temps de
deux propositions coordonnées, et qu'il suffise de mettre
chaque verbe au temps que l'on veut exprimer. Il est
cependant nécessaire de régler l'emploi des doubles formes que possèdent certains temps, et du procédé de style
qu'on nomme présent historique.

Emploi des formes doubles.

Dans les cas où l'on a le choix entre le passé défini et
le passé indéfini, si l'on a adopté l'un des deux au commencement d'un récit, il est naturel de s'y tenir et de ne
pas mêler les deux formes, de ne pas dire par exemple :
« Il est venu hier et m'apporta de vos nouvelles », ou : « Il
vint hier et m'a apporté de vos nouvelles. » Cette règle
est assez rigoureusement suivie par les auteurs. Il n'y a
que des passés indéfinis dans le songe de Pauline. Le
songe d'Athalie renferme un seul passé défini : « Cet éclat
emprunté dont elle *eut* soin de peindre et d'orner son
visage. » Mais il s'agit là d'une action indépendante du
songe raconté. Dans le récit du Cid, pour lequel Corneille
a adopté le passé défini (mélangé avec le présent historique), il n'y a de passés indéfinis que dans une réflexion
incidente qui coupe l'action : « Combien d'exploits célèbres

ont demeurés sans gloire.... Je ne l'*ai pu* savoir jusques u point du jour. »

Des deux formes du passé antérieur, l'une s'accorde avec le passé défini, l'autre avec le passé indéfini. On dit : « Quand il fut parti, je revins », et : « Quand il a été parti, je suis revenu. »

Présent historique.

On se place souvent par la pensée au moment de l'événement passé ou futur dont on parle, et on emploie alors le *présent* au lieu du passé ou au lieu du futur. Il va de soi que les temps des propositions coordonnées doivent être modifiés d'après le même point de vue.

Le présent pour le futur étant d'un emploi rare, nous ne nous occuperons ici que du présent pour le passé.

C'est généralement dans le cours d'un récit commencé avec l'un ou l'autre des passés qu'on voit intervenir le présent historique. On ne peut en soutenir l'emploi très longtemps, et on est obligé de revenir de temps à autre au passé. Mais les transitions doivent être ménagées avec soin. Il serait choquant de dire : « Il arriva et m'embrasse. » Quand la transition est disposée habilement, on peut en tirer de beaux effets de style, comme dans ce passage de Michelet (*Précis de l'histoire de France*, p. 280) : « Frédéric II se déclara en poésie, en philosophie, disciple de Voltaire ; c'était faire sa cour à l'opinion ; les goûts futiles de Frédéric servirent en cela ses projets les plus sérieux. L'empereur Julien avait été le singe de Marc-Aurèle, Frédéric fut celui de Julien. D'abord, en l'honneur des Antonins que Voltaire lui proposait pour modèle, *il écrit un livre sentimental et vertueux contre Machiavel.* Il ne régnait pas encore. *Voltaire, dans son naïf enthou-*

*siasme, revoit les épreuves, exalte le royal auteur, et pro-
met au monde un Titus.* A son avènement, Frédéric voulut
faire détruire l'édition. »

Dans un récit où sont mélangés le passé défini et le
présent historique, on emploie le passé indéfini toutes les
fois que, au milieu d'une série de présents, on doit exprimer une action antérieure. Par exemple, dans l'oraison
funèbre du prince de Condé : « C'est en vain qu'à travers
les bois.... Beck *précipite* sa marche... Le prince l'*a
prévenu.* » Il est clair qu'après un passé on mettrait « pré-
venir » au plus-que-parfait : « Beck *précipita* sa marche...
Le prince l'*avait prévenu.* »

A côté d'un présent historique, l'imparfait, en principe,
ne peut pas exprimer une action contemporaine du moment de l'action, mais seulement une action antérieure,
— exactement comme lorsqu'on raconte un événement
auquel on assiste :

« Ils *couraient* au pillage, et *rencontrent* la guerre. »
Lorsque les deux actions sont simultanées, les deux
verbes doivent être au présent :

> « L'onde s'*enfle* dessous, et, d'un commun effort,
> Les Maures et la mer *montent* jusques au port. »

Dans une variante de Corneille, où le présent historique
est remplacé par le passé, l'un des deux verbes est à
l'imparfait :

> « L'onde s'*enflait* dessous, et, d'un commun effort,
> Les Maures et la mer *entrèrent* dans le port. »

Ces règles ne sont pas absolues, et, tout en employant
le présent historique, on peut quelquefois faire accorder
le verbe voisin avec l'*idée* de passé qui domine le récit.
C'est une question de goût.

Nos vieux auteurs étaient en général peu scrupuleux pour le mélange des passés avec le présent historique. Les règles actuelles ont été surtout appliquées depuis le XVII° siècle. Cependant, même dans les auteurs du grand siècle, et dans le plus correct de tous, Racine, on voit parfois le présent historique et le passé se succéder sans transition : « Elle *accourut* au parloir et *demande*, etc. » (Racine, IV, 285, Imag.) — « Ulysse s'*éveilla*. Il *songe* d'abord, etc. » (Le même, VI, 113, Rem. sur l'Odyss.) On trouvera d'autres exemples de cette négligence dans le *Lexique de Racine*, de M. Marty-Laveaux, page XCVII.

II. — Accord de subordination

Entre une proposition principale et une subordonnée non complétive, l'accord des temps n'a pas d'autres règles qu'entre deux coordonnées. Mais, quant aux subordonnées complétives[1], la dépendance où elles se trouvent relativement à la proposition principale établit entre les verbes un rapport plus étroit, d'où résultent des règles d'accord particulières. Nous verrons que ces règles s'appliquent indistinctement aux temps de tous les modes. Il n'y a pas de règles d'accord spéciales pour le subjonctif. Celles qu'on a imaginées pour ce mode, étant toutes mécaniques, ont le grand inconvénient de rendre impossible l'explication logique des exceptions, et même de rejeter au nombre des exceptions beaucoup d'emplois parfaitement légitimes et tout à fait conformes au génie de la langue.

Il n'y a pas de difficultés pour l'accord quand le verbe principal est au présent. Mais, s'il est à un temps du passé

---

1. Les propositions circonstancielles jointes à une proposition complétive ou infinitive doivent être assimilées aux complétives.

ou du futur, on peut concevoir plusieurs systèmes pour régler le temps du verbe subordonné.

Verbe principal à un temps du passé.

Supposons d'abord que le verbe principal soit à un temps du passé[1]. Le temps de l'action exprimée par le verbe subordonné peut être considéré soit d'une façon absolue (c'est-à-dire sans tenir compte du verbe principal), soit relativement au temps du verbe principal, relativement au passé. Par exemple, quand on dit : « Il m'a appris que son frère *était arrivé* le mois dernier », on exprime le temps de l'action d'*arriver* relativement au moment passé de l'action d'*apprendre*. Si l'on dit : « Il m'a appris que son frère *est arrivé* », on exprime le temps d'*arriver* absolument, sans tenir compte du verbe principal.

Le verbe principal étant à un temps du passé, supposons que le temps de l'action du verbe subordonné ait changé entre le moment du verbe principal et le moment où l'on parle, qu'elle soit devenue, par exemple, de future relativement au passé, passée relativement au présent. Dans ce cas, il n'y a pas de doute possible, il faut exprimer ce temps relativement au moment du verbe principal. Par exemple : « Il m'avait assuré qu'il viendrait le lendemain, et il est venu. » L'action de *venir* était future au moment passé de l'action d'*assurer*, absolument elle est passée : on met le verbe au *futur dans le passé*, et non point au *passé*.

---

1. Les temps du passé sont : l'*imparfait*, les trois *passés* (*défini, indéfini, antérieur*), le *plus-que-parfait*, le *futur dans le passé* quand l'action qui était future dans le passé est passée au moment où l'on parle, etc. Il faut y joindre les temps correspondants des autres modes.

Il y a quelques rares exceptions à cette règle. Mme de Sévigné a écrit : « Il a fallu qu'il *soit revenu* au quinquina [1] ». Il faudrait ici le temps du subjonctif qui correspond au *futur dans le passé* de l'indicatif, c'est-à-dire l'imparfait : « qu'il revînt. » Le temps employé par Mme de Sévigné exprime le passé proprement dit, c'est-à-dire le temps absolu de l'action. Mais peut-être y a-t-il simplement dans cette phrase une confusion entre deux temps du subjonctif voisins l'un de l'autre. L'exemple suivant de Malherbe est tout semblable : « Quand elle (l'espérance) m'a failli, on n'a point été en peine de me dire deux fois que je me *sois retiré* » (Malherbe, éd. Lalanne, IV. 32, *Lexique*, p. XXXVI).

Quelquefois il arrive que c'est le même temps du verbe qui doit exprimer le temps de l'action relativement au passé et le temps de la même action relativement au présent. Supposons une action conditionnelle, présente relativement au moment passé du verbe principal, et passée relativement au présent. Il faudrait mettre le verbe subordonné à l'imparfait du conditionnel. Mais, comme le conditionnel n'a pas d'imparfait, on est obligé de recourir au *passé du conditionnel,* que l'on emploierait également si on voulait exprimer le temps absolu de l'action : « Je savais qu'il *aurait été* là (au moment où je savais) s'il avait pu. » Mme de Sévigné (Lettre à sa fille, du 16 septembre 1671) : « Comme je crus que cette bagatelle vous *aurait divertie,* je vous souhaitai dans votre petit cabinet auprès de moi, sauf à vous en retourner dans votre beau château quand vous auriez achevé cette lecture. »

Le verbe principal étant toujours à un temps du passé

---

1. Voir d'autres exemples de Mme de Sévigné dans le lexique de l'édition Monmerqué, p. XXVIII.

lorsque le temps de l'action du verbe subordonné n'a pas
changé entre le moment du verbe principal et le moment
où l'on parle, on a le choix, en général, entre deux temps
du verbe. Si l'on se reporte au tableau que nous avons
donné à la fin du chapitre de la *Division des temps*, on
pourra employer soit un temps de la deuxième colonne,
soit le temps correspondant de la troisième. Je réimprime
ici ces deux colonnes, en les simplifiant par la suppression
des temps surcomposés et de ceux où figure l'auxiliaire
devoir :

Temps exprimés absolument.	*Mêmes temps exprimés relativement au passé.*
Présent.	
Je parle.	Je parlais (*Imparfait*).
Passé.	
Je parlai, j'ai parlé.	J'avais parlé (*Plus-que-parfait*) [1].
Futur.	
Je parlerai.	Je parlerais (*Futur dans le passé*).
Futur antérieur.	
J'aurai parlé.	J'aurais parlé (*Futur antérieur dans le passé*).

Ainsi on peut écrire : « Je t'ai déjà dit que je *suis* gentilhomme », ou, comme La Fontaine : « Je t'ai déjà dit que

---

1. Nous avons supprimé les formes du passé antérieur à côté du
plus-que-parfait. Le passé antérieur n'est pas employé dans les propositions complétives pour exprimer le passé relativement au moment
du verbe principal. D'ailleurs, d'après la définition que nous en avons
donnée, il ne pourrait exprimer que la coïncidence de la fin de
l'action avec le moment du verbe principal. « Il déclara qu'il eut
dîné » ne pourrait signifier qu'une chose, c'est qu'il mit fin à son
dîner au moment même où il déclara avoir dîné. Dans l'ancienne
langue, au contraire, le passé antérieur, n'ayant rien perdu de sa
valeur, pouvait s'employer dans les propositions complétives à la
place du plus-que-parfait. Voyez l'exemple de Joinville que nous
avons cité plus haut.

j'*étais* gentilhomme ». L'action ou plutôt l'état marqué
par *être* est un état permanent, qui était présent au
moment où « j'ai dit », et qui est encore présent au moment
où je parle. Je peux donc employer le présent proprement
dit, ou le présent relatif au moment passé où « j'ai dit »
c'est-à-dire l'imparfait. Quand on se sert du présent, on
marque davantage la permanence de l'état ou de l'action,
puisqu'on indique formellement que cette action est
encore présente au moment où l'on parle. Cette indication ne se trouve pas dans l'imparfait, mais ce temps
n'implique cependant aucune indication contraire. On peut
donc l'employer, quoi qu'on en ait dit, même lorsqu'il
s'agit d'un fait certain, d'une vérité de tous les temps. La
règle qu'on a formulée à ce sujet condamnerait nombre de
passages tirés de nos meilleurs classiques (voy. Giraut-Duvi-
vier, *Grammaire des grammaires*), et notamment cette
phrase de Bossuet : « L'empereur Antonin avait appris à
son fils Marc-Aurèle qu'il *valait* mieux sauver un seul
citoyen que de défaire mille ennemis. »

On dira aussi :

« Je lui ai annoncé que vous avez terminé
ou
aviez terminé } votre ouvrage. »

« Il m'a écrit qu'il arrivera
ou
arriverait } demain. »

« Il me démontrait que vous aurez fini
ou
auriez fini } demain. »

L'une des formules est l'expression absolue du temps de
l'action, l'autre est l'expression du même temps relativement au moment passé du verbe principal. L'idée est la
même ; seul, le point de vue change.

Mais, je le répète, pour qu'on ait le choix du point de vue, il faut que l'idée soit la même, que le temps de l'action n'ait pas changé. On ne dirait pas : « Il m'avait écrit qu'il n'*arrivera* que demain, et il est arrivé aujourd'hui. » L'action d'*arriver* était future au moment où l'on a écrit, mais elle ne l'est plus au moment où l'on parle. On ne peut donc employer, pour l'exprimer, que le *futur dans le passé* : « arriverait. »

Il faut, d'autre part, appliquer au *futur* et au *futur antérieur* ce que nous avons dit du *présent;* le temps absolu a sur le temps relatif l'avantage d'exprimer formellement la permanence du temps de l'action. Quand on nous dit : « Il m'a écrit qu'il *arrivera* demain», nous savons, sans en entendre davantage, que l'action est encore future, et qu'on n'ajoutera pas : « Mais il est déjà arrivé. »

Lorsque le verbe de la proposition principale exprime une idée personnelle, comme les verbes *penser, croire, supposer,* et autres semblables, il faut nécessairement employer, dans la proposition complétive, le temps relatif et non le temps absolu. On ne dirait pas : « Il croyait que la rivière *déborde* », quand même elle déborderait encore au moment où l'on parle.

Tout ce qui vient d'être dit pour les temps de l'indicatif doit être appliqué, du moins en théorie, aux temps correspondants de trois autres modes, de l'infinitif, du conditionnel et du subjonctif. Quant à l'impératif et au participe, le premier n'entre jamais dans une proposition subordonnée, et le second ne constitue pas une proposition proprement dite.

Pour le mode infinitif, le choix entre deux temps n'existe qu'en théorie, car c'est le même temps de l'infinitif (le présent) qui exprime le présent et l'imparfait.

C'est aussi le même temps (infinitif passé) qui exprime le parfait et le plus-que parfait. Et ainsi des autres.

Le conditionnel n'a pas d'imparfait par lequel on puisse remplacer le présent dans les propositions complétives. Au passé du conditionnel, *j'aurais terminé*, on ne peut non plus substituer le plus-que-parfait, *j'aurais eu terminé*, dont la double valeur (futur antérieur négatif, et plus-que-parfait) serait une source de confusions. Enfin le *futur dans le passé* du conditionnel se confond avec le *futur*, comme nous l'avons montré.

Reste le mode subjonctif. L'*imparfait* (correspondant à un *imparfait* ou à un *futur dans le passé* de l'indicatif) peut être mis à la place du *présent* (correspondant à un *présent* ou à un *futur* de l'indicatif), et le *plus-que-parfait* (correspondant à un *plus-que-parfait* ou à un *futur anté-rieur dans le passé*) peut être employé au lieu du *parfait* (correspondant à un *passé* ou à un *futur antérieur* de l'indicatif).

On peut donc dire : « Il a ordonné qu'on lui réponde, *ou* qu'on lui répondît demain. » Aujourd'hui, sous l'in-fluence de la règle mécanique appliquée à la concordance des temps du subjonctif, l'imparfait serait regardé comme seul correct, et on condamnerait ce passage de Corneille (*Héraclius* II, 5) :

> *Exupère.* Madame, Héraclius vient d'être découvert.
> *Léontine...* Depuis quand?
> *Exupère.* Tout à l'heure.
> *Léontine.* Et déjà l'empereur a commandé qu'il *meure?*

L'action marquée par le verbe *mourir* est future relati-vement au moment où l'empereur a commandé, et future encore au moment où Léontine parle. On peut donc mettre ce verbe au *futur dans le passé* ou au *futur* absolu, c'est-à-dire, puisqu'il faut le subjonctif, aux temps de ce mode qui correspondent au *futur* et au *futur dans le passé* de l'indicatif : le *présent* et l'*imparfait*. Si l'on substitue au verbe *commander*, dans la proposition principale, un verbe gouvernant l'indicatif, comme *décider*, on pourra dire : « L'empereur a décidé qu'il *mourra* » ou « L'empereur a décidé qu'il *mourrait*. » Avec *commander*, il faut : « qu'il meure » ou « qu'il mourût. »

Le vers de Corneille est donc parfaitement correct. On peut en rapprocher deux exemples de Racine :

Dans *Bérénice* (IV, 6).
> *Titus.* La reine veut mourir, allons, il faut la suivre.
> Courons à son secours.
> > *Pauline.* Hé quoi ! n'avez-vous pas
> Ordonné dès tantôt qu'on *observe* ses pas ?

Dans *Britannicus* (I, 2).
> > *Burrhus.* Madame,
> Au nom de l'empereur, j'allais vous informer
> D'un ordre qui d'abord a pu vous alarmer,
> Mais qui n'est que l'effet d'une sage conduite,
> Dont César a voulu que vous *soyez* instruite.

A la fin de la scène, Racine n'aurait pu faire dire à Burrhus : « César a voulu que vous *soyez instruite* de ce que je viens de vous apprendre », parce qu'alors l'action n'aurait plus été future, mais seulement future dans le passé, et le présent du subjonctif ne peut exprimer le futur dans le passé.

Verbe principal à un temps du futur

Supposons maintenant que le verbe principal soit à un temps du futur[1]. On peut exprimer le temps du verbe

---

1. Les temps du futur sont : le futur proprement dit, le futur antérieur quand il exprime réellement un futur, et les temps correspondants des autres modes.

subordonné soit d'une façon absolue, soit relativement au moment futur du verbe principal. Il y a en outre un troisième système, qui n'est pas employé quand le verbe principal est au passé, et qui consiste à se placer par la pensée au moment du verbe principal considéré comme un présent. Exemple : « Grâce à ce moyen, vous saurez chaque soir ce que vous

$$\left.\begin{array}{l}\text{dépenserez}\\\text{aurez dépensé}\\\text{avez dépensé}\end{array}\right\} \text{dans la journée. »}$$

Dans cette phrase, le *futur* exprimerait le temps absolu de l'action, le *futur antérieur* exprimerait le temps relatif au moment futur du verbe principal ; quant au *passé*, il faut, pour l'employer, se placer au moment du verbe principal considéré comme un présent.

Quand le temps de l'action du verbe subordonné doit changer entre le moment où l'on parle et le moment du verbe principal, il semble naturel d'exprimer ce temps relativement au moment du verbe principal. Mais le système qui prévaut aujourd'hui est celui qui assimile le moment du verbe principal à un présent, et on range parmi les exceptions (Voyez le *Lexique* de Génin) les exemples suivants de Molière :

« Au moins ne dites mot du choix de cet époux :
Je veux à votre fille en parler avant vous.
J'ai des raisons à faire approuver ma conduite,
Et je connaîtrai bien si vous l'*aurez instruite*. »
(Femmes savantes , II, 8.)

« Je reviendrai voir, sur le soir, en quel état elle *sera*. » (*Médecin malgré lui*, II, 6.)

Lorsque le temps de l'action du verbe subordonné ne doit pas changer entre le moment où l'on parle et le moment du verbe principal, le temps absolu se confond avec le temps relatif qui résulte de l'assimilation du moment du verbe principal à un présent. C'est ce temps que l'on exprime : « Quand nous aurons reçu sa lettre, nous saurons s'il *a fait* beau à Paris la semaine dernière. » Si on voulait exprimer le vrai temps relatif de l'action (sans assimiler le moment du verbe principal à un présent), il faudrait employer le *futur antérieur* : « s'il *aura fait* beau. » C'est ainsi que Malherbe a pu écrire (édit. Lalanne, II, 403. *Lexique*, page XXXVIII) : « Prenez la liste des philosophes... Quand vous verrez combien d'honnêtes hommes *auront travaillé* pour vous, vous voudrez être de la partie. »

Verbe principal au conditionnel.

Il faut examiner à part le cas où le verbe principal est au conditionnel. Les règles et observations précédentes s'appliquent bien aux différents temps du conditionnel, suivant qu'ils sont temps du passé ou temps du futur ; mais le verbe subordonné, dans certain cas, peut être ou ne pas être mis au conditionnel, et il en résulte quelque trouble.

Le plus souvent, quand le verbe de la proposition principale est au conditionnel, l'action marquée par le verbe de la proposition complétive est conçue avec la même idée modale ; mais comme cette idée est exprimée déjà par la flexion du verbe principal, l'usage s'est introduit de mettre le verbe subordonné à l'indicatif.

Cette règle n'était pas encore établie au XVIIe siècle, comme le prouvent les exemples suivants :

« Sus, badin, levez-vous. Si vous tombiez dedans,
De douleur vos parents...............
Diroient en me blasmant, que j'en *serois* la cause. »

(Régnier, Sat. XIV.)

« Vous ne vous étonneriez pas que la diversité de tant de lieux ne vous *auroit* de rien *servi*. »

(Malherbe, éd. Lalanne, II, 372, *Lexique*, p. xxxvii.)

« S'il s'en trouvait qui crussent [1] que *j'aurois blessé* la charité que je vous dois. »

(Pascal, *Provinciales*, xi.)

« Quand ma pièce ne m'auroit produit que cet avantage, je pourrois dire que son succès *auroit passé* mes espérances. »

(Racine, *Thébaïde*, épître.)

« Sans cela vous croiriez que l'enthousiasme d'une bonne réception m'*auroit enivrée*. »

(Mᵐᵉ de Sévigné à sa fille, 16 octobre 1675.)

« Pour moi, j'aurois toutes les hontes du monde, s'il falloit qu'on vînt à me demander si *j'aurois vu* quelque chose de nouveau que je n'aurois point vu. »

(Molière, *Précieuses ridicules*, x.)

« Je croirois que la conquête d'un tel cœur ne *seroit* pas une victoire à dédaigner. »

(Molière, *Princesse d'Elide*, iv, 3.)

« J'aurois assez d'adresse pour faire accroire à votre père que ce *seroit* une personne riche, outre ses maisons, de cent mille écus en argent comptant, qu'elle *seroit* éperdument amoureuse de lui, et *souhaiteroit* de se voir sa femme. »

(Molière, l'*Avare*, iv, 1.)

« Il me ressemble comme deux gouttes d'eau, et si je n'étois sûre que ma mère étoit honnête femme, je dirois que ce *seroit* quelque petit frère qu'elle m'*auroit donné* depuis le trépas de mon père. »

(Molière, *Malade imaginaire*, iii, 8.)

« S'il falloit qu'il en vînt quelque chose à ses oreilles, je dirois hautement que tu *aurois menti*. »

(Molière, *Don Juan*, i, 1.)

« Si nous entendions dans une chambre, derrière un rideau, un instrument doux et harmonieux... dirions-nous que les cordes d'un violon *seroient venues* se ranger et s'étendre sur un bois dont les pièces se *seroient collées* ensemble... Soutiendrions-nous que l'archet *seroit* touché par le vent ? »

(Fénelon, *Existence de Dieu*.)

---

1. « Crussent » est un conditionnel au subjonctif.

Dans toutes ces propositions complétives, nous remplacerions aujourd'hui les conditionnels présents par des présents de l'indicatif, et les conditionnels passés par des passés de l'indicatif.

On lit dans une lettre célèbre de Voiture : « Qui m'eût dit, il y a quelques années, que j'*eusse dû* vivre plus longtemps que « car » j'eusse cru qu'il m'*eût promis* une vie plus longue que celle des patriarches. » Les actions marquées par les verbes *devoir* et *promettre* sont présentes relativement aux moments passés des verbes principaux, *dire* et *croire*. C'est donc l'*imparfait* qui doit les exprimer. Et en effet nous dirions aujourd'hui avec l'indicatif : « Si on m'eût dit que je *devais* vivre plus longtemps que « car », etc. » Voiture, mettant les verbes subordonnés au conditionnel comme les verbes principaux, ne pouvait employer que le conditionnel passé, puisque ce mode n'a pas d'imparfait[1]. Mais à l'époque de Voiture on pouvait aussi, comme aujourd'hui, mettre le verbe subordonné à l'indicatif; dans une autre lettre du même (sur Richelieu), on lit : « N'eussent-ils pas conclu que la chose n'*étoit* pas faisable? », et non « que la chose n'*eût* pas *été* faisable ».

Il faut rapprocher du premier exemple de Voiture les textes suivants :

Descartes, *Lettre à Balzac* : « Encore que... je susse bien que, etc..., si est-ce que je n'eusse pu vous y envoyer parfois quelque mauvais compliment, si j'eusse cru que vous y *eussiez dû* demeurer si longtemps. »

---

1. Dans l'ancienne langue, l'imparfait du subjonctif servait, *concurremment* avec le plus-que-parfait, à exprimer le conditionne. passé ; mais il n'avait pas la valeur d'un imparfait du conditionnel : il en tenait lieu seulement au même titre que le plus-que-parfait.

Pascal, *Provinciales*, IX : « J'aurais dit que c'*eût été* quelque impie qui aurait fait cette peinture. »

Bossuet, *Histoire universelle*, 3ᵉ *partie* : « Si Babylone eût pu croire qu'elle *eût été* périssable comme toutes les choses humaines... »

Il reste une dernière hypothèse à examiner, c'est le cas où le verbe principal, qui est au conditionnel, gouverne le subjonctif. Quel temps du subjonctif choisira-t-on pour le verbe subordonné? Il faut voir, semble-t-il, quel temps de l'indicatif on aurait mis si le verbe principal eût gouverné l'indicatif, et employer le temps du subjonctif correspondant. Il n'en est point ainsi cependant, et on emploie le temps qui correspond au temps du *conditionnel* qu'on aurait pu mettre au xviiᵉ siècle avec un verbe ne gouvernant pas le subjonctif.

Ainsi, nous disons : « Je croirais que cette conquête *n'est* pas une victoire à dédaigner. » Il semble donc que, dans une phrase subjonctive, il faudrait dire : « Je ne croirais pas que cette conquête *soit* une victoire à dédaigner. » Cependant on verrait une faute dans ce présent du subjonctif, et la règle est de dire : « Je ne croirais pas que cette conquête *fût...* », ce qui correspond exactement à l'ancien usage dans les phrases non subjonctives : « Je croirais que cette conquête ne *serait* pas... »

Il y a donc contradiction entre la règle actuelle d'accord dans les phrases indicatives et la règle actuelle d'accord dans les phrases subjonctives, et c'est un ancien usage, en partie aboli, qui nous fait mettre les verbes dépendant d'un conditionnel à l'imparfait ou au plus-que-parfait du subjonctif (qui correspondent aux conditionnels présent et passé) et non au présent ou au parfait (qui correspondraient au présent et au passé de l'indicatif).

Toutefois, quand l'action du verbe subordonné ne peut

être considérée comme conditionnelle, on peut employer un temps du subjonctif qui corresponde à l'indicatif et non au conditionnel. Par exemple : « Qui pourrait douter qu'il *soit* homme de bien? » (*La Bruyère*, cité par Guérard). La chanson de Roland offre un présent du subjonctif tout semblable (vers 457) :

> Jo ne lairreie, por tot l'or que Deus fist,
> Que ne li *die*, etc.

En résumé, malgré leur incohérence apparente et leurs contradictions, nos règles d'accord des temps n'ont d'arbitraire que les applications illogiques qu'on en fait, faute de connaître leur origine et leur véritable sens.

FIN

TABLE DES MATIÈRES

PREMIÈRE PARTIE

Les sons et les lettres.

DEUXIÈME PARTIE

Les mots.

TROISIÈME PARTIE

Les formes grammaticales.

QUATRIÈME PARTIE

La syntaxe.

PARIS. — IMPRIMERIE P. MOUILLOT, 13, QUAI VOLTAIRE.